無論情緒好壞，感知並表達他們的能力，
是構成人類理性重要的一部份。

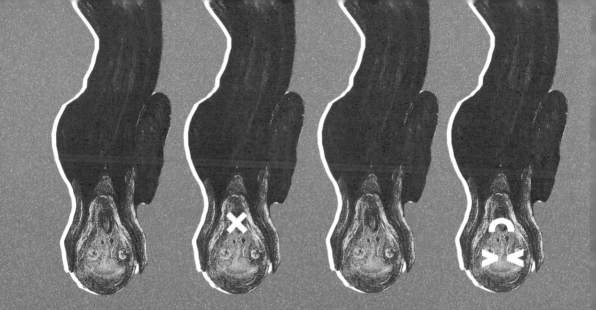

La Force des

弗朗索瓦·勒洛爾
克里斯托夫·安德烈 _____ 合著
王資 _____ 譯

émo tions

理性的

精神科醫師拆解七種支配生活的基 本 情 緒

情

緒

化

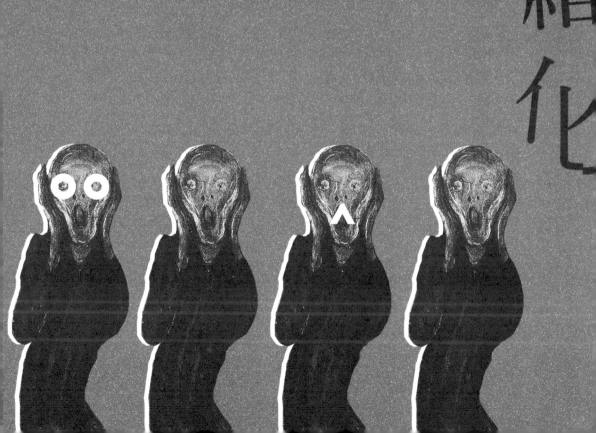

憤怒
La colère

羨慕
L'envie

喜悅
La joie

悲傷
La tristetess

羞恥
La honte

嫉妒
La jalousie

恐懼
La peur

目錄

序言

「情緒是限制、是負擔……」

「不是這樣的，有情緒才是活著！」

「是嗎？可它會讓人喘不過氣、心跳加快、手心出汗……」

「它也能使人感到喜悅、沐浴愛中……」

「它能讓人被憤怒捆綁、被羨慕吞沒……」

「它使人熱情煥發、溫柔如水……」

「它還會讓人焦慮、抑鬱、消沉……」

「也會興奮不已、精力充沛……」

「會一蹶不振，喪失理智……」

「會靈感迸發、思如泉湧……」

這樣的爭論可以無止盡地進行下去，雙方都不無道理。

沒有了情緒，幸福還存在嗎？人追求幸福，是希望情緒到達某種狀態嗎？但反之，所謂不幸，不正是那些陰暗的負面情緒在作怪，甚至把我們擊垮？

再者，情緒上的「一時衝動」，造成了多少錯誤！但同時，又有許多錯誤因我們懂得關照自己或別人的情緒而得以避免……

情緒使我們墜入痛苦的深淵或沉醉於狂喜之中，直接或間接地導致了我們的成功和失敗。我們無法否認情緒的力量，也無法否認它對我們的選擇、我們的人際關係，以及我們的健康所產生的影響。

因此，學習掌握並駕馭這種力量——這便是本書的用意所在。

第一章〈情緒啊，情緒〉列舉了當今學者透過四種方式對情緒的定義，並提煉出了一些建議，以便使讀者對情緒有更好的認知。

隨後，本書的每一章都圍繞一種基本情緒展開：憤怒、羨慕、喜悅、悲傷、羞恥、嫉妒、恐懼，還有愛。每章除了對基本情緒的剖析以外，還會闡釋與此相近或相關的情緒狀態，例如，在「喜悅」部分，書中將談到快樂、滿足，以及幸福。

針對每一種基本情緒，我們將：

- ◆ 展現它的各種形式，助你深入認知這一情緒；
- ◆ 解析它的影響，尤其是它在人際關係中的作用；
- ◆ 探究它將如何加強或削弱我們的判斷力；
- ◆ 提出一系列建議，使你更認識它、更知道如何使用及與之共存以改善生活。

值得一提的是，「愛」雖然並不屬於基本情緒中的一種（具體原因將在後文詳述），但我們仍然認為它值得用一整章的篇幅來講述，因為它正是使那些激烈的情緒源源不絕的活泉。

第一章

情緒啊，情緒
Émotions，émotions

「嘿，老兄，瞧你一副悶悶不樂的樣子！你現在最需要的就是來一粒『索馬』」，說著，本尼托一隻手探進右邊的褲兜，摸出一個小藥瓶，「小小一粒，百種心緒去無蹤。」

—— 赫胥黎《美麗新世界》（Aldous Huxley，*Brave New World*）

在《美麗新世界》中，赫胥黎描繪的世界不僅充斥著複製人和試管嬰兒，也禁止人們表露任何負面的或太過激烈的情緒，包括愛。

即使在那樣一個「完美」的新世界裡，人類老套的情緒還是一窩蜂捲土重來。只要有人感覺到一絲不安、苦澀、沮喪、嫉妒或愛戀——「索馬」就是解決情緒的萬能靈藥：只需一劑，就能給人好心情，同時又不損傷機體能力。人們盡可以繼續以高效率主持會議，或按照原計劃開直升機。

如果有人給你一粒「索馬」，你會作出怎樣的決定呢？會一口吞下膠囊，擺脫所有煩擾你的情緒嗎？當然，你的回答取決於你對情緒的看法——究竟它是使你寸步難行的敵人，還是給你增添活力的盟友？

情緒超載

在你看來，下文中的安妮會不會考慮試試「索馬」？

我從小就是一個過於情緒化的人，經常一被碰就嚇到。小時候別人總拿我開玩笑：哥哥姐姐們尤其喜歡嚇我或者聽我尖叫。在學校裡，只要老師叫我去黑板前答題，我就變得極度恐慌，但我其實是個資優生（焦慮使我特別用功）。在友誼方面，過度敏感讓我從小時候就尷尬不斷：即便是最輕微的玩笑，我也會把它看成是對我的傷害，因此我只能和別人保持距離，像個孤兒一樣被遺忘在一邊。在那個年紀的孩子開的小玩笑、挑釁面前，我完全沒有安全感。所幸後來我還是交到了幾個摯友。不過，你可以想像我的情感生活會有怎樣的狀況：一段關係才剛剛開始沒多久，我就控制不住自己，深深地墜入愛河。緊接著，因為害怕被拋棄，我生活在巨大的恐懼之中，一看到我愛的男人和其他女性說話，就心如刀割。我基本上處於極度低潮的情緒狀態中，偶爾會出現幾次狂喜的高峰。有些朋友覺得，我能活出這麼大的熱情很幸運，至少是緊湊充

實的。他們說的也有道理，但有時我真覺得自己很受折磨。除了焦慮以外，我還意識到自己有憤怒的情緒問題。每當壓力大，我會因為一點點瑣事就爆發，之後又後悔不迭。即使是在美好、正向的時刻，這種情緒氾濫問題也還是會帶來麻煩：因為知道自己動不動就會哭，我不得不時時管住自己，千萬不要在溫馨或親友重逢的時候掩面而泣。有時甚至只要讓我敘述一部感人的電影情節，我就會立刻淚眼婆娑。這一切的結果就是：我平時要一直避免各種話題。但我也在想，這樣一來，我和別人的對話會不會沒那麼有意思了？

安妮代表了那些所謂「過度敏感型性格」[1]的人，所有情緒在她身上都以激烈、高強度的形式表現出來。另一種情緒超載的狀況，則是人格被某一種基本情緒支配，因此自認或被其他人視為膽小的、易怒的、善妒的、憂傷的或可恥的；有時也因此需要尋求心理專家的協助。

對於所有為情緒超載所擾的人而言，一粒「索馬」豈不是絕妙？甚至我們每個人都可以如此自問；誰能說自己從未受某個難以控制的情緒折磨呢？這些情緒，可能是恐懼、憤怒、羞恥，也可能是悲傷或嫉妒。

想像一下，一天，有人向你推薦一種藥，聲稱可以刪除所有我們無法控制的情緒，那麼，吞下這藥後的新生活會怎樣呢？以下便是立竿見影的效果：

- 公眾場合演講不再怯場，沒有什麼可以阻擋你發光發熱！你從容、平靜，讓人佩服不已。
- 再也不突然暴怒。不會一時口快說出不可挽回的話，而那些積壓在心頭的憤怒也會煙消雲散。
- 面對失敗，你不再傷心，也不感到受挫，變得冷靜而沉著。
- 當你看到別人成功時不再羨慕，也不需粉飾因嫉妒而生變的關係。
- 走錯一步時，不再尷尬慌張；也不再為自己可見或不可見的弱點感到羞愧。

- 從此告別心悸、流淚、頭疼腹痛、臉色羞紅或發白、手心出汗、雙手發抖等因激動誘發的生理症狀。
- 愛情或喜悅都不再使你盲目，你也不會再因「一時衝動」而犯下過失。

既然有這麼多好處，想必你迫不及待地要吞下它了吧？且慢！別忘了，它可得經過醫藥部門的審批才能上市，所以，包裝盒上肯定印著：「長期使用本品可能導致以下副作用」：

- 漠不關心，毫無熱情，面對任何事都很被動。
- 做出危害自己或他人的行為。
- 記憶力衰退、判斷力減弱。
- 發生人際關係障礙，表現出不恰當的社交行為。

這「未來之星」似的特效藥好像忽然變得沒那麼誘人了。不過，為什麼我們能如此肯定地列出這些「副作用」呢？

情緒麻木

就在不久前，艾利歐特還是大家公認的好丈夫和好爸爸，事業上也頗受認可。不過，最近他變了：就算有人提出讓他尷尬的問題，他也始終保持微笑、以禮相待。這種招牌式的不變笑容讓人費解，尤其是當他的生活已經破碎不堪、被妻子拋棄又快被公司辭退的時候。艾利歐特的智商和記憶力測驗結果都沒問題，但不知為何，他完全無法主動工作，必須被人一再催促才能勉強開始幹活。而一旦開始工作，面對諸如審核、整理歸檔文件之類的任務，他又變得毫無組織性；做到一半會停下，花上整整一天去鑽研特定一份

文件、或忽然改變整理規則，全然不顧那些已經完成的部分，且毫無時間概念。艾利歐特的社交狀況也頻頻出問題；他和許多人都一拍即合，但視人不明、讓那些曾經利用過他的人又再一次佔他便宜。有人告訴他這些問題，他一一承認，依舊掛著那招牌式的笑容。與情緒氾濫的人相反，他完全感受不到自己的情緒。這可不是過度服用「索馬」引起的，而是大腦前額葉皮質輕微受損的結果。艾利歐特的這種病症在著名神經科專家安東尼歐·達馬西歐（Antonio Damasio）[2] 的《笛卡爾的錯誤》（Descartes' Error）一書中也有描述：因為神經系統病變，病人失去了感知情緒的能力，但身體的其他機能仍然正常工作。大多數人長時間維持某種單一的心情；雖然通常給人隨和親切的感覺，但已經無法制訂計畫或按表操課、不知道自己想要什麼、難以選擇恰當的辦法解決簡單的問題，也喪失了對工作的積極性。情感方面，他們可能對人際關係越發淡漠，也可能表現出過分熱情或過度投入——這兩種極端都會對他人造成傷害，因為在自身情緒麻木的同時，他們感知不到他人的情緒，從而分寸全無，判斷力盡失。

事實上，由於忽略、輕視了自己或他人的某些情緒，我們每個人都時常犯下相似的過錯，上述的病人只是以極端、持續的形式表現著這個問題。由此，達馬西歐總結道：「不論情緒是好是壞，表達並感知它們的能力是人類理性的一部分。」情緒，即使是最讓人不適的情緒，對我們而言都無比重要！

那麼，情緒究竟是什麼呢？

試著定義情緒

定義情緒並非易事。在撰寫本書之初，我們的訪問的對象基本上都是身邊的人。大多數受訪者最後都繞開了這個難題，轉而以列舉的方式來談各種情緒。很快，他們就舉出了諸如喜悅、悲傷、恐懼、憤怒等等……但，愛是不

是一種情緒呢？羞恥呢？厭煩呢？嫉妒呢？有些人則嘗試以區分法來定義情緒，論述它與感覺、心情、熱情的不同之處。

最早的法語辭典之一──《菲雷蒂埃大辭典》（Dictionnaire de Furetière，1690）是這樣說的[3]：

> 情緒：一種使身體或精神興奮的非常態變動，影響人的性情或儀態。體溫開始上升，心跳愈發加快，變得激動不安。當人在經歷某些劇烈衝擊後，便會感覺到整個身體都激動起來。情郎迎向愛人時、膽怯者遇到仇人時，皆是如此。

這一年代已久的定義至今之所以仍被人熟記於心，正是因為它恰好與現代科學的研究結果吻合，道出了「情緒」的幾大重要特徵：

- ◆ 情緒是一種「變化」，即相對於初始階段的平靜狀態而言發生的改變。原先我們心無波瀾，但忽然之間我們有了情緒，便激動了起來。
- ◆ 情緒引發的生理反應表現在「整個身體」上，特別是心跳加速（有時則是心跳變緩）。現代的專業辭典紛紛強調情緒的**生理組成**。
- ◆ 情緒同時也影響著人的精神世界，使人以不同尋常的方式思考，學者稱此現象為情緒的**認知組成**。有時它打亂人的理性思考能力，有時卻激發、支撐後者。
- ◆ 情緒是對事件的一種「反應」。《菲雷蒂埃大辭典》引用了愛侶相見和仇人相見的例子來闡釋情緒如何觸動人的內心，但接下來我們還可以看到更多觸發情緒的例子。
- ◆ 最後，即使上述定義中並未提及，我們仍然能夠想像，在面對深愛的人時，情緒催促我們靠近他／她的身旁；而在與仇人狹路相逢時，情緒則讓我們燃起戰鬥的念頭，或者若我們不夠勇敢，它便使

我們想要逃之夭夭。情緒不僅讓我們準備，更能促使我們採取行動——這就是情緒的**行為**組成部分。

綜上所述，情緒可以說是動員「人」這個有機體全身的立即反應，包含著生理（即身體）、認知（即精神層面）和行為（即我們的行動）三大組成部分。

這一定義並沒有談及情緒的種類，那麼，到底存在多少種情緒呢？是1872年查爾斯·達爾文所說的六種？是當代心理學家保羅·艾克曼（Paul Ekman）[4] 提出的十六種？還是其他人聲稱的無數種？情緒的種類會因我們生長的社會背景的不同而改變嗎？身處巴黎、吉隆坡、北極冰山和亞馬遜森林中的人感受到的情緒是相同的嗎？

在列舉情緒的種類之前，讓我們首先來看四大權威理論分別是如何看待情緒本身的。

解釋情緒的四種理論

以下的理論流派中，每一個都有開創的歷史先驅，也有現代的擁護者，更有各自的實用性，讓讀者可以用更好的方式管理自己的情緒、改善自己的生活。我們將從每個理論的假設基礎開始一一加以分析。

假設一：我們的情緒源自基因

這一觀點的支持者主要是**演化心理學家**，即達爾文的擁護者們。他們認為，我們能夠感受憤怒、喜悅、悲傷、恐懼等各種情緒，就像我們能夠站立、取物一樣，使人類在自然界中更容易生存下來，並繁衍生息。這些情緒在人類的進化過程中通過優勝劣汰保留了下來，如同「腦組織」般存在於人

類當中，並繼續通過遺傳一代一代地沿襲下去。演化心理學家們如此解釋道：

- **情緒拯救人類**：人類的基本情緒在有關生存與地位的關鍵時刻被激發。例如，恐懼迫使我們逃離危險，憤怒促使我們勇於挑戰，愛慕則推動我們去尋找配偶、生養後代。因此，情緒協助我們祖先生存、促進繁衍，也保留下來延續到我們身上。
- **我們的「近親」也有情緒**：令人驚訝的是，在人類的「近親」靈長類動物身上，也能看到這些情緒。靈長目專家通過許多實驗與觀察，發現黑猩猩等類人動物與人類的情感生活其實非常相似[5]。牠們在群居生活中，同樣有著結盟、衝突、競爭與和解，就如同鏡子一樣映射著人類的日常情緒表現。
- **嬰兒也有情緒**：憤怒、恐懼等情緒反應在嬰兒誕生後不久（喜悅：三個月；憤怒：四到六個月）便顯露出來了，進一步支持了情緒在人類遺傳基因的「規劃」之內，是演化過程中留下來的產物。

查爾斯·達爾文（Charles Darwin，1809-1882）

英國維多利亞時期的博物學家（naturalist）。不同於人們一般所認為，達爾文並不是演化論的發明者。早在達爾文出生前一年，法國生物學家拉馬克（Lamarck）就已經提出了這一假設[6]。

達爾文發現的並不是演化論，而是其機制——天擇理論。由於突變，同一物種的動物有了不同的身型、重量、體貌特徵和代謝機能。在某個既定環境中，某些遺傳性突變幫助了動物個體的生存或繁殖，而具備這些遺傳特徵的動物後代得以存活下來的數量更多，並最終在此環境中成為該物種的代表。

例如，最後一次冰河期逐漸到來期間，長毛猛瑪象成為了唯一存留下

來的物種代表，因為一次又一次的突變使它們的皮毛不斷增厚，進而能夠適應越發寒冷的氣候；而其他未曾經歷突變或突變稍弱的物種則一個個滅絕了。達爾文大膽推測，大自然在不經意間、在人類難以想像的漫長時間裡做著類似飼養員和園丁的工作，以**某些標準篩選著物種**。這一推測並不代表達爾文認為天擇機制是有道德的，就如同專門研究抗衰老問題的專家並不會為人們（包括他自己）的老去而高興一樣。

自然是不具有道德性的，天擇更是如此，但這並不意味著研究它的學者們都是不道德的。（後面我們將會看到，許多反對以演化論解釋情緒存在的論點，都是基於道德立場）

為了進一步解釋演化派理論，我們將在本書中反覆援引原始社會中狩獵採集者的生活方式。我們的再三引述可能會引發疑問，但正如賈德·戴蒙（Jared Diamond）[7] 所說，我們曾經在長達八百萬年的時間裡一直是以狩獵、採集維生的靈長類動物，直到十萬年前，我們才進化成猿人。我們的農耕歷史只有短短的一萬年左右，並且僅僅是在世界上的寥寥幾處而已。因此，99% 的人類歷史都是狩獵、採集活動來主導的。如今，這種生活方式已幾近消失，但我們每個人身上的大量生理和心理特徵卻是為了適應它而形成的。

達爾文、馬克思和佛洛伊德

馬克思曾致信恩格斯：「雖然這本書（《物種起源》）有點英國式的粗糙，但它包含了支持我們觀點的自然歷史原則[8]。」佛洛伊德也讀過達爾文的著作，並曾數次援引其內容[9]，尤其是在他的《圖騰與禁忌》（Totem and Taboo）中，佛洛伊德大段引用了達爾文對原始部落的描寫，即父系社會中，支配一切的男性出於嫉妒而阻止後代接近女性（為

避免後代弒父而立下的法規，是文化的啟蒙）。此後，佛洛伊德還寫就了親屬關係的論述，及他和達爾文對人性的不同看法。在《精神分析五講》（Cinq essais de psychanalyse）[10] 裡，他更是明顯地以演化論的論述方法講解了利他主義傾向的形成和其遺傳性。

撇開如今佛洛伊德和達爾文的擁護者在學術上的距離不談，他們兩位的理論都因為相似的原因被人摒棄：他們都揭示了人類是在不自知、非自願的情況下因遺傳的機制推動演變而來的；然而，人們卻更願意相信自己是自由、理性的。這兩位大思想家都並未因自己的巨大發現而沾沾自喜。他們在個人生活中恪守道德，並忠告同時代的人應當如此行事。

我們將看到，這種動物性的傳承實為珍貴：達爾文的觀點告訴我們，我們的情緒一直都是有用的，因此應當對它們給予關注。

假設二：我們的情緒源自身體反應

我們可以用一句廣告標語概括美國心理學家威廉・詹姆士（William James，1842-1910）的理論：「情緒就是感覺。」我們常常以為，我們發抖是源於恐懼，哭泣是源於悲傷；但對詹姆士而言，事實恰恰相反：是身體的顫抖讓我們覺得恐懼，是眼中的淚水使我們感到悲傷。

這樣的假設乍看之下與普遍觀點大相徑庭，但越來越多的研究結果都提供相關佐證。例如，在某些情況下，我們的身體會率先作出反應，隨後才完整地經歷種種情緒。當我們僥倖躲過一場車禍事故，我們通常會在事故之後才感到害怕，但身體卻在事情發生當下的瞬間就發生變化，腎上腺素飆升，心跳加速。

另外，我們的情緒若沒有源於身體的知覺，便是空洞的。達馬西歐提到了一種「軀體標記假說」（somatic marker hypothesis），也就是當某種情緒產生時，這些標記就會通知大腦，並幫助我們以最快的速度作出決定。例如，

軀體的不適感與恐懼相連，將幫助我們快速避開危險。

對於那些無法感知到標記的病人來說，恐懼是不存在的。這可能是好事，但也可能帶來極大的風險。

神情決定心情

詹姆士的理論中最驚人的要數臉部回饋（facial feedback）理論。刻意模仿不同情緒的臉部表情，便會產生相對應的身體回饋，甚至會有相應的心情變化 [11]。瑜伽信徒們信奉的微笑法則不無道理：微笑確實能讓心情變好！不過這樣做只能帶來有限而短暫的效果，對於深度的悲傷，甚至是憂鬱而言，再熱情的笑容也難以治癒。

假設三：我們的情緒源自思考

舉個例子，你給朋友留了言但他卻沒有回電。你的情緒會因為不同想法而變化：你可能認為他再也不想見你（悲傷）；可能覺得他正陷於熱戀中（為他開心或羨慕），也可能設想他是否出了事故（不安）。

「我們的情緒源自思考。」——這一假設對喜歡把自己看作理性的現代人來說，是最讓人心安的。這一假設也被稱作情緒的**認知性**。支持它的人認為，人們會迅速、不停地把遇到的事情按照樹狀結構分類：讓人愉快的／讓人不快的、可預見的／不可預見的、可控制的／不可控制的、自己造成的／他人造成的。當不同類別彼此組合後，便產生了不同的情緒。例如：

不可預見的＋讓人不快的＋可控制的＋他人造成的＝憤怒
可預見的＋讓人不快的＋可控制的＝焦慮

這些理論在心理治療中得到了具體而廣泛的實踐，特別是在**認知心理治療** [12] 中尤為多見，用於幫助病人轉換思考方式。比如，一位憂鬱症的病人傾向

於將負面的事件歸類為「不可控制的」和「自己造成的」。若對這樣的思考公式進行分析，就可以幫助病人漸漸脫離慣常的思維方式，減輕他的悲傷和焦慮。

這一理論的宣導者大多為哲學家，特別是古希臘時期的斯多葛主義者（Stoicism），如愛比克泰德（Epictetus）曾說：「人們的困擾，不是來自事情的本身，而是來自他們對事情的看法。」

假設四：我們的情緒源自所處的文化

我們會為最喜愛的球隊輸掉了比賽而傷心、或為加薪不成而氣憤，這都是因為我們知道這是社會上人們習於展現的情緒反應。周遭的任何人都不會為這些情緒吃驚，也不會因我們的情緒表達——垂頭喪氣或滿面怒容地出現在辦公室——而訝異，因為每個人都早已習得這些情緒，且能辨認出它們。

這個假設的支持者被稱為**文化主義者**。對他們來說，情緒首先是一種**社會角色**，是每個人在所處的社會環境中成長過程中習得的。換言之，成長於不同的社會環境中的人感受到並表達出來的情緒是不同的。在地球的五大洲，人類的情緒如同各族群的語言一樣，極為豐富多樣。倘若將這一假設推展到極端，我們可以設想，某些種族很可能完全不瞭解我們的部分情緒，諸如因愛生妒、悲傷等。本書的後文將提到，人們確實對此進行了系統性的觀察研究，但沒有任何一項實驗能找到這種「理想的蠻荒族群」。

文化主義心理學家的傑出代表詹姆斯・艾弗里爾（James Averill）[13] 強調：情緒的這種社會角色使人可以接受某些在其他情境中無法接受的行為。例如，別人更容易主動原諒我們在「氣急敗壞」時脫口而出的傷害性話語；也更能容忍我們在「深陷愛河」時的行為（諸如反覆敘述戀情的片段或完全無視各種細節、高興得手舞足蹈或突然號啕大哭）。當然，在其他社會環境裡，這些行為表現仍可能被視為不正常或不可理喻。

情緒的文化主義假設提醒我們，當我們在表達某種情緒或解讀他人情緒之

前，應當注意自己所處的情境。例如，某些文化中，在公共場合哭泣會引起善意的關注和同情；但在其他文化裡，這意味著缺乏男子氣概或自我控制能力不佳。

美國人和日本人

一項著名的心理學實驗為不同文化中的情緒表達差異提供了很好的範例。研究人員分別在一群美國學生和一群日本學生面前播放一段重大手術的影片，兩批學生表現出相似的焦慮和反感情緒。研究人員再次播放影片，並請一位年長的教授來到現場。此時，美國學生的情緒表達在長者在場的情況下依舊激烈，而日本學生則變得鎮定許多，有的甚至微笑起來。

1928 年，瑪格麗特・米德（Margaret Mead）一項著名研究也為文化主義提供佐證。在她的著作中，她讚揚了大洋洲數個部落的生生不息，並從中得出結論，認為文化對人類的心理機制有著重要的影響，尤其表現在兩性道德和精神疾病上[14]。

然而，各項現代研究和其他三種針對情緒的假設都挑戰了文化主義者長期的優勢。我們將在後文看到，如今，我們越來越難斷言所有的情緒都具有文化性。

情緒的四大理論

學說流派	主張	主張創立者或代表人物	人生建議
演化論派	情緒源於基因	查理斯・達爾文（1809-1882）	我們應當關注情緒，它們是經由天擇留下、有用的
生理學派	情緒源於身體反應	威廉・詹姆士（1842-1910）	控制身體方能控制情緒
認知學派	情緒源於思考	愛比克泰德（55-135）	換種方式思考，情緒盡在掌握之中
文化主義	情緒源自文化	瑪格麗特・米德（1901-1978）	表達或解讀某些情緒前，應當關注所處情境

汲取各理論的優點

大家都贏了，而且都有獎品。

—— 路易斯・卡羅《愛麗絲夢遊仙境》

（Lewis Carroll，*Alice's Adventures in Wonderland*）

有人可能會認為，上述四種關於情緒的理論互相矛盾，它們的擁護者們也各自為政、互不相干。實則不然。在各種以情緒為主題的研討會上，他們時常見面交流，甚至合作撰寫著作的不同章節，每個人都慷慨分享自己的見解。

事實上，這些理論之間的區別常是因為要**側重**情緒的某一面向，但他們並未否認其他面向。

◆　即便是最堅定的演化論派心理學家（即「我們的情緒源自基因」的

提倡者）也認為，不同的文化情境下，引發情緒的條件和情緒的表達體系可能是多樣化的。反之，一些現代的文化主義者也不否認，人類確實存在著某些普世性的情緒。

◆ 認知學派學者（即「我們的情緒源自思考」的提倡者）承認，一些情緒反應的觸發與思想並無關聯。

◆ 生理學派的學者（即「我們的情緒源自身體反應」的提倡者）主動承認，在某些複雜的情境之下，我們的情緒首先源自於我們的想法。

所以，在本書中，我們將在解析每一種情緒時盡力從這四個假設、四個角度論述。這並不是為了求大同，而是因為每一個角度對於情緒這種如此複雜的事物來說，都有著獨特的意義。

在某些章節，我們會重點解釋最晚創立的演化派理論，因其思考模式尚未被人熟知，須以更多的注釋謹慎講解。

基本情緒

雖然在我們眼中，天空或一處風景的色彩始終在變化，但我們很久以前就知道，所有顏色都是由三種基本色彩（所謂「原色」）通過細微的比重差異融合而成的。那麼，我們情緒的風景是否也是如此呢？是否也存在著類似的基本情緒，彼此以不同的比重調和後，形成了我們多變、微妙的心情呢？大多數學者都支援這種觀點，並嘗試著找到這些基本情緒的定義。

如果基本情緒存在的話，我們可以將它們一一列出。查理斯‧達爾文在1872 年提出了「Big six」，即「六大情緒」：喜悅、驚訝、悲傷、恐懼、厭惡、憤怒（注意：勿與笛卡爾的六種原初激情：驚奇、愛悅、憎惡、欲望、喜悅和悲哀混淆）。保羅‧艾克曼則將它們擴展到了十六種：愉悅、鄙視、

高興、困窘、激動、罪惡感、驕傲、滿意、感官愉悅、羞恥等等。不過,他認為這十六種裡並非每一種都符合全部條件(見下文)。比如,鄙視是否有普遍的臉部表情?研究仍需繼續……

在本書中,我們嘗試談及所有的基本情緒,其中將特別介紹那些對我們的身心和我們對世界的認知而言,具有決定性影響的情緒大類。

如何鑒別基本情緒?

一種情緒,若被冠以「基本」或「基礎」之名,那麼它必須符合以下幾個條件[15]:

- **突然發生**:情緒是對某事件或想法的瞬間反應。
- **持續時間短**:持續悲傷的狀態並不能被視為一種情緒,而是「心情」或「感覺」。
- **與其他情緒區別明顯**:就像紅色與藍色之間的差異,不同基本情緒之間的差別也很大。憤怒與恐懼可能會交織在一起,但它們仍是兩種非常不同的情緒。不過,恐懼、不安、恐慌則屬於同一類情緒。
- **在嬰兒時期就顯現**:並表現出與其他情緒的明顯區別。
- **使身體產生對應的反應**:每種基本情緒都伴有相對應、且不同於其他情緒的生理反應。例如,恐懼與憤怒都會引起心跳加速,但憤怒會使手指尖的溫度升高,而恐懼卻使其變冷。現代的探測科技,如正電子掃描、核磁共振等,使人越發瞭解各式各樣的身體反應,甚至可以瞭解到大腦的變化,比如悲傷與喜悅時,大腦的興奮區域是不同的。

此外,演化論學者附加了三項條件:

- ◆ **激發全人類共有的臉部表情**：後面將會提到，這點曾引起廣泛、長時間的爭論。

- ◆ **由普遍、常見的情境所觸發**：例如，通常當一個巨大的物體迎面而來時，會觸發恐懼，而失去親人通常會引發悲傷。

- ◆ **存在於類人靈長動物身上**：即便我們沒法採訪猩猩，當兩隻猩猩擁抱、親吻、蹦跳、翻滾時，我們便不難得知牠們正處於喜悅之中。

第二章

憤怒
La colère

到達機場後才發現航班因罷工取消，羅伯忍不住開始辱罵地勤小姐。他的妻子試圖勸他平靜下來，所有人都在看他們，他的女兒們恨不能找個地洞鑽進去。

與此同時，凱薩琳在兜轉整整十分鐘後，終於找到一個停車位，然而，說時遲那時快，另一輛車一下子超過了她，搶佔了那個車位。怒不可遏的凱薩琳狠狠地撞向入侵者的車尾。

八歲的阿德里安終於在生日那天得到了期待已久的新機器人玩具，但他怎麼都無法好好組裝成功。於是，他大叫起來，對著滿地的零件一頓狂踩。

這些通常保持理性的人（包括阿德里安，他可是個很愛思考的孩子）怎麼會做出如此不計後果的行為呢？

讓我們再來聽聽薇若妮克的故事；我們該如何解釋她向來沉穩內斂的父親發怒的表現呢？

憤怒的表情：爸爸和巴布亞[i]

我還記得，當我還是個小女孩的時候，大概只有六歲吧，我爸爸帶我去釣魚。我興奮極了，這可是第一次！我把這次出遊看作特權，因為媽媽從來都沒陪爸爸去過。一個小時過去，我開始覺得無聊了。就在這時，爸爸的魚竿被用力扯了一下，魚線繃得直直的。爸爸集中精神，小心地捲著繞線筒，一邊拉著魚線。在清澈的水面之下，我們能感覺到一條大魚正在掙扎。爸爸用網子把魚撈了出來——那是一條肥美的梭鱸！他把活蹦亂跳的魚扔進了一個大塑膠桶裡。我探身去看那條魚，但忽然腳下打滑，一下子把塑膠桶打翻了，連桶帶魚一起掉進了河裡，魚一溜煙兒就不見了。我看著爸爸，喔，我永遠忘不了他的神情！他氣得漲紅

---

i　譯註：Papou，巴布亞紐幾內亞土著。

了臉，表情緊繃，雙眼死死地瞪著我，咬牙切齒，拳頭緊握，顯然是為了克制住打我的衝動。我一下子尖叫起來，雙手抱頭，但什麼都沒有發生。當我再次睜開眼睛的時候，我看到爸爸已經轉過身去，狠狠地踢著灌木叢。之所以記得如此清晰，是因為我爸爸向來都是一個平靜沉穩的人，幾乎從來不生氣。

這樣的一幕有好幾個問題值得探討：既然魚已經跑了，女兒也不是故意的，為什麼一向理性處世的父親會如此憤怒呢？為什麼他要去踢打完全沒有惹他的灌木叢呢？為什麼他齜牙咧嘴、臉色通紅的樣子，連六歲的小薇若妮克都能毫不費力地解讀呢？

這種憤怒是否為存在於所有人身上的普遍情緒？一個巴布亞土著或一個亞洲人若是在現場，能否讀懂這個為釣魚事件沮喪不已的父親所表達出來的情緒呢？我們那些生活在一萬五千多年前、以狩獵和採集為生的祖先，又能否理解這種憤怒呢？

原始人的憤怒

鑑於科技還沒辦法讓人回到一萬五千年前，人類學家保羅·艾克曼[1]便前往了離居所一萬五千公里遠的地方。六〇年代末，他造訪了少數未與西方文化接觸的巴布亞土著部落，與他們一起生活了一段時間。巴布亞人在新幾內亞的一處山區裡，過著與石器時代相似的狩獵和採集生活。由於當地人與白人幾乎沒有接觸，艾克曼預計，他們的情緒和臉部表情很可能與他所知的完全不同。當年，由著名人類學家瑪格麗特·米德提倡的文化主義理論是主流，認為情緒本身和情緒的表達均需依靠習得而成，並因文化背景的不同而有差異。

在一名翻譯的幫助下，艾克曼請一名巴布亞人在照相機鏡頭面前模擬以下的情景：「你相當憤怒，準備與對方搏鬥。」於是，巴布亞人皺起眉頭、咬緊牙關、雙唇緊繃，表示威脅地噘起了嘴。

為避免翻譯障礙，艾克曼運用了現實情景，邀請對方設想自己身處該情景中，模擬與所述情緒相對應的臉部表情，例如「一個朋友來到你家，你很高興」、「你在路上看到一頭野豬的屍體，顯然它已經死很久了」、「你的孩子過世了」等等。

回到美國後，艾克曼向那些完全不瞭解巴布亞風俗習慣的美國人展示這些照片。大多數看了照片的人都能快速地辨認出憤怒的表情。艾克曼也做了反向實驗。他向巴布亞部落的新朋友們出示了西方人憤怒時的肖像，對方也很快地認出了白人臉上的這種情緒。除此之外，他們大多也順利地辨認出了喜悅、悲傷、恐懼和厭惡的情緒。

隨後，艾克曼和其他研究人員一起走訪了五大洲的二十一個人類族群[2]。結果非常明確：大多數巴布亞人都能成功辨認愛沙尼亞人的情緒，愛沙尼亞人基本都能辨認日本人的情緒，日本人能夠辨認土耳其人的情緒，土耳其人能夠辨認馬來人的情緒。這些研究結果幾乎可以證明，情緒和其相對應的臉部表情是具有普遍性的。

憤怒產生的臉部表情所具有的普遍性，並不僅僅是件趣聞，它讓人不禁深思：我們會憤怒（並產生其他的基本情緒），極有可能是刻在基因裡的一種天性。打個比方，各個國家、各個社會階層的人的穿著風格各不相同——這就是一種文化現象，穿著方式隨著文化及環境而改變。然而，所有人，無論他來自於哪個文化背景，每隻手上都有五根手指——這就是人類共有的遺傳特徵。

當然，我們也看到，文化主義也有能夠成立的論點：文化背景和所處環境會影響憤怒的表達方式，且引發憤怒的緣由也會由此不同。但是，這一情緒本身仍然是普遍性的，是人類共有的。

那麼，如果說憤怒是一種天擇留下的、普遍共有的情緒，那麼它的作用究竟是什麼呢？瞭解某種情緒運作的方法之一，就是觀察它所引發的人體變化。

臉部表情與殖民主義

早在艾克曼的研究開始前的一個世紀、大英帝國的鼎盛時期，查理斯·達爾文就已經對人類的情緒產生了興趣[3]。出於健康因素，達爾文不能長途旅行，於是他訪問了眾多曾遠赴他鄉旅行、探險、航海和傳福音的同胞。他的「研究」方法並不十分嚴謹，但他依然從諸多對話中推測出，六種主要情緒及這些情緒的臉部表情乃是人類普遍共有的。

這種假設大大惹惱了同時代的某些學者。達爾文早已因為推斷人是從猴子演化來的而受學術界排擠，如今居然又提出了人類共有六大基本情緒，這就意味著食人族、祖魯人和伊頓公學的校友們有著同樣的基本情緒。這也太讓人吃驚了！

伊頓校友們無疑更反感《人類和動物的表情》（The Expression of the Emotions in Man and Animals）一書。畢竟他們一向被教導要自我控制情緒的表露，學習有名的「緊繃上唇」、以克己沉著的臉部表情迎合上流社會。

對於達爾文和後世的演化論派支持者而言，若憤怒這種情緒得以在人類數千代的自然選擇中存留下來，那麼就意味著它對我們的祖先生存和繁衍有著重要的作用。

憤怒的身體

在一項對數個國家民眾進行的調查訪問中，受訪者被問及自己在憤怒時出現的身體反應，最常見的回答如下：

◆　明顯感覺肌肉的緊張

◆ 心跳驟然加速

◆ 渾身發熱

「熱」和「發燙」在回答中屢屢出現，有人甚至將憤怒比喻成燒沸的熱水。有人稱這種狀態為「憤怒到了沸點」（在漫畫中，畫家們不約而同地使用了同樣的圖案表達生氣的情緒——在人物的頭頂上畫一簇黑煙）。來自五大洲三十一個國家的受訪者都提到了這幾種相同的「症狀」[4]，從而進一步證明了憤怒及其表現的普遍性。同時，他們描述憤怒時的狀態也與專家們研究發現的機體變化相吻合：

◆ 憤怒會大大增加肌肉緊張度，尤其是雙臂的肌肉。如此便會導致人握緊雙拳。

◆ 人體的全身血管擴張，導致體溫上升（與恐懼引起的體溫下降現象相反）。憤怒常常表現為臉色漲紅，這一點在年幼的孩童身上尤為明顯，並且也被漫畫家們廣泛採用。這時，指尖表皮的溫度上升，而恐懼時，溫度則會下降。

◆ 呼吸頻率上升，心跳過速，血壓升高。在憤怒的狀態下，心臟會供應更多的血，而這些血也會加速氧化。我們將看到，憤怒對心血管將產生有害的影響。

憤怒的兩大作用

易怒的讓 - 雅克其實對自己的怒氣也有些疑問：

有一天，我把車交給了修車廠做車檢，同時強調我希望他們在第二天午飯之前完成檢修，因為我得開車去見客戶。在交車之前，我早早與車

廠定了時間，以方便他們安排。但第二天回到車廠時，我卻發現車子還在老地方。於是，我問在場的技師究竟是怎麼回事，他頭也不抬地說：「找老闆問吧。」我有點生氣，徑自走向老闆的辦公室。老闆回答我：「車檢還沒做，但下午就會做完。」我告訴他，他們沒有照著原先說好的去做，而且，我立刻就要用我的車。他嘀咕著說：「這裡不是想怎麼樣就能怎麼樣的地方，況且我只不過拖一天罷了。」這時，我感覺到我的心臟漏跳了一拍。我的臉僵住，手臂肌肉繃緊，胸腔充滿了怒氣，想暴打這個蠢貨一頓。我的妻子說，每次她看到我這樣都會特別害怕。可能這也正是車廠老闆的感覺，因為他突然改變了態度，支支吾吾地道了歉，還說他們立刻就會做車檢，半小時後即可取車。

既然情緒是為了預備之後的行動，那麼我們不難猜出憤怒發生之後的反應。透過實驗觀察，多位被（稍稍）惹怒的參與者都表現出了如下的生理反應：用於擊打的肌肉變得緊張，同時，心肺功能進行自動調整，以便為這些肌肉輸送更多的氧氣。不論是哪個國家哪個種族的人，憤怒（即情緒）時常會導致對方受到攻擊（即行動）。在上述的車檢事例中，讓 - 雅克雖然有攻擊車廠老闆的想法，但幸好沒有做出對雙方都不利的行為。

即使沒有話語，讓 - 雅克對憤怒的表達已經足以使對方轉變態度。這正是因為對方注意到了讓 - 雅克憤怒情緒的表露，於是希望透過提出解決辦法來避免之後更多的憤怒表示。在此，我們可以大膽推測，車廠老闆當時懷有另一種情緒：恐懼。

所以，憤怒的情緒有兩種作用：使人處於預備衝突的狀態，但也在威懾對方的同時使這一狀態化為無效。在之後的章節中，我們將看到，幾乎所有的情緒都有著這樣的雙重作用，即預備行動和傳遞作用。

憤怒的威懾作用

憤怒的威懾作用至關重要：它可以避免衝突。對於地球上的所有生物而

言，衝突都是既具高風險性又耗費精力的。人類之所以能夠存活至今，從某種程度上說，就是因為大部分紛爭最後都是以一方屈服在另一方的威懾狀態下而解決的。這在人類祖先各部族、及所有群居動物群體內都是相似的。這一現象在我們的近親──大猩猩身上同樣存在。他們之間紛爭不斷（和我們一樣，大猩猩也為身份地位、資源配置或情愛嫉妒而爭鬧不休），但很少會導致真正的搏鬥。幸好如此，不然必會導致傷亡（大猩猩也和我們一樣，會自相殘殺）[5]。

我們一起來聽聽初中教師阿涅絲的一次發怒經歷：

> 我的同事莫妮克總是喜歡在教學例會上霸佔發言時間，還老是打斷別人講話。其實她就是想要一個人主導會議，好在校長面前盡情表現，顯得自己很重要。我剛來這所學校的時候，其他同事事先告訴過我她的慣常行徑。不過，他們的警告對我沒什麼用，每次我在會上表達自己觀點的時候，她還是都會打斷我，而我雖然氣不過來，但還是會繼續說下去，直到講完我要說的為止。我可不想在所有人面前失態。

> 就在上周，莫妮克又在會議上打斷我。第二次的時候，我忍無可忍了。

> 我的拳頭「砰」地落在桌子上，把所有人都嚇了一跳。我對她說（更確切地說是對她吼道）：「我受夠了。」她打斷我說話，並且我的觀點和她的一樣重要，她用不著「動不動就提醒大家」。

> 隨後，會議室陷入了寂靜，所有人都看著我，愣住了。我為自己當眾發怒感到很尷尬，直到會議結束都沒有再說一句話。不過，從那以後，她再也沒有打斷過我。

阿涅絲打在桌子上的一拳傳遞了三個資訊：她的肌肉呈現過於緊張的狀態以至於爆發、她的攻擊意圖，以及她表現的威懾性。我們並沒有要冒犯阿涅絲的意思，不過有趣的是，大猩猩們在發怒時也會擊打四周的地面或樹木去

恫嚇對手。之後我們會詳細講解為何阿涅絲會感到如此尷尬和窘迫。

銀幕上的憤怒

說到電影中最具戲劇性的憤怒場景，就不得不提到艾倫・派克（Alan Parker）導演的《午夜快車》（Midnight Express）了。影片的男主角是個年輕的美國人，由於冒失地攜帶印度大麻進入土耳其而被土耳其員警逮捕。他打算越獄，卻發現其中一名同室獄友把他的計畫出賣給了獄警，於是他和另一名美國獄友受到了各種羞辱和虐待。有一段堪稱電影史上最精彩絕倫的暴怒戲：他在整個監獄裡憤怒地追趕著驚恐無比的叛徒，一路上橫衝直撞，直至把他打暈，隨後以可怕的方式報復：用牙齒咬下了對方的舌頭！

在馬丁・史柯西斯（Martin Scorsese）的電影，尤其是《四海好傢伙》（GoodFellas）和《賭國風雲》（Casino）中，喬・佩西（Joe Pesci）常常飾演無法掌控情緒、讓人憂心的配角，總是毫無預兆地從本來溫和親切的樣子變得暴戾無常、心狠手辣。影片中有這種特質的他讓人聞風喪膽或俯首稱臣，卻也招來了致命的後果：每次他都會被上層人物下令處死。所以，即便是混黑道也得學會自律。

法國國寶級諧星路易・德菲內斯（Louis de Funès）在他的大多數電影中都詮釋了外露的憤怒情緒，不過並沒有到暴力的程度。另一位法國演員讓・加賓（Jean Gabin）在他的演藝生涯中也經常扮演憤怒的人，包括年輕時參演的《天色破曉》（Le jour se lève）中強壯的工人和《大家族》（Les Grandes Familles）中年邁的家族領袖。由艾爾吉（Hergé）創作的《丁丁歷險記》（Les Adventures de Tintin et Milou）系列的第十六部作品名為《奔向月球》（Objectif Lune）。故事裡的圖納思教授平日裡不苟言笑、穩重刻板，但當他以為阿道克船長對他的登月計畫不以為然時（其實他有嚴重的耳背），他頓時憤怒異常，眉頭緊鎖，頭髮根根

豎起──這個溫和的角色立刻顯出了讓人不安的一面。

憤怒的起因

我們為什麼會發怒？對認知學派的心理分析師[6]（「我們的情緒源自思考」的提倡者們）而言，我們的憤怒是一系列瞬間的心理評估結果，而這些評估會讓我們判斷某件事是否同時符合以下幾點：

- ◆ 這是我們不希望看到的
- ◆ 被故意製造的（意即出自別人的意願）
- ◆ 與我們的價值觀相悖
- ◆ 可以被我們憤怒的回應控制住

觸發憤怒的事件是我們不希望看到的

我們曾希望事情按預期達成、別人以尊重的態度對待我們、我們能得到或珍藏一件東西、擁有屬於自己的時間和空間……但事與願違。於是，憤怒便從這樣的挫敗、失落感中產生了。不幸的是，人生不如意事十之八九，挫敗與失落充斥著我們的生活。

這件事在我們看來是別人故意的

當有人踩了你一腳，你可能認為他是不小心的，也可能認為他是故意弄疼你的，從這兩種想法出發，你的回應就會不同。

然而，這種「主動意向」的概念有許多微妙的層次。人類非常敏感於「故意」和「非故意」之間的諸多微妙差別，如下表所示：

憤怒的緣由

第一級 完全非故意	一名司機剎車遲了，撞上了你的汽車保險桿。 你的同事過來幫忙，卻把他的咖啡杯打翻在了你的電腦鍵盤上。
第二級 故意但沒有損害他人的意識	你在等待一個停車位被騰出，這時，另一輛車沒有注意到你在場，直接開進了停車位。 某位同事在會議上霸佔所有的發言時間，把焦點完全放在自己的問題上。
第三級 故意且有損害他人的意識	另一輛車注意到了你在等候停車位，但仍舊搶先停入。 同事意識到自己霸佔了別人的發言時間，但他認為自己的想法比其他人更重要。
第四級 故意且有意損害他人	某車主因你占了「他的」停車位而懷恨在心，折回現場刮花了你的車身。 同事有意限制你在會議上的發言時間，達到當眾凌駕於你之上的目的。

　　當我們發怒時，我們都傾向於為對方的行為作出高於事實的「評估」。比如，在同事發言的例子中，第二級所述的行為（即同事無意識地霸佔了所有的發言時間）很容易被解讀為第三級（即他是有意識的，但毫不在乎），甚至是第四級（即他有意羞辱別人）。

　　同樣，當我們的伴侶或上司在沒有預先告知的情況下改變了當初一起擬定的時間規畫，我們便會很憤怒，即便他們的行為屬於第二級，並沒有刻意損害的意識。事實上，我們會以其他人對我們的關注，來評估自己在家庭或團體中的重要性；缺乏關注即代表我們在對方眼中地位降低。而無論是在人類社會還是在動物界，能否維持自己在群體中的地位，正是生存的關鍵所在。

觸發憤怒的事件與我們的價值觀相悖

　　每個人都有自己的價值觀或處世原則，並以其判斷某種做法是可接受的、「正常的」，還是過分的、可恥的。這一價值體系自兒時起就開始形成，受

到不同文化的影響，甚至因為每個家庭的差異而大相徑庭。在飛行員罷工一事中，根據不同的價值觀，人們可能會認為「罷工的權利是神聖不可侵犯的，在資方面前，員工永遠都有理由捍衛自己的利益」，也可能覺得「已經有優渥待遇的人還要罷工，這種行徑簡直可恥」。這兩種不同想法的人們，肯定有不同反應。

不過，在諸多分歧之上還是有一普遍性的看法：人們期待彼此會「禮尚往來」。一般來說，面對與我們地位對等的人，我們期待對方以我們對待他們的方式同等地對待我們。缺乏這樣的「平等相待」很容易使我們發怒，尤其在伴侶關係中，雙方都有各自對平等、互相的理解，容易覺得自己付出的努力遠勝過對方。

這樣的價值觀還有另一種表現形式，即認知派心理醫生所稱的「基本信念」（basic belief）。這些基本信念是人們與生俱有、人格的一部分，在各種情形下使我們對事物作出「正常」與否的判斷。心理治療過程中，醫生讓患者表達出他們的基本信念，而他們的回答中經常會出現一個動詞：應該。

以下便是常見的基本信念表述：「我應該在所有事情上完美地達成目標」、「我應該讓所有人都喜歡我」、「人們應該用我對待他們的方式對待我」、「世界應該是公正的」……。當我們的基本信念與現實發生衝突時，隨之而來的便是強烈的情緒，通常以憤怒和悲傷居多。

職場上的憤怒

你會為了什麼事生氣？一位澳洲研究員[7]向 158 名在職員工提問，並讓他們描述一件在工作中激怒他們的事情。在傾聽他們的敘述後，研究員把這些引發憤怒的事件歸為四類：

◆ 遭受不公正對待（占 44%），例如：被冤枉、努力付出卻得不到認可或回報、任務之繁重遠超其他員工、在非自己犯下的錯誤上

受懲罰。

◆ **發現了一樁不道德的行徑**（占 23%），例如：親歷或目睹謊言、失職、偷竊、徇私、懶散、虐待、騷擾等行為。

◆ **面對他人工作上的能力低弱**（占 15%），例如：眼看別人工作完成不佳、被拖延太久、錯誤百出、不守程序等，尤其是當這些問題影響到他們自己的工作時。

◆ **不被他人尊重**（占 11%），例如：被他人以無禮、傲慢、嘲諷、鄙夷的方式對待（常見於上級對下級）。

◆ **遭受當眾羞辱**（占 7%），例如：在同事或客戶面前受到當眾貶低或人身攻擊。

那麼，這些員工有否表達自己的憤怒呢？的確，當激怒他們的人級別低於他們時，77% 的人都顯露了怒氣，但當對方是同級的同事時，這一比例驟降至 58%，而當對方是上級時，只有 45% 的人表現出憤慨。

憤怒的表達並不妨礙當下緊張情形的化解，問題通常會因意見表達得到積極的解決（不過這是那些向下級表達憤怒的人的想法）。但面對上級時，30% 的人採用了「報復」的手法表示憤怒。（研究援引了一名飯店服務生拼命向顧客的菜裡撒鹽以報復大廚的實例。）這一現象說明，近半數上級激怒下級的事件**都伴有羞辱成分**，而羞辱不僅僅激起下級的憤怒，還會觸發怨恨。所以，老闆們，你們可以批評下屬，但切勿羞辱他們！

人格障礙、憤怒及基本信念

人格障礙類型	常見的基本信念	憤怒的起因
自戀型	我是不平凡的人，所有人都應該敬重我。	讓他感到不受重視，把他當作「普通人」對待；公開直白地向他表達不同意見。
偏執型	我應該時刻保持警惕、保護自己，否則別人都會來欺負我。	開他玩笑或批評他，他會把這些都視作惡意。
強迫型	我應該把所有的事情都做到完美。	擾亂他的計畫、打斷他的工作程序、譏諷他的細緻作風。
邊緣型	別人應該照顧我，滿足我的需要，我必須隻身退出一切人際關係。	讓他有被拋棄的感覺；對他抱有過於親近的感情；太想控制他。

這件事可以被我們憤怒的回應控制住或避免發生

　　人們更傾向於對下級而非上級自在表達憤怒，也更容易對體型虛弱瘦小而非高大壯碩的人表現怒氣。在遇到衝突時，我們的神經系統會極快地評估「屈服」與「威懾」這兩個選項孰較可取。根據演化論派心理學家的觀點，這一調節機能是在人類的演化過程中天擇產生的，那些不知如何正確選擇屈服或威懾的人都壽數偏短或後代人數偏少（例如，攻擊性過強的男性壽命更短，太過屈從的男性則找不到性伴侶）。

　　現在，我們把認知派心理學家對觸發憤怒的四大原則應用到前文的兩個實例中：

問題人物及發怒緣由

觸發憤怒的事件性質	讓 - 雅克面對車廠老闆	阿涅絲面對同事莫妮克
我們所不希望看見的	沒取到車； 沒有得到對方的道歉	被打斷
他人故意製造的	車庫老闆粗魯無禮	莫妮克搶盡風頭
與我們的價值觀相悖的	客戶理應被友好接待； 既然承諾了就應該做到	人與人之間應當禮尚往來；我 怎麼對待別人、別人也應該同 等對待我
可被怒氣控制住的	我知道我會讓他害怕	我可以打擊同事的囂張氣焰

　　由此看來，用「我們的情緒源自思考」來解釋憤怒的產生的確是個有效的辦法，而且，它也為心理治療師們帶來了福音，可以讓我們有章可循地學會控制怒氣──我們在後文將具體談及。然而，這一理論也有其特殊情況：有時我們會因他人不經意的行為發怒（如薇若妮克並未故意放走她父親釣的魚），有時我們會在不可控的情形下發怒（如飛行員罷工一事中的羅伯）。同樣地，你是否曾因撞上櫥櫃而發火呢？要知道，櫥櫃可沒有「故意」的嫌疑（當然，你還是可以對著廚具設計師發怒，或者對自己，怪自己怎麼這麼笨）。

　　我們幾乎可以作出如下總結：有時我們之所以會發怒，並不是因為我們思考，而恰恰是因為我們想不夠多或「想歪了」。毫無疑問，針對觸發事件的重要性或突發性，人們也會有著不同的「評估系統」。

憤怒的傳導方式

　　當你走在街上被人猛地撞倒，你的憤怒反應幾乎是與被撞倒同時爆發的。這種憤怒有別於漸漸積累而成的憤怒：像是，你的另一半雖然發誓無數次但還是遲到。第一種憤怒是在面對「原始」情景──個人空間被侵犯時近乎本能的憤怒；第二種則包含了過去的記憶，以及對伴侶之間

互動程度的評估。

對於生物學家而言，第一種憤怒的傳導過程很短，近乎於條件反射。反射區塊位於大腦中最原始的回饋區域——嗅腦。這一區域是大腦皮質最早形成的地方，一些低等動物和人類都有此區塊。而第二種憤怒則需經由大腦進化過程中最先進的區域進行反射，也就是前額葉皮層，更確切地說是內側前額葉皮層。不過，會用到大腦這個區域，同時也說明我們會根據情境的複雜程度控制憤怒[8]，比如說判斷是否需要平息怒火。在被撞一例中，若對方很窘迫地向我們道歉，我們就會平息怒氣，因為這證明了對方並不是故意的。

在近期的一項研究[9]中，專家們請一批受試者（共八男七女）想像自己身處以下場景：他們各自陪母親外出，母親突遭兩名陌生男子挑釁，於是他們也以攻擊性行為予以回擊。根據即時獲取的大腦活動成像圖顯示，大腦內側皮層的某些區域的血流（即代謝）驟減，就好似大腦皮層瞬間「斷裂」，解除了對攻擊性反應的限制。相反地，當研究人員讓他們想像自己在同樣的場景中克制住自己，不去回擊時，大腦皮層中該區域的活動便增加了。由此證明，這一區域與我們對情緒反應的控制有關。

控制怒氣：「轉移」及其他心理防禦機制

薇若妮克的父親猛踢灌木叢的時候，顯然他對那些無辜的植物並無敵意，但這一舉動可以使他釋放身體和情緒上的緊張狀態。他明白不可以懲罰一個只是因笨拙而做錯事的六歲小孩（不管怎麼說這是他的價值觀），所以他就把憤怒轉移到了灌木叢上。

《追憶逝水年華》（À la recherche du temps perdu）為我們呈現了一個完美的「轉移」案例。主角陪伴好友羅伯・德・聖盧（Robert de Saint-Loup）來到劇院的後臺，找聖盧瘋狂地愛戀的女演員拉謝爾（Rachel）。不幸的是，

拉謝爾態度惡劣,她故意公然地和一個穿著誇張的男舞者調情,以挑起聖盧的妒意。與此同時,患哮喘病的主角正被身旁記者的香煙嗆得難受,作為好友的聖盧很快就注意到了。

　　他輕輕摸了摸頭上的帽子,對身旁那個記者說:「先生,請你把香煙扔掉好不好,我朋友不能聞煙味。」

這時,一旁的拉謝爾繼續和男舞者調著情。

　　「據我所知,這裡並不禁止抽煙呀!有病就該待在家裡嘛!」記者說。
　　「不管怎麼說,先生,你這樣不太禮貌。」聖盧對記者說。他維持禮貌且柔和的語調,像在對一次事故作出裁決似的。
　　就在這時,我看見聖盧把胳膊舉得高高的,彷彿在給一個我看不見的人打手勢,或者像一個樂隊指揮……剛說完這幾句有禮貌的話,他舉起手來在記者的臉上摑了一記響亮的耳光 [10]。

　　聖盧的憤怒起先是針對拉謝爾的,但若是把它表達出來,將可能引起更可怕的後果,比如分手。所以,這一憤怒轉移到了另一個風險較低的目標身上——粗魯的記者。(之後,記者被突如其來的暴力嚇傻了,沒有還手,什麼都沒有發生。)
　　另一個轉移憤怒的主角就沒有這麼幸運了。在詹姆斯‧喬伊斯(James Joyce)的短篇小說集《都柏林人》(The Dubliners)中有一則題為《一對一》(Counterparts)的故事 [11]。身材魁梧、思維活躍的職員華林頓(Farrington)深感被辦公室囚禁的痛苦,便在某日當著所有同事的面以取笑的方式「回應」了他的上司的挑釁。當下,他就被開除了。走出公司,他在家附近的酒館裡花光了剩下的錢,喝了幾杯。

　　回家的路上，他漸漸清醒，才意識到自己既丟了工作又身無分文了。回到破舊的家，他發現年幼的兒子沙爾利還沒給爐子生火。頓時，華林頓所有的憤怒——他對這一整天的憤怒、對上司的憤怒和對自己的憤怒——傾瀉而出，爆發在兒子身上，掄起皮帶就要打他。故事以小沙爾利淒慘的哀求結束：「喔，爸爸，別打我！我保證向萬福瑪麗亞求福給你！求你了，爸爸，別打我！」

憤怒與多種防禦機制

　　轉移，是將一種情緒從觸發它的人或事物上移至另一物件上。這是佛洛伊德等學者最先提出的心理防禦機制之一（它也是佛洛伊德心理衝動理論的根基之一）。

　　但是，動物生態學家在動物身上也發現了類似的現象。例如，在面對無法戰勝的強大對手時，鴿子會猛啄周圍的地面。這要是讓熱愛拿動物做比喻的普魯斯特知道了，他八成會在書中樂此不疲地加上不少相關的描寫[12]。同樣地，動物也會完全抑制住自己的攻擊性行為，轉而做其他動作，諸如梳理羽毛、模仿年幼的同類等，以使對方放棄攻擊。

　　這些反應和人類用以管理自己情緒的機制有相似的原始形態（當然，我們的機制要複雜得多），尤其近似於精神分析學家所稱的防禦機制。佛洛伊德的女兒安娜曾對這些機制作出權威的定義[13]，簡言之，在痛苦或過於強烈的情緒之前，這些機制可以保護我們的心靈，避免直接承受過大的傷害。

　　以下的一個例子便提到了幾個用於憤怒情緒的心理防禦機制：

- ◆　情境：你的上司突然衝進你的辦公室，叫你打起精神、加快速度，但你面對堆積如山的工作早已暈頭轉向了。
- ◆　當即反應：辱罵上司。

- ◆ **轉移**：上司離開後，把怒氣出在你的助理身上。
- ◆ **退化**：上司離開後，溜到自動售貨機前買一根巧克力棒，大口咀嚼。
- ◆ **幻想**：幻想在同一場景下，你和上司互換身份，任意羞辱他。
- ◆ **軀體化**：事後，出現頭疼或腹痛症狀。
- ◆ **隔離**：以冷眼旁觀的方式看待整件事（將自己與可能重現的實際情緒隔離開來）。
- ◆ **反作用形成**：自願變成既謙恭又順從的下屬。
- ◆ **合理化**：事後，內心用一系列看似有理的解釋為自己順從的態度進行辯護。
- ◆ **解離**：感到憤怒至極，近乎窒息，以至於昏倒。
- ◆ **投射**：認為上司對你懷有怨恨（即把自己的怨恨投射到他身上）。

以下三種機制被視為「成熟」的防禦機制，也就是心理達到足夠成熟的人使用的機制。它們有利於幫助你在不否認事實的前提下更適應所處的情境，甚至使更多的人都得益：

- ◆ **昇華**：當晚下班後，前往工會，尋求幫助。
- ◆ **壓制**：承認發生的事是令人難以忍受的，但決定不再去想它。
- ◆ **幽默**：心中覺得好笑，心想，他自己效率並不高，居然還關心起別人的工作來了。

然而，真實生活遠比上述事例來得複雜。大多數情況下，我們的防禦機制彼此交疊，即使是經驗豐富的專家也難以一一拆解辨認[14]。

憤怒在不同社會背景下的多種形態

我們還記得教學例會上發怒的阿涅絲在事後曾感到尷尬、窘迫。她如是說：

> 我覺得非常尷尬，我的行為說明我失去了自制力，而這對於一名教師而言，是不應該的。還有，我當時肯定臉紅脖子粗、言辭激烈、手舞足蹈，就像個「大老粗」，一點都沒有女人該有的優雅。總之，我覺得自己既低俗又醜陋。

阿涅絲的這段話道出了兩個訊息：她的憤怒表現不符合職業規範（她認為作為教師就必須明白如何「自制」），也不符合女人應有的樣子。雖然阿涅絲是個「自由女性」，但她的意識中或多或少還是存留著一些教條式的規範，認為女人應當比男人更文雅、更懂得如何與人相處。

心理學家已經證實，憤怒並非對所有人而言都是一種**正當的**情緒。文化則對憤怒的表達規則有著不可忽視的影響力。

憤怒有助領導？男士可以、女士不行

當一位公司老闆以不同情緒向全體員工公佈差強人意的年度財務報表時，是否會影響他／她在眾人心中的可靠度？一組研究人員邀請了368名受試者評估各種情緒狀態下這位老闆的可靠性，其調查結果讓女權主義者們失望不小 [15]。

調查顯示，當男性老闆在憤怒狀態下公佈時，他的可靠度基本保持不變；但當他表現出沮喪情緒時，可靠度大大下滑。

相反，當女性老闆憤怒時，她的可靠度下降驚人，但她的沮喪情緒為

其領導形象帶來的負面影響遠低於男性老闆。

在所有的情緒狀態中，對於這兩個性別的老闆而言，表達方式中性化（既不怒也不悲）的領導是最具可靠度的。研究人員承認，他們只在某種特定情境下進行情緒的影響力評估，領導的可靠度也基於他／她的其他能力；然而，這一調查結果仍令人困惑。值得一提的是，此項研究對象均為美國心理學學生，他們的成長環境較他國而言有更濃重的女權主義色彩，社會也更推崇男女的行為相似性。

高級俱樂部和社會住宅裡的憤怒

想像一下，你和朋友正在一間咖啡館裡找位子，這時有人忽然撞了你一下，也沒有道歉的意思。你提醒他撞到你了，但他生硬地回答說你不擋路就不會被撞。你會如何反應？

這取決於諸多因素（包括你的年齡、性別、體型、惱怒程度、吵架經驗和體內酒精濃度），但同時也取決於你本人的社會背景。

且聽曾在巴黎北部著名的社會住宅區（La cité des Quatre Mille）裡居住了三年的社會學家大衛・勒普特（David Lepoutre）如何描繪社區裡青少年的行為[16]：

> 在言語冒犯的問題上，這裡的青少年普遍表現得或刻意顯得特別敏感、易怒。為了在同齡人的團體中獲得一席之地或保持地位，他們必須迅速且暴力地 —— 至少當可以使用武力時 —— 回應所有「不當」的言語。他們得學會生氣、暴跳如雷、耀武揚威，把下巴抬得老高，警告冒犯他們的人「好好說話」、「注意用詞」、「再說一次」，有時即使大家都聽清楚了，他們還會讓對方重複說過的話（「你再說一遍！再說一遍！什麼？什麼？」），公然威脅對方，必要時揍他一頓。

　　社會學家早就觀察到，在底層文化成長的男性對名譽和體力尤為重視。不論是在今天還是在三〇年代條件較差的郊區，任何男性都應該隨時準備以武力或使用武力的威脅來回應言語侵犯（尤其當圈子中的其他人也在場時），否則他的名譽就會受損。我們再回到社會住宅社區的場景中：

> 　　任何損害個人或集體名譽的侵犯行為都只能用反擊來解決，這是贏回名譽的唯一途徑。就是在這種模式中，復仇式的暴力被大力推崇（所謂為了男性的榮譽）。
>
> 　　這種模式裡，最重要的就是不能被他人欺負、贏得他人尊重、不斷對抗羞辱的能力[17]。

　　相反，在上層社會階層中，人們接受的教養是建議大家有分寸地解決糾紛，避免出現「打得不可開交」的場面。憤怒並不是忌諱，但眾人應該要控制怒氣，以符合身份的方式恰如其分地表達出來；俗話說：「君子動口不動手。」

　　用尖酸刻薄的話取笑對方或許算是區分上層與底層社會背景的方法之一，但它也可能把事情引向更劍拔弩張的狀態，即便是如威廉・博伊德（William Boyd）的小說《新懺悔錄》（New Confessions）主角那樣生活在英國上流社會的人也不能免俗。

超優雅的憤怒 —— 夏呂斯（Charlus）男爵

　　在《追憶逝水年華》的第三部《蓋爾芒特家那邊》中，年輕的男主角兩次拒絕了男爵的邀請，無意間傷了他的自尊心。要知道，這位男爵同時有著數個頭銜，包括布拉邦（Brabant）公爵、奧萊龍（Oléron）親王、卡朗西（Carency）親王、維亞爾吉奧（Viareggio）親王和迪納（Dunes）親王，是整個聖日爾曼區最聲名顯赫、最受人尊敬的貴族。

「先生，我發誓，我從沒說過意圖冒犯您的話。」

「誰跟你說我被冒犯了？」他發出憤怒的吼叫，猛地從長沙發椅上坐起來，直到現在，他才動了一下身子；他嗓門時而尖利，時而低沉，猶如震耳欲聾的狂風暴雨。「你認為你能夠傷害我嗎？你難道不知道我是誰？你相信你那些狐群狗黨，五百個把彼此捧來捧去的小娃娃從嘴裡吐出的毒汁能弄髒我高貴的腳趾頭嗎？」

聽了這段急風驟雨式的長篇批判，這回輪到主角發怒了。接下來，他展現了一個極妙的「轉移」範例：

我想打人，想摔東西發洩怒氣，但我還剩下一點判斷力，我不得不尊重一個年紀比我大許多的長輩，甚至對他身邊的德國瓷器，也由於它們具有珍貴的藝術價值，而不敢妄加損壞，於是我撲向男爵那頂新的禮帽，把它扔到地上拼命踩踏，想把它四分五裂。我扯下帽裡，把它撕成兩半。夏呂斯先生仍在大叫大罵，我連聽都不聽[18]。

一九三〇年代，小說《新懺悔錄》的主角在候機室裡偶遇曾經的戰友德魯斯，兩人說著說著吵了起來。德魯斯聊起主角在戰時被德軍俘虜的原因有些搞笑——觀測氣球被反向的風一下子吹到了敵人的控制區內。這激怒了主角，但他以更冒犯的方式指責德魯斯竟為了逃避突擊行動，而朝自己腿上打了一槍。

他眼中震驚的神態證明了我的嘲諷說中了他的要害。

他甩了我一巴掌。

「無恥的懦夫！」

別人後來告訴我，我撲向他時吼的這一聲簡直不像人類。很快，我就

被航空公司的人控制住了，但在那之前，我棍子般揮舞著的拳頭早就撞上了那無禮的膽小鬼得意的嘴臉，他不是眼睛腫了就是腦袋哪兒開了花。我感覺到勝利的吼聲貫穿體內，它無聲而原始，卻迴盪許久。德魯斯呻吟著，被他的同伴們拖進了廁所[19]。

憑著小說家的直覺，威廉·博伊德使用了「非人類」、「原始」這樣的詞語，意味著他感覺到人類與靈長動物在憤怒情緒上是相通的。

所以，憤怒看起來是種有益的情緒，使我們不受人隨意欺負，但另一方面也可能是個錯誤，缺乏冷靜、有悖於社會規則，也是缺乏教養、失去自控能力的表現。最理想的情況就是視所在的情境處理自己的憤怒，但極少有人能夠具備如此強大、高超的情緒控制力。

冰面上的憤怒

六〇年代初，加拿大人類學家簡·布里格斯（Jean Briggs）前往加拿大西北部，與因紐特人（愛斯基摩人如此稱呼自己）共同生活了一段時間。這段生活經歷使她寫就了一本人類學經典著作──《絕不動怒》（Never in Anger）[20]。這本書描寫了當地人最令她驚奇的性格特點，即從不發怒。即使發生了讓白人（包括簡在內）暴怒不已的情況，他們也不會發怒。該書以小說的筆法寫成，常常被文化主義支持者們援引，以證明情緒並非普世性的，證據就是當地的因紐特人不會憤怒。然而事實上，簡·布里格斯認為，因紐特人善於控制自己的憤怒，而非感覺不到憤怒。「情緒的控制在因紐特人中具有很崇高的意義，能否在最惡劣的情形下泰然處之是成熟的主要標誌之一，是成年人的心態。」一個很輕易發怒的人被他們視作「nutaraqpaluktuq」，即「兒童化的行為」。簡·布里格斯和其他因紐特人結識的白人一樣，很快就被對方貼上了這樣的標籤。

這一定義同時也說明，因紐特人在自己的孩子身上觀察到了憤怒的存在，這便是符合基本情緒的又一評判標準。

為什麼平靜泰然和自律在這個族群中受到如此特殊的重視？有人認為，在北極圈這樣氣候嚴酷的極端環境中（直到五〇年代，饑荒仍數次造成因紐特人某些部落人口的大量死亡），因紐特人必須依靠團結、無嫌隙的集體生存下去；而憤怒對集體而言有著太大的分裂風險，也極可能造成相互排斥，因此被視作過於危險的情緒，是不能被容忍的。

及時覺察他人的憤怒

在安妮・埃爾諾（Annie Ernaux）的小說《羞恥》（La Honte）（又一個重要的情緒！）中，作者描繪了一段兒時的記憶，是父母之間的一次激烈爭吵，下場甚為難堪：

> 我父親一坐下，她（母親）就開始數落他，一直持續到吃完飯都沒有結束。餐具洗完、桌子擦好，她還在責備父親，一邊在廚房裡忙來忙去——這狹小的廚房也是她每次抱怨的主題之一……我父親坐在桌邊，一言不發，扭頭看著窗外。突然，他猛地全身顫抖，呼吸急促。他突然站起，一把拽住母親，一邊用我從未聽過的聲音嘶啞地怒吼，一邊把她拖到了前廳吧台。

幾秒鐘過後，主角在地下室裡看到了父母：

> 昏暗的地下室裡，父親先是緊抓著母親的肩膀，然後又抓住她的脖子，另一隻手則拿著砍柴刀。那把刀平時一直穩穩地插在一塊大木頭

裡，父親把它拔出來了。除了抽泣和尖叫聲，我什麼都不記得了 [21]。

萬幸的是，父親在那一刻控制住了自己，回過神來，但他的憤怒還是留下了不可抹去的印記。在之後的幾天裡，作者描寫了父親近似於創傷後壓力症候群的徵兆（例如，收音機裡播放一首有爭鬥配音的「西部牛仔風」歌曲，它使父親一聽就焦慮）。為什麼父親會生這麼大的氣？女兒無從得知或早已忘記，也可能這次妻子用了比平時更加狠毒的詞、更長的時間來辱罵他。

國際知名學者莫迪凱‧戈特曼（John Mordechai Gottman）認為，上述情景在夫婦和情侶關係中甚是典型。妻子用抱怨和指責來騷擾丈夫（嘮叨，nagging），但丈夫一言不發，望向別處（築牆，stonewalling）[22]。妻子視丈夫的沉默為心不在焉或冷漠無感，但事實上這是男性常用的情緒控制手段。安妮‧埃爾諾的父親的情緒也許早已激動得幾乎不能自已了，因為他突然「全身顫抖，呼吸急促」。

由於女人比男人更會表達她們的情緒 [23]，她們傾向於把男性表面的無動於衷理解為冷漠。請注意！事實通常並非如此。我們將在「嫉妒」一章中重新探討家庭暴力問題（即大多數情況下妻子遭到毆打的情況）。

上述情景再次提到了憤怒是暴力的鋪墊，並經常導致暴力的發生。由此我們便可以明白為何所有的宗教都反對憤怒，憤怒威脅著團體的內部聯結，且其中最弱勢的往往被當作侵害目標。

憤怒永遠都是罪行嗎？

我們體內的火熱攪動了神的聖怒，叫我們重新得力，
成就那單憑溫柔所不能改變的事。

——《基督教教義虔敬讀本》
（Doctrine chrétienne en forme de lecture de piété），1858 年

在基督徒的信仰傳統中，只有上帝的憤怒，即聖怒，以及摩西等少數幾位正義人士的憤怒才是正當的。讓 - 皮埃爾·迪弗雷涅（Jean-Pierre Dufreigne）在他對憤怒的研究論文[24]中寫道：「群神都是獨裁者，所有道德敗壞的事，還有憤怒，全被他們據為己有了。」

《聖經·舊約》中記述上帝曾多次發怒。確實，人類的許多敗壞行徑讓上帝難以忍受，但在憤怒之下，這位造世主採取了不少極端的方式：把人逐出伊甸園、降硫磺與火摧毀所多瑪和蛾摩拉、活埋可拉和他的家眷，甚至在猶太人重新開始拜偶像的時候威脅滅絕整個民族。幸好，摩西成功地讓上帝放棄了用同樣極端的手法滅絕以色列百姓的念頭。（今天的世界若是只有一個神，那該變成什麼樣子呢？）但當摩西轉身下了西奈山后，他自己承接起了這份神的聖怒，摔碎了兩塊法版、燒了金牛犢。

除了神的聖怒這一特例外，《聖經》是反對憤怒的。這一點在經文中數次提及：「我親愛的弟兄們，這是你們所知道的。但你們每個人要快快地聽，慢慢地說，慢慢地動怒。因為人的怒氣，並不成就神的義。」

在法語中已經有些過時的詞——「堅忍」（la longanimité），指的正是「延遲動怒」這種美德。《新約》中，耶穌基督在聖殿裡發怒的場景常被人引用，但細讀就不難發現，這一發怒行為是經過思考的，而非一時衝動，因為耶穌不急不徐地用細短繩編了條鞭子，還在趕走做買賣的人、推倒桌子的同時非常鎮靜地講道：「經上記著說，我的殿必稱為禱告的殿。你們倒使它成為賊窩了。」（《馬太福音》21 章 13 節）

鄧尼斯·阿坎（Denys Arcand）導演的電影《蒙特婁的耶穌》（Jésus de Montréal）精彩地詮釋了憤怒的真諦。影片中，一群演員在蒙特婁市最高的山丘皇家山上拍攝基督受難記，但回到現實生活的他們竟無意中經歷了與耶穌及其門徒相似的事件。扮演抹大拉的瑪利亞的演員前去參與一部廣告片的試鏡，片中的她必須穿著暴露。在片場，廣告製作方又找藉口要評估一下她的「演員天分」，於是要求她全裸出鏡。女演員備

覺差辱，猶豫了許久，但因為實在需要這個角色而不得不忍氣吞聲。脫下一件又一件衣服的時候，她的眼中滿是淚水。就在這時，扮演耶穌的男演員恰好趕到。看到這差辱性的一幕，他頓時怒火中燒，把攝影房砸了，嚇跑了廣告商和客戶。之後，一位娛樂界的顧問人物建議他製造一齣「炒作計畫」以提高自己的知名度，但最終被他拒絕了……

愤怒是由天主教教宗聖格里高利一世（Saint Grégoire）確立並推廣的七宗罪中的一宗（其他六宗罪為傲慢、貪婪、懶惰、色欲、嫉妒和暴食），而在佛教中，愤怒則是修法之五大障礙（貪、嗔、癡、慢、疑）中的一個。

愤怒引發的疾病

綠巨人浩克

> 別讓我生氣，你不會想看到我生氣的樣子的。
>
> ——綠巨人浩克

你還記得八〇年代大受歡迎的電視影集《綠巨人浩克》（The Incredible Hulk）嗎？溫和的原子物理學家大衛・班納意外吸收了過量的核輻射，從此出現了惱人症狀：一旦有人激怒他（這位好心的博士竭盡全力避免發火，即便對最可惡的人都儘量克制），我們的英雄就會變身成為一個身高驚人、身材健美的綠巨人，一塊塊肌肉發達得能把衣服全都撐破。隨後，他摧毀身邊所有的一切，也讓激怒他的人走投無路。事後，他的樣貌和性格都會恢復成原樣，但這時的他往往有些羞愧，一方面因為自己再次失控，一方面則因為又沒衣服穿了。

通常，故事和事實都不會相差太遠。現實生活中有不少人都深受「綠巨人綜合症」的困擾，出現間歇性暴怒[25]。大部分有類似問題的都是男性，而他們在一番破壞性的狂怒之後，常常只能面對冰冷的監獄或噩夢般的精神病院。與一般的暴力案犯不同，這些人的個性中並不存在固有的攻擊性，他們就如同定時炸彈一樣，平日裡的常態是沉靜、甚至是害羞的。暴怒過後，他們通常都會表現出真實的羞愧和罪惡感，而其憤怒的激烈程度與觸發事件的嚴重程度相比完全不成比例。

這一暴怒問題的根源至今未知，因為在精神病學上，既要考慮原生家庭等教育背景因素——如在孩童階段是否被暴力的父執輩虐待，也要考慮生理因素——如核磁共振探測出的腦部細微異常或腦電波紊亂等。此外，間歇性暴怒症狀也可能與某些形式的癲癇有諸多共性，而後者會引發無法控制的暴怒情形。目前醫學界建議的治療方法，是以個人或團體[26]的心理療法結合抗憂鬱或抗癲癇類藥物。

憤怒的心臟

自八〇年代起，流行病學研究有越來越多的證據指出，易怒的人確實較其他人而言更容易有突發心血管疾病的問題[27]。然而，仍有兩個重要資訊值得注意：

◆ 這一說法奠基於對某項危險因素的資料統計，而非每個個體均適用的絕對定論。但是，以下危險因素的確會讓心臟病發作的機率更高，如嗜煙、超重、高血壓、高膽固醇，以及不得不提到的心血管家族病史。

◆ 暴怒將增加心肌梗塞的風險，但壓抑憤怒、內心的怨恨，以及長期的敵意對冠狀動脈也似乎有毒害效應[28]。所以，要好好保護心臟，就不能單純地「壓抑」憤怒，而是要實實在在地使它平息下來。

我們已經看到，作為基本情緒的一種，憤怒普遍存在於每個人身上，也是我們適應社會生活的必要情緒，但有時它會帶來負面的，甚至是災難性的後果。如何更好地管理憤怒情緒呢？

學會管理憤怒情緒

總的來說，目前管理憤怒情緒主要有兩種錯誤方法：

◆ 爆發：放任憤怒不受控制地爆發出來，或出於暫時、短期的目的任其宣洩。這往往會引起無法挽回的後果，製造不必要的不和，留下難以抹去的怨恨，甚至讓自己成為他人的笑柄。這種「過度憤怒」有時可以幫助你短期內獲得想要的效果，但其代價就是破壞長期的人際關係。你的嗅腦在這一瞬間停止活動，大腦皮層短路，自己得意地說：瀟灑走一回嘛！

◆ 壓抑：向他人，甚至向自己掩藏憤怒，把憤怒完全「積存」起來。這樣做意味著積壓越來越多的怒火，既對冠狀動脈有害，又會使人把你當成一個可以隨意欺凌的物件。這種過度壓抑（後文稱之為「憤怒缺失」）的做法同樣具有風險，它可能在未來的某一天，當類似的場景重現的時候，讓你瞬間崩潰，因為過度積壓必然在某個時候爆發，而爆發的那一刻往往是最壞的時機。

有關糾紛處理的研究也證明了以上論述：大多數情況下，人們在情緒程度適中時才能更好地解決問題[29]。暴怒會使人們感知不到解決問題方法的多樣性，也讓他們忘記如何使用慣用的人際交往能力。的確，憤怒使人盲目。

如何處理過度憤怒：亞里斯多德來幫忙！

> 怒氣在某種程度似乎是聽從理性，不過沒有好好聽懂，
> 就像急性子的僕人沒有聽完就急匆匆地跑出門，
> 結果把事情做錯了。
>
> ──亞里斯多德《尼各馬科倫理學》第七卷
> （Éthique à Nicomaque）

我們特此向柏拉圖的學生、亞歷山大大帝的導師亞里斯多德求助，因為這位無與倫比的偉大哲學家並沒有把目光僅僅停留在形而上學和自然科學上，而是開始尋找「美好人生」的定義，寫就了《尼各馬科倫理學》這本巨著。

我們繼續來聽聽讓-雅克這位易怒先生的敘述。他不僅嚇到車廠老闆，還因為總是發怒而漸漸背離美好人生。

　　隨著年歲增長，我越來越無法忍受自己發怒的問題。首先，與年輕時不同，憤怒會讓我非常疲憊；我感覺自己快挺不住了，有時會覺得心臟疼，但心電圖顯示目前一切正常。此外，我得承認，我是在貧民區長大的，年少時我曾參加過幫派，對他們來說，憤怒能贏得尊重。現在的我在事業上小有成績，周圍常常都是比我年輕、學歷高於我的下屬。我很清楚，就算我的憤怒可以讓我贏得某些人的尊敬，其他人也一定會覺得我「不會做人」。沒錯，有時候我確實會說一些讓自己後悔的話，我甚至曾為一件在今天看來無關緊要的事對一個朋友發火。總之，我想，我的憤怒在我人生的上半場也許派上了些用場，但現在它對我有百害而無一利。面對孩子們也是一樣。他們還小的時候見到我就害怕；現在他們和媽媽站在同一條戰線上，一起批評我討人厭的性格，責備我總是把美好的時刻搞砸（孩子們對我講過他們兒時的記憶，描述了我在度假時大

發雷霆的情景）。

讓 - 雅克很清楚地意識到了自己的問題，並且很顯然，他不屬於自戀型人格，沒有為自己的憤怒辯解、稱其是正當的。（有些人會如此辯解：「他們不想看我發怒就別惹我啊！」）

以下是幾條建議，可供讓 - 雅克和其他易怒的人參考。

減少讓你發怒的因素

這一條建議看似空談，實際上卻是避免暴怒的根本方法。

你還記得在教學例會上當眾對著同事莫妮克發火的阿涅絲嗎？她如是說：

> 在例會開始前，我已經有些心煩了，因為那天早上，孩子們穿衣服的速度特別慢，我丈夫又提醒我說我沒有權力用獨裁的方式對待他們。出門後，往學校的一段路上還塞車了。結果，我緊張了一整個早上，生怕遲到，而遲到是我絕對不能容忍的事。

所以，我們可以設想，在走進會議室的時候，阿涅絲已經有一定程度的怒氣了，而莫妮克打斷她的做法恰恰就是那滴著名的「火上之油」，雖然這團火和莫妮克一點關係都沒有。一些研究人員稱，實驗表明，一批參與心理實驗的人在被稍許激怒後（例如使他們久等、讓他們填寫超長問卷，或迫使他們面對某個故意讓自己感覺超討人厭的研究員），他們會在接下來的中性情緒測試中表現出更多的敵意或攻擊性 [30]。

動物心理學家康拉德・洛倫茨（Konrad Lorenz）親身體驗了這一經歷，講述集中營中的混亂擁擠和各種沮喪頹廢如何使人變得異常暴躁：「我們和最好的朋友會因最小的事情打起架來（如他們清嗓子和吸鼻子的方式），每個人都像被醉漢搧了耳光一樣 [31]。」

易怒的個性通過一句職場上眾所周知的話即可揭示：「現在不是跟老闆談這個的時候。」有著易怒老闆的員工基本都熟悉這句話，也都變成了識別老闆憤怒級別的高手。身為易怒的老闆，必有一大弊病：周圍的人會逐漸向你隱藏負面資訊（若有朝一日上法庭的話，法官不太會相信你是無辜的）。

所以，儘量讓你的生活愜意、舒心一些吧！即使只是一些需要改進的細節也不要放過（比如，若經濟條件允許的話，你最好把經常壞掉的電器換了，因為它們很可能在你意識不到的時候就變成了觸怒你的東西，而換掉它們可比換掉惱人的配偶容易多了），並且留住那些美好的瞬間，以便在煩心的瑣事發生時不被影響。

梳理優先次序，與自己對話

從認知派的憤怒理論（「我們的情緒源自思考」），我們可以很自然地得出：「換個方式思考，你會減少動怒。」

讓我們來聽聽工頭羅伯處理怒氣的經驗：

> 我一向是個暴躁的人。當事情沒有按照我預計的方式進行、辦事的人磨磨蹭蹭、或有人不好好工作的時候，我就會暴跳如雷。在我們這行裡，我的風格挺行得通的：小夥子們都知道在我手下就得注意點兒。同時，公司交給我的工程也越來越重大，工資也跟著上漲。不過，我妻子常常指責我老是為沒有意義的事情發火，比如服務生上菜有點慢、前面的車擋到我們的路，或者放假期間有人不守時之類的。去年，我經歷了一次突發心臟病；僥倖活下來後，我開始反省自己。我住的那間醫院裡有一位心理專家，專門幫助像我一樣成天暴躁、動不動就發怒的病人。我在那兒學到不少東西，尤其是「換個方式思考」的方法對我影響最大。從那以後，我一直努力（雖然不是次次成功）不去為毫無意義的事情發火。每次當怒火上來時，我就對自己說：「冷靜，羅伯，冷靜，這事兒沒那麼重要。」

太平洋上的憤怒

伊法利克環礁（The Ifalik）是太平洋南部島國密克羅尼西亞聯邦的環礁，屬於加羅林群島的一部分。環礁上的居民們擁有非常豐富的詞彙，其中用來形容憤怒的就有好幾種：「lingeringer」指的是一系列惱人的事件接連發生後慢慢形成的憤怒；「nguch」指一個人因為家人沒有提供預期的幫助而心懷憤懣；「tipmochmoch」則形容病人易怒的狀態；而「song」的意思是對他人有悖道德的行為表示憤慨。

人類學家凱薩琳・盧茨（Catherine Lutz）在她著名的作品《非自然情緒》（Unnatural Emotions）[32] 中大力推崇了「徹底」的文化主義理論。據她所述，並不存在任何普遍相似的情緒，且我們對這些情緒的科學性研究（諸如分析臉部表情等）本身就是一種西方文化背景的研究手法。

矛盾的是，她在書中描繪的所有情緒對我們而言都易於理解且熟知於心。例如，我們很容易理解，伊法利克環礁居民尊敬愛戴的是「maluwelu」式人物——沉靜親切的人，而非「sigsig」——性格不受人歡迎的人。這一概念在十萬八千里之外、居民更多的島上都是可以被理解的。

在書中所附的照片上，我們可以輕易地看出合影中的伊法利克男孩流露出了恐懼（這一表情證實了當時的趣事：男孩以為攝影師要扎他一針）。與他稍帶敵意的表情形成鮮明對比的是他母親柔和的笑容，這對於我們而言也是普遍認同的。

心理治療師教給羅伯的技巧便是行為治療中被經常使用的：使用**內心語言**（internal discourse），自己和自己對話，並將憤怒在其萌發狀態時便控制住[33]。

即使沒有心理治療師的幫助，你自己也可以畫一張表格，列出所有你決心

不再為之發怒的日常情景，並為每個情景分別構思一句緩和的語句，用以平息自己已升到嘴邊的怒氣。

心理治療師的工作是幫助你思索並發掘自己的內在信念。其目的並不是為了完全改變它們，而是要讓它們變得沒有那麼固執苛刻，如下圖所示：

憤怒分析表：你是哪一種？

容易觸發憤怒的想法	更靈活的想法
人人都應該對我以禮相待，正如我對待他們一樣，否則便是無法忍受的、可恥的，我理應為此憤怒。	我對別人都是以禮相待，我不喜歡別人以不禮貌的方式對待我，但我可以忍受他們（同時我會告訴他們我的想法）。
我應該要通過發怒來獲得我想要的，不然別人就會看不起我。	我的憤怒也許可以讓我的觀點增加分量，但這並不一定是最佳的方式。
我應該發怒，不然我就會變成弱者。	我希望自己被別人尊重，但憤怒不是唯一的途徑。

依據憤怒分析表調整你的想法，並不意味著要消除你所有的憤怒，這也不是健康的做法。這樣做的目的是說明你避免落入沒有意義、或是過於激烈的憤怒情緒中。認知療法的創始人之一艾理斯（Ellis）先生認為，憤怒可以是正當的，但暴怒和狂怒都是無意義且有害的[34]。

站在他人的角度思考

你是否曾為他人向你發出的怒火感到驚詫？是否曾有人對你說「你還是別把我當白痴了」，或「你以為你是誰」？你之所以會因這些反詰感到意外，是因為你完全未曾料想自己所做或所說的會引發他人的憤怒。

這正是《蓋爾芒特家那邊》中男主角面對夏呂斯男爵時的狀況：他沒想到男爵竟然會因為他婉拒了幾次邀約就大發雷霆，他完全沒有意識到這冒犯了男爵，更何況他的婉拒理由都是真實且正當的。

我們所有人都會犯下夏呂斯男爵的錯：我們向他人發怒，常常是因為我們

認為對方在「嘲弄我們」，是故意要激怒我們。我們從他人的行為中探測到的惡意遠比實際要多得多。所以，當他人做出讓我們惱怒的事情時，我們有時更應該站在他們的角度理解他們的想法，正如大學教授雅克所說的一樣：

> 我記得自己年輕的時候很容易因為那些「重要」人物遲遲不回我電話、信件而氣憤不已。我把他們的遺忘或拖延視為對我的不屑和他們的自負。後來，我自己也漸漸成為了一名研究領域內的「重要人物」。這時，我才明白，一旦到了這個位置，就意味著會有四面八方的人一刻不停地來聯繫我，我忙得團團轉，且筋疲力盡。我盡力及時回覆所有人，但有時我也會忘記回覆或稍作拖延。於是，我意識到，自己年輕時對遲遲不回的教授們有著多麼深的誤解。當然，那些「重要人物」裡確實存在一些輕視學生的人，但遠比我們自以為「不重要」的時候要少。如果我早點明白，就可以省去那些沒用的憤怒和抱怨了。

想一晚再行動

這個建議特別要送給那些對身邊重要的人懷有憤怒情緒的讀者。「重要的人」包括你的配偶、朋友和同事。

一晚的思考時間可以幫助你：

- ◆ 重新對當下情形作出評估（對方是故意為之嗎？他／她意識到了對你的傷害了嗎？）
- ◆ 獲得中肯的建議，詢問作為局外人的親友的意見很重要。
- ◆ 詳細釐清你之所以感到憤怒的理由，同時準備好你接下來要對對方說清楚的話。

請注意，並不是所有的憤怒都適用這一策略。恰恰相反，有時過久的拖延

會造成兩種不利情形：

◆ 你的憤怒早就消退一大半，連提都不想提了。於是，對方在惹怒你的事情上沒有得到任何教訓，下次還會激怒你。

◆ 有些事情當場解決遠好於秋後算帳，不然你將被視為「記仇」、「小心眼」。

給對方時間，讓他表達觀點

避免一味地自我表達，你也應該聽聽對方之所以「怨恨」你的緣由，說不定從對方角度來看，真的有些道理。

一進辦公室，我的助理就告訴我，我的同事兼競爭對手都彭成功地調整了他和老闆的約談時間，如此他便可以先我一步介紹他的構想。我當即怒不可遏，因為他已經不是第一次給我製造麻煩了，手段又很卑鄙，而每次我都忍氣吞聲。我氣沖沖地衝進他的辦公室，準備清算他這幾個月來所有的態度問題。看到我連門都沒敲就跑了進來，他驚訝不已，而我完全沒有給他反應的時間，以很快的語速大聲地吼道：「我知道你在我背後做了手腳，這根本就是無能的人才會做的事，我警告你，我受夠了！」接著，我瞪著他，他結巴起來，臉漲得通紅。隨後，他也對我發起火來，開始列舉他對我的種種意見。他說我滿腦子想的只是自己，永遠做到最好的專案，自以為比任何人都強，等等。

忽然，我意識到自己在無意中冒犯過他許多次。確實，平日裡我總有更多的發言機會，上級都很欣賞我，我在例會中確實有獨霸話語權的趨勢，而且，說到底，我的確沒有怎麼關心過他。在這次更改約談時間事件的背後，有著他對我的怨氣，而這正是我對他的輕視造成的。與他為敵對我其實沒有什麼好處，何況他也是一個有影響力的人物。最後，我

對他說，我們下次再談吧，然後轉身離開了他的辦公室。

上述事例的羅伯表現出了情緒控制上的智慧，不失為個好榜樣。他不僅有能力表達出自己的憤怒，還主動去理解對方的情緒（留給對方表達的時間），同時也迅速地以恰當的行為結束了爭執。

不過，他的失誤在於沒有對都彭最初的小動作作出反應。若是在事發初期就提醒對方遵守規則，那麼他就可以省去這次發怒了。

關注使你憤怒的行為而不針對人作人身攻擊

當人陷入憤怒中時，常常會不假思索地大聲指責對方，甚至羞辱對方。我們再次重申，這樣做將會給一段人際關係帶來長久的損害，甚至會導致無法挽回的後果。所以：

請關注激怒你的行為／而非指責對方本人

「別打斷我！」／「你從來都不讓別人發言！」
「你把事情都搞亂了！」／「你就喜歡袖手旁觀，等著別人來收場！」
「你做這件事前沒有通知我。」／「你在我背後做了手腳！」
「你這麼說我真的很生氣！」／「你就是個可憐的蠢貨！」

指責某人會讓對方站在防禦的立場上，使其以挑釁的方式回擊，同時也讓他對你懷恨在心，這在伴侶的關係中特別常見。

在伴侶相處的問題上，我們的長輩曾如此告誡我們：「即使兩人都很生氣，也絕不能說惡毒的話。」

與此同時，許多專家對愛侶之間的爭吵進行了深入研究。他們發現，當糾紛發生、怒火中燒時，指責性的話語會越來越密集，如下列對話所示：

一你又回來晚了！

一我工作太多了。

一你總是有藉口。

一這不是藉口。

一你其實只是很享受讓人等的感覺！

一不是，但很多時候狀況是無法掌握的。

一總之你心裡只想著你自己！

一（冷笑道）這樣講很符合你的風格嘛！

一什麼？！你知道我為你付出了多少？為了孩子……

一你看，你就和你媽一樣，只會抱怨！

一這日子過不下去了！（妻子摔門而去。）

　　心理學家曾定義「夫妻的四個指責階段」[35]，而這對夫妻以極快的速度經過了前三個階段。

　　實驗表明，當你進行更高級別的指責時，你的憤怒表達就更為徹底，但你給對方帶來長期傷害的可能性也就更大，兩人關係的和好也就更加困難。所以，我們鄭重建議：在表達憤怒時，請關注對方的行為本身，而不要指責對方本人（除非你真的想快點分手）。

夫妻間的四個指責等級

◆ 第一級：針對某個具體行為進行指責，如：「你回來晚了」、「你不聽我說話」、「你不讓我講話」。

◆ 第二級：針對對方本人進行指責，分為兩種形式：

1. 為對方的行為描述加上「又」、「總是」、「從來不」、「再次」等副詞。如：「你又回來晚了」、「你總是在抱怨」、「你從來不為別人著想」。

2. 加上一個貶損人的形容詞，如：「你就是自私」、「你規劃能
   力太差」、「你就是喜歡訴苦」。

◆ 第三級：在指責中加上對兩人關係的威脅。這個等級標誌著這段
   關係有破裂的可能。語句舉例：「這日子過不下去了」、「沒法
   再信任你了」、「我若是早知道會發展到今天這樣……」等。
   若指責中包含對配偶家人及社會背景的貶低，也屬於第三級，
   如：「你和你媽一個樣，成天抱怨」、「沒錯，你家確實沒教你
   怎麼好好待人」、「我現在算是知道為什麼你爸跑掉了」。

◆ 第四級：肢體暴力。

這幾個等級在職場上也存在。根據你的憤怒程度，你可以對忘記通
知你開會的同事用以下幾種方式進行責備：你沒有通知我開會（第一
級）；你老是自行其是，絲毫沒有團隊意識（第二級）；別人怎麼相信
你，怎麼和你一起工作下去（第三級）；在咖啡機旁扭打起來（第四
級）。

快要不能自制時，走為上計

以下是某大醫院護理主任達米安的講述：

有一天，我們要開會討論值班安排。我是負責人，所以我每次都儘量
把輪值表排得讓所有人都滿意，盡力保障每個人的權益。其間，我也處
理過幾次爭執。說實話，這個角色很不好當，我得為一群只關心自己利
益的人解決問題，但不管怎樣，問題還是會出現。有一回，一個女護士
向我解釋半天，說她耶誕節必須休假，於是，男護士羅伯低聲說：「瞧
他那樣，對著女人就吃鱉了。」

　　我自己也沒意識到，我這時已從位子上站了起來，向他走了過去。我看到了他臉上的驚恐。我故作平靜地說道：「我覺得與其留下聽這樣的話，倒不如離開為妙。」接著，我走了出去。第二天，我的辦公桌上出現了一張填得一絲不苟的輪值表。我想我當時離開是對的，因為我不知道如果留下的話我會對羅伯做出什麼舉動。幾個月以來，只要女護士在場，他都會試圖破壞我的權威。

學會放手、進入下個階段

　　憤怒是最會以其他形式繼續攪擾我們內心的負面情緒之一。其他形式包括程度較輕的不滿、敵意，甚至是仇恨。這些對於大腦和身體的健康都是有害的。因此，我們建議你選擇如下兩種做法：

◆　學會放下過去激怒你的情境
　　若你在當下表達了你的憤怒，那麼要做到這點並不困難，因為由此便會產生一種相互作用：即使對方傷害了你，但你已經用憤怒回敬了他。於是你們的關係就可以在較為健康的基礎上重新修復。

◆　學會放下某些人際關係
　　當某人一而再、再而三地激怒你，你卻在努力後實在無法改變這種狀況，那麼就要好好思考一下了。徹底遠離此人是否是更好的做法？

學會處理過度憤怒

要	不要
減少你的發怒因素	任憑怒氣不斷積壓
經常梳理你的優先次序	把所有事都列為首要
站在他人的角度思考	先入為主地認為對方是故意的
考慮一夜再行動	當場回應
關注觸發憤怒的行為本身	人身攻擊、翻舊帳
給對方時間，讓他表達觀點	不給激怒你的人說話機會
不能自我控制時，走為上計	使用口頭或肢體暴力
學會放手	反覆回想當時的情景，甚至再次經歷同樣的場景

如何處理憤怒缺失

因為那些在應當發怒的場合不發怒的人被看成是愚蠢的，那些對該發怒的人、在該發怒的時候不以適當方式發怒的人也是愚蠢的。

——亞里斯多德《尼各馬科倫理學》第四卷，11

我們一起來聽聽在公證事務所工作的年輕人讓－馬克的親身經歷：

我想我應該從來都沒有發怒過，可能只有在小時候對組裝玩具發過火吧。但那時候，我的父母立刻圍了過來，告訴我：「不能對著東西發脾氣哦。」除此之外，對他們而言，對人發脾氣也是不應該的。青少年時期，一旦我表現出了一點不好的情緒，他們就會馬上讓我有罪惡感，說：「不能用自己的心情影響別人，要學會控制自己。」我的姐姐們比我順從多了，除了年紀最小的艾麗斯，她和一個脾氣不好的男人訂婚。我父母以身作則，兩人都盡力表現得禮貌體面，始終以笑臉迎人，即便

在糟糕的情形下也絲毫不變。但當我今天重新思考這件事的時候，我記得還是見過父親在開車時對著前面先超車、後慢速拖延的司機暴怒的場景（因為他自己遵守著每一條交通規則）。在生活中，我無法發怒的個性給我帶來了不少問題。身邊同齡的人挑釁時，我完全無法作出反應，到頭來我只能躲到女孩們的圈子裡去，變成她們的「閨蜜」。我的成績一向不錯，畢業後很快找到了工作，因為我就是老闆喜歡的那種員工：安靜、禮貌、埋頭苦幹。但在我們部門裡，我的日子過得很辛苦，常常被那些更有野心、更具攻擊性的同事欺負。我自己思忖，他們之所以任意為之，是因為他們並不害怕我會作出什麼回應。我曾經在派對上一個人縮在角落裡為受到的委屈咬牙切齒；那些欺負我的人中，有人偷拿了我急需的重要文件，也有人開玩笑諷刺我。然而，一旦我站在他們面前，我心中「教養良好」的男生形象頓時浮現出來，我只能表現得彬彬有禮，唯一不同的是我會與他們保持更大的距離。我妻子常常為我的個性數落我，而且她曾親眼目睹了我如何面對別人的冒犯而無動於衷，這讓她非常惱火。我無力表達憤怒，而這對我的影響越來越大，以至於我最終決定找心理醫生聊一下。我並不是害怕別人的反應，我只是單純地在別人侵犯我時，內心便開始退縮，我變得無動於衷，直到事發後才感覺到憤怒。我父母對我的教育真是好過頭了！

讓-馬克為我們清楚地講述了不在事發當場表達憤怒會帶來的問題：

◆ 別人會過分隨意地對待我們。
◆ 我們會經常以悔恨的心情活在過去的事件裡。
◆ 男性看起來過於順從，對女性而言則是不太「性感」。

女性同樣會遇到類似的問題。二十五歲的出版社行銷專員塞利娜為我們講述了她的故事：

理性的情緒化

精神科醫師拆解七種支配生活的基本情緒

在我這行，必須時刻記得以禮待人，因為我們得讓手頭資訊早已過量的記者們有興趣報導，同時也得讓作家們安心，不然他們總會覺得我們做得太少。我知道自己由於個性特質很受欣賞，誰都喜歡和心情總是很好的人打交道。然而，我漸漸發現，比起我的同事，作家們更喜歡來糾纏我，而記者們也經常不守信用，說好要寫的文章最後都沒寫。我覺得自己為了達到與同事同樣的業績，付出了多倍的努力。其實，我明白，我不僅難以感受到憤怒，也不會用不高興的方式表達憤怒。去年，我被查出有高血壓，不知這與之前所說的有無關聯。實際上我是挺情緒化的人，我覺得我難處的根源在於恐懼。這種恐懼就是：我害怕如果與人發生衝突的話，我將變得束手無策。

讓-馬克的父母期待把「好的教養」帶給孩子，教育孩子將憤怒視作「缺乏教養」的行為。這樣的教育思想似乎是要因應社會對良好人際關係的需求，但它並不能保證孩子能從他人身上獲得想要的東西，也意味著會引起如下問題：孩子可能會因為不能釋放天性而憂愁，為犯了罪而深感愧疚，害怕與身邊的人發生衝突。但抑制憤怒並非天主教教育的專屬，因為憤怒的情緒在簡·布里格斯於七〇年代觀察的傳統因紐特人身上同樣不存在。布里格斯甚至以這一驚人的特點作為她的書名——《絕不動怒》（見 p.42）。的確，在北極圈那樣氣候條件極端惡劣的地方，族群的團結至關重要，而憤怒的情緒一旦不受控制，便很可能演變成過於危險的關係破裂。

現在，我們知道如果要更好地管理憤怒，就必須學會表達憤怒。

釐清事情的重要性

從來不發怒的人有時會試著用自己的邏輯為自己辯護：「嚴格來說，這件事沒什麼大不了的，不值得為它發怒。」他們可以在一些主要宗教的教義裡找到相似的價值觀：物質生活是虛空的，只有精神生活才有價值，而憤怒，

是一種罪。但我們常常忘記，這些宗教的目的之一就是要規勸個性最強勢的人們調節怒氣、摒棄貪婪。這種調節對於結構複雜的社會而言是很重要的。

並非只有那些易怒的人才被僵化的憤怒慣性思考方式困住，過於壓抑憤怒的人同樣遭受著不恰當觀念的困擾。

憤怒缺失分析表：你是哪一種？

過度抑制憤怒的想法	更靈活的想法
我應該時刻保持自制，不然我就沒有價值了。	保持自制固然很好，但我不可能時刻都保證做到。
我絕不能傷害別人，不然會有愧疚感。	我不願意傷害別人，但萬一發生的話，我可以忍受。
我只能在百分之百確定自己有理的時候發怒。	自己有理的時候才發怒是對的，但我有權犯錯。
我應該表現出一貫的親切，不然別人就不會接受我。	我希望被人接受，但我不可能讓所有人都喜歡我。

坦然接受後果

若我們摘下面具發怒，可能從此就與人為敵；對方可能會就此遠離，或尋求報復。

事實上，這樣的焦慮在憤怒缺失的人心中被誇大了。

我們來聽聽三十二歲的瑪麗的故事。她進了診療所治療憂鬱症，最終終於可以把自己難以發怒的原因列舉出來。

我和所有人一樣，當好朋友不守諾言、同事在背後詆毀，或對我作出傷害性的批判時，知道自己也有充足的理由發怒。但是，我沒有表達憤怒，反而去選擇將它們一一「封存」起來，隨後與對方減少聯繫，冷漠對待他／她。然而這種情形堅持不了多久，我甚至都不知道對方是否感覺出了我的冷漠。其實，我思考過究竟是什麼原因使我難以發怒，最後

> 我想到：應該是我太害怕關係斷裂。我總覺得如果我發怒的話，別人就
> 會排斥我。我的心理醫生說我自尊心太低。

　　瑪麗分享的是一種常見的恐懼：擔心自己對別人發怒的話，就會被拒絕、
被排斥，被世人孤立。不過，現實通常並非如此。憤怒會使人對你更加關
注，通常也會讓你顯得比他人眼中曾經的你更為重要。當然，有些人的疑心
特別重，還有些人也許只欣賞順從狀態下的你，這些人會決定與你斷絕關
係。不過，真的有與這些人保持聯繫的必要嗎？

為憤怒預備，反覆演練

　　這一建議對美國人而言很平常，因為他們向來認為沒有什麼是不能靠學習
來獲得或達到完美的（這種方法對寫詩就很有用）；但它會讓法國人不屑，
因為法國人非常看重靈感與「自發性」。不過，若你實在難以進入發怒的狀
態，那麼你的窘迫很可能是由於缺乏表達該情緒的能力。總之，憤怒也是一
種溝通行為，在他人面前有短暫的社會作用，讓他人知道什麼會觸怒你，你
又希望對方記住什麼。如果你的這齣「戲」演砸了，那麼結果將會是事與願
違，讓你顯得比別人認為的更缺乏防備。

　　你可以從非口頭表達開始練習：在兩人的交流中，非語言表達會傳達所有
話語不能傳達的資訊，包括臉部表情、身體姿勢、聲音頻率、聲音大小等
等。在情緒的溝通上，非語言表達比語言更為有效（請回憶一下車廠老闆面
對一言不發但怒火中燒的讓 - 雅克時有何反應）。簡單來說，表達、傳遞憤
怒的方式之一是：皺起眉頭，說話比平時大聲。

　　這一有意識改變表達方式的做法還有一個好處：通過臉部表情回饋，一旦
皺眉，你將自然而然地感到自己的不滿情緒變得明顯且越發激烈了。口頭表
達的相關建議請參考「如何處理過度憤怒」部分，或閱讀有關實現自我認同
的書籍。

接受和解，但別太快

在大多數情形下，憤怒的目的並不是為了使你與某人成為敵人，而是為了讓對方以尊重和認真的態度對待你。因此，突然發生和解是很自然的，而和解的形式可能是心照不宣的，也可能是通過口頭宣佈達成的。

不過，如果你想讓你的憤怒維持一段時間的影響力，那麼請記住，不要當場和解。否則，你將可能被視為情緒不穩定或太容易受影響的人，別人會議論道：「你看，他／她剛剛還在發火，一會兒怎麼就沒事了？」所以，在大多數類似情形下，我們建議你離開現場，留時間給對方好好思考一下你發怒的緣由，以免太快接受他／她的道歉或馬上回到和平交談的狀態。

特殊情況除外：如果對方面對你的怒火作出了不對等的情緒反應，格外悲傷、表現絕望、開始抽泣（但不要理睬那些情緒操縱狂），或者對方道歉甚為誠懇且相當可信，那麼就可以接受當場和解。

和解——憤怒過後的理想後續

和解有著久遠的歷史。靈長目學學者認為，和解的天分使我們的人類祖先和我們的近親——大猩猩、黑猩猩們得以形成關係持久及合作型的團體。這是進化過程中對生存具有決定性作用的能力，因為若沒有和解的天分，一次次的紛爭會逐漸使一個個團體關係破裂，而被孤立的靈長類是非常脆弱的。動物生態學家發現，幼稚園中孩子們和解的策略——比如送個小禮物、握個手、提出一起玩耍、一起交流興趣愛好、讓第三個小朋友加入遊戲等，與成年大猩猩的和解方式非常相近。

你有憤怒的權利

最後一則建議與最初的內容相呼應，即你對憤怒的看法及它的正當性。事

實上,在終於成功表達出了憤怒的情緒後,你仍然可能會有罪惡感,或害怕自己被他人判斷。這時,請回想一下你早已修正過的內在信念:你還害怕自己沒有價值嗎?還擔心被排斥嗎?還懷疑自己錯了嗎?如果需要的話,你可以找一位值得信賴的親友,講述事情的經過、你的憤怒,並詢問他/她的想法。

學會處理憤怒缺失

要	不要
認知到憤怒的重要性	認為沒什麼大不了的
坦然接受發怒的風險	害怕人際間的不和
想像發怒情景、反覆練習	嘗試一次發怒,尷尬不已、不再嘗試
稍微等候再接受和解	片刻就平靜下來
承認自己的憤怒正當性	對發怒的事實進行自我檢討

第三章

羨慕
L'envie

當羨慕開始嚙咬，就預告了全身的淪陷。

──法蘭西斯科・阿爾貝羅尼《羨慕之心》

（Francesco Alberoni, *Les Envieux*）

《聖經·創世記》中記述：約瑟是雅各最疼愛的兒子，因為約瑟是「他年老時生的」。不過，這種偏愛卻引起了約瑟的十一個兄弟心裡不平衡。約瑟還有一個天生的優勢——秀雅俊美。（他未來雇主波提乏的妻子肯定也這麼想，因為一看到家中來了這麼個帥氣的以色列小子，她就簡單明瞭地命令他：「你與我同寢吧！」）此外，約瑟才華非凡，看他後來的表現就知道，他善於吸引位高權重人士的注意和欣賞。再者，他一直受上帝眷顧。不僅如此，他還很愛現，在做了一個預示他超凡未來的異夢後，毫不掩飾地告訴了哥哥們。這麼多的好處全被他一個人占了，後果是：「哥哥們就恨約瑟，不與他說和睦的話。」

約瑟的哥哥們懷有一種普遍存在的情緒——羨慕。我們以這種摻雜著惱怒與恨意的情緒，針對擁有一種或多種我們恰好沒有的優勢的人。羨慕促使約瑟的哥哥們策劃出了一套置他於死地的方案，不過，他們也有不同意見：呂便好歹說服了其他人留他一條命，而猶大則出了個折衷的主意：把約瑟當成奴隸賣給路過的商隊（呂對此不知情）。

說到這裡，我們不得不問：這與嫉妒有什麼區別？約瑟的哥哥們難道不是在嫉妒父親對約瑟的偏愛嗎？羨慕與嫉妒的區別著實微妙，尤其在今天，「嫉妒」這個詞在法語中已經常被當作「羨慕」之意使用。

在回答這個問題之前，我們先來看一則例子，其中的主角貝特朗表現的即是單純的羨慕。如今他是大公司的高級主管，他將為我們講述自己與「羨慕」之間長久的糾結：

　　可以說，羨慕之心一直以來都糾纏著我，但我直到最近才真正意識到這一點。我記得小時候總是很難過，覺得同學們的家庭條件都比我好。但其實我什麼都不缺，我的雙親也是很稱職的父母。可是，我被請去別的小朋友家吃點心的時候，一旦看到別人家的房子比我們家的氣派，那我整個午後就都泡湯了。我的父母始終不能理解，為什麼本該是開開心心的聚會，我卻一副愁眉苦臉地回來。我覺得自己應該是比一般人還容

易羨慕別人，因為我記得，有不少家庭條件遠不如我的同學都照樣玩得很盡興。那時候，我在學吉他。事實上我挺有天賦的，但我總是記恨那些我認為天分更高的人。羨慕之心讓我備受折磨，不過它同時也成了我實現理想的強大動力。我工作非常努力，一心希望自己能與別人並駕齊驅，或超過別人。靠著這種動力，我的確成功了，但我現在清楚地意識到，這並不能解決問題，因為我永遠會找到其他讓我羨慕的人。他們可能是事業比我更成功的老同學，可能是剛娶了美女的同事，可能是新房比我家大的朋友，甚至可能是我不認識但在報紙上讀過成功故事的人。每次在別人身上發現他們的優勢，我都覺得自己的心像是被撕扯一般，臉都僵住了，不得不很努力地控制自己，以免在場的人發現什麼——這就是羨慕帶來的另一種痛苦：千萬不要表現出來，不然會面子盡失！

與許多意識不到自己羨慕心很重的人相反，貝特朗十分誠實地談論了他的情況。也許是因為他有幸接受過心理治療，走出了陰鬱的心境。

羨慕是一種被掩藏的情緒，讓人諱莫如深。很多人都願意承認自己的憤怒或懼怕，但誰會承認自己容易羨慕別人呢？

貝特朗用「心被撕扯」來形容自己羨慕他人時的感受，由此證明了「羨慕」的確是一種情緒：它具有突發、非自願等特點，並伴有生理反應。羨慕心經常出其不意地突然出現，並讓我們內心頗受煎熬（有時甚至是在我們不得不表現喜悅、不得不向剛獲得成功之人祝賀的情景之下）。每當非自願的那幾秒鐘結束後，我們便可以根據不同的情境處理羨慕了。

總的來說，貝特朗在他人身上羨慕的一共有三類優勢：獲得的成功、社會地位，以及個人才華（上述例子中，他羨慕比他更有吉他天賦的人）。

相信貝特朗的例子讓我們每個人都頗有感觸——誰不曾因羨慕而痛苦呢？他的例子同時也勾起了我們不愉快的回憶。誰又不曾發現（通常發現時都為時已晚）自己成為了別人羨慕的對象呢？

在進一步分析之前，我們首先要對羨慕和嫉妒進行定義。我們將引用一個

經典的故事，以便區分兩者。

羨慕與嫉妒：伊阿古與奧賽羅

莎士比亞在《奧賽羅》（Othello）中把羨慕與嫉妒分別透過兩個人物詮釋。奧賽羅（Othello）驍勇善戰，是威尼斯公國的摩爾將軍，保衛國家不受土耳其軍隊的侵犯，屢戰屢勝的他深受人民的愛戴。

伊阿古（Iago）是威尼斯貴族。長久以來，他一直都眼紅奧賽羅的高位，更忍受不了奧賽羅把副將的職位給了一個比他年輕的貴族凱西奧（Cassio），因為他一直認為這個職位非自己莫屬。他對奧賽羅和凱西奧都懷有羨慕之心。

為了破壞這種美好的局面，伊阿古策劃了一場陰謀：他要讓奧賽羅相信自己的嬌妻苔絲狄蒙娜（Desdemona）正背著他和凱西奧偷情。奧賽羅深怕失去苔絲狄蒙娜的愛，於是內心充滿嫉妒。

綜上所述，羨慕針對的是他人擁有的幸福和物質，而嫉妒針對的是自己想要永久佔有的東西。比如，當鄰居和我太太說話時湊得太近，我會嫉妒，但當我發現他的妻子特別有魅力時，我就會感到羨慕（接下來我可能就會跑去沙漠裡反省一陣，把這些折磨人的情緒統統排解掉）。

當然，如果某物品或利益是你與別人共享，嫉妒和羨慕就會彼此交織，對方也因此變成了你的對手。例如，六歲的愛德琳既羨慕父母給三歲的妹妹的禮物，同時又因為正慢慢失去父母的關注而嫉妒不已，因為「父母的關注」曾經聚焦在她一個人身上，現在卻要分給另一個孩子。一些研究顯示，59％的嫉妒情形中夾帶著羨慕。相反，嫉妒只在11％的羨慕情形裡出現[1]。在約瑟的例子中，他的兄弟們對他所有的優越都心懷羨慕，但他們同時也嫉妒他（因為約瑟獨占了他們理應共有的一樣東西：父親雅各的愛）。

我們將在稍後談到嫉妒。這一情緒關注的是對失去的危機感（特別在愛情

方面）。現在，讓我們先來談一談羨慕。

羨慕的三種形式

那麼，羨慕是否有不同的種類呢？

二十八歲的塞利娜談起了一次探望朋友的經歷。

> 我和瑪麗自畢業起就沒見過面。後來，我和她在街上偶遇，她便請我一周後去她家喝下午茶。去她家的那天，我眼中的她是那樣光彩照人、幸福洋溢，還有一個可愛的小兒子。她告訴我，從認識她丈夫的那天起，她的生活就徹底改變了；現在她希望我也能遇到同樣的幸福。我還沒走的時候，這位鼎鼎大名的馬克先生回來了，與我們聊了幾句。說實話，他看上去的確是個很不錯的人，幽默、輕鬆、彬彬有禮，而且很英俊。瑪麗在他沒回來之前已經告訴了我，他在事業上小有成就，而這單從他們家的豪華程度上就能猜出一二。瑪麗的幸福帶給我很大的衝擊，讓我不禁垂頭喪氣。回到我狹小的單身公寓後，我一直在思考自己為何總與幸福無緣，而且每次戀愛都以失敗告終。不過我真的挺喜歡瑪麗的，我也希望我們能夠繼續保持聯繫，但我可不想再去她的幸福小窩了。這些對我而言太殘忍了。

塞利娜因別人的幸福而感到痛苦，因此她的情緒即為羨慕。然而，她對瑪麗並沒有任何恨意。她看到的幸福引起的是一些消沉抑鬱的思想，並且針對的是她自己而非她的朋友。可以說，塞利娜的羨慕是一種**憂鬱型羨慕**：她並不因為朋友享有了她所沒有的一切而怨恨朋友，她怨恨的是得不到類似生活的自己。

現在我們再請出第一位坦承自己有羨慕之心的貝特朗，一起回顧他年輕時

的一段往事。

> 我還在上大學的時候，常常和一個哥兒們一起打網球。一天，我照常來到俱樂部，發現他正在和一個很漂亮的女生聊天。我不認識那個女生，只知道她的家境比我富有。頓時，我心裡難受起來，一肚子怨氣。我走近他們，加入了他們的對話。我完全沒有意識到，自己一開口便不停地嘲諷我的朋友，在那個女生面前一下子成了兩個男生中的「主角」。不久後她就離開了。我的朋友並沒有對剛才的事作任何評論。他個性謙和，幾乎從來不發怒。但是，在打球的時候，他自始至終都一言不發，最後還打贏了。從那以後，他再也沒有找我打過球，我每次想約他，他都說沒空，我們從此就斷了聯繫。最可悲的是，我根本沒想和那個女生搭話，只是因為他能微笑著面對她，非常輕鬆自然，而我卻在這類女孩面前特別木訥。這讓我無法接受，必須立刻停止。

貝特朗和塞利娜的羨慕完全不同。他也因朋友的快樂而痛苦，但他並沒有為自己不如朋友表現自如而自怨自憐，他當即對朋友產生了敵意，並且企圖用貶損對方的優勢來重建兩人之間的平等。這樣的羨慕是一種敵意型羨慕，會讓我們至少在幾秒鐘內仇視那個在某方面比我們厲害的人。

在這兩個不怎麼愉快的故事之後，讓我們一起來聽一則正面的事例。醫生阿蘭分享了他從醫之初在大醫院裡的第一次實習經歷：

> 起初的幾周裡，我們面對住院病人時都挺尷尬的。我們不知道問些什麼問題好、會不會讓他們討厭。我安慰自己，心想，反正他們也知道我們只不過是學生，還沒什麼臨床經驗。我記得有一位臨床科主任叫菲力浦（那時他看起來比我們年紀大很多，但今天我做到這個位置，年齡是他當年的兩倍了），他始終非常從容、穩重。對每一個病人，他都非常仔細地傾聽，也用很尊重人的方式為他們檢查，然後很快地確定治療方

案。不論病人問什麼，他都一一解答，讓他們安心，病人們都特別喜歡他。比起他，我真的是自愧弗如，心裡也不禁沮喪起來。我簡直覺得他屬於遠比我高級的人種，同時也真心渴望有一天能成為像他那樣的人。我想，我或多或少有意地把他視作了自己的榜樣。如果說今天的我算是個受人尊敬的醫生的話，這與當初認識他絕對是相關的。

上述事例中，阿蘭的羨慕是一種景仰型羨慕。雖然它帶有一定的痛苦成分（因自覺遠不及人而沮喪），但它以一種單純的好勝心驅使阿蘭朝臨床科主任的目標前進。

那麼，當你得知某位同事剛剛升職，而這個職位恰恰是你想要的，你會有什麼樣的反應？

當然，出於羨慕之心的反應很少是單一的，以上的三種羨慕形式可能互相摻雜，甚至可能一個接一個出現。比如，以剛才的情況為例，一聽到同事升職的消息，你先是因自己被同事「超過」而感到了敵意型羨慕；接著，你冷靜了下來，心想，這一升職也是實至名歸，於是前去祝賀他／她；在之後的升職慶祝會上，你的情緒很可能會變成憂鬱型羨慕（尤其當你借酒澆愁之時）。

最後，你也可能對這位同事懷有長期的怨恨，那麼你就會被惡性羨慕所折磨。

此外，羨慕之心有時並不一定針對某種優勢或好處，而是針對某個人。這樣的人由於有著太過耀眼的幸福（或是在羨慕者眼中太過耀眼）而使人羨慕他／她的一切。

羨慕形式	羨慕者的思想	羨慕者採取的相關行動
憂鬱型羨慕	「唉，這樣的好事永遠輪不到我！」	退縮；努力不去想這件事。
敵意型羨慕	「他居然比我早升職！這個無能的傢伙！我受不了了！」	說同事壞話；準備在背後做手腳，讓他吃苦頭。
景仰型／好勝型羨慕	「他升職再正常不過了，他工作那麼努力！」	祝賀他；自己付出更多努力以求得升職。

羨慕的機制

羨慕是一種複雜的情緒。首先，我們將自己與他人的現狀進行比較，然後深覺自己至少在某一方面不如對方，並且這種低人一等的情形在短時間內無法改變。法蘭西斯科・阿爾貝羅尼稱此為羨慕者「無能為力的痛苦」[2]。一旦我們發現了自己的個人劣勢，許多思想和情緒都可能浮現出來，包括悲傷、憤怒、好勝心等。

當我們發現自己低人一等的恰恰是我們極為看重的地方，我們的羨慕反應會特別強烈。這些人格特質或優勢通常對我們尤為重要，（在我們眼中）代表著自己的形象，屬於自尊的一部分。

人們通常只對在重視的事上比自己強的人產生痛苦的羨慕情緒。比如，上高中的時候，我在數學上既有天賦又有興趣，分數一向很高，那麼我就不太會強烈地羨慕某位文學課成績優異的同學。

再比如，我不喜歡船，還很容易暈船，那麼我也不太可能對某個坐擁一艘帆船的朋友產生羨慕。不過，如果這個朋友的家庭生活幸福美滿，而我卻和伴侶之間出現了問題，那麼我就可能會在看到他們夫妻倆深情對視的時候羨慕不已。

我的同伴，我的兄弟姊妹……

生活經驗和心理學研究都表明，我們更傾向於羨慕與自己關係親近的人（如兄弟姐妹、朋友、同事、鄰居）。這一現象有兩個原因：

- 首先，親密關係使我們更容易比較彼此的優勢、長處。
- 其次，由於屬於同一個圈子，我們對個人的價值和地位有著相似的評估標準，一旦有差別會很快影響到我們的自尊[3]。

因此，我們一般都會羨慕那些「同類人」：想到某個著名富翁的萬貫家財，你可能絲毫沒有感覺，但你會深深地羨慕某個剛賺了筆大錢的朋友。一個青春期少女則更可能羨慕「班花」而不是雜誌上的模特兒，並為此變得悶悶不樂。小朋友們羨慕的是操場上的小同學，而不會是矽谷某個有錢人的兒子。

一位父親提到他的兩個女兒——六歲的愛德琳和四歲的克洛伊在被帶到聖誕樹前拆禮物時分別有什麼反應：

> 年紀比較小的克洛伊完全沉浸在拆禮物的喜悅當中，每打開一件就會驚嘆不已。與此同時，愛德琳也在拆她的禮物，但她的眼睛卻一直盯著妹妹，妹妹每拆一件她都會仔細地看禮物是什麼。她上去一點都不開心，反而因為在不停地比較而顯得很緊張嚴肅。其實我們已經盡力不去挑起她們之間的嫉妒，但愛德琳真的很難不嫉妒妹妹。

毫無疑問，這就是羨慕情緒最惱人的一面——在兄弟姐妹、朋友、夫妻，甚至是我們與父母之間，它都會滲入到這些最親密的關係中間製造裂痕。

父母與孩子之間的羨慕情緒

作為心理治療專家，我們經常會驚詫於羨慕情緒對親子關係的影響。

當然，我們很容易理解孩子對父母的羨慕情緒。他們會羨慕父母的權威和作為成年人的自由，而且由於這種羨慕大多屬於好勝／景仰型羨慕，它對於家庭教育也是非常重要的。孩子會以父母為榜樣努力奮鬥，希望達到和父母一樣的高度（有時孩子長大後甚至會選擇與父母相同的職業）。

但是，也有一些其他形式的羨慕會對親子關係產生可怕的影響，例如下文中三十三歲的瑪蒂爾德和她母親之間的情形：

我母親曾經（現在仍然）是個非常美麗的女人。小時候，我就發現她對男人有著很強的吸引力，而她自己也很會吸引別人注意。我以前很絕望，覺得自己永遠不可能像她一樣美，我只是個醜小鴨。那時我特別用功，因為我很肯定自己將來一定嫁不出去（幸好爸爸對我一直很好）。青春期的時候，情況更糟了，因為我發現就連我帶回家的男生都被我母親的美貌吸引了。說實話，我當時恨透了我母親，因為連在他們面前她都要賣弄一番（當然是無意的）。不過，隨著時間的推移，羨慕的天平開始向相反的方向傾斜。我越長越引人注目，而我母親則為自己日漸衰老的容貌焦慮不已。如今換成了她恨我。她一見到我就會變得很有攻擊性，而且有男士在場的時候，她就會表現得特別明顯。如果我將來有女兒的話，我希望自己不要再重複這種可怕的狀態。

羨慕可不是女性的專利，來聽聽巴斯卡對他和他父親之間關係的描述：

　　我長大後才明白，原來父親曾經很羨慕我。小的時候，每次我告訴他自己在學校拿了好成績，他都沒有任何高興的表情，而這讓我非常難受。後來我每次交女朋友，他都會很明顯地表達不滿，而且會不停地在女孩們面前說我壞話。有天我興奮地告訴他，我被一家知名大公司錄用了，而且這是我的第一份工作。我看到他居然一下子繃緊了臉。片刻之後，他恢復了過來，生硬地祝賀我。如今我終於明白他羨慕我的原因：他出身貧寒，沒能上學，十四歲就開始工作，靠著自己的雙手艱苦地打拼了一輩子。我可以接受教育，度過真正的青春期，事業也有好的起步——看到我享受著他從來都未曾擁有過的一切，他的心裡很難接受。不過，不管怎樣，我還是非常敬佩我的父親，因為他支撐了我整個漫長的求學生涯，且毫無怨言。（不過他確實是被我母親逼的，母親一直鼓勵我實現遠大的理想。）

　　由此可見，某些父母是矛盾的：一方面想把自己未曾擁有過的都送給孩子，一方面卻無法接受孩子享受這一切。

　　不過，按照一些心理分析專家的觀點，這些不正體現了佛洛伊德在1910年定義的戀母情結嗎？我們將在本書的「嫉妒」部份裡具體講解戀母情結。

羨慕情緒的處理策略

　　親愛的男讀者，設想一下，你偶遇一位年少時的同班同學，對方請你去他家喝一杯敘舊。你發現他的住處簡直就是豪宅，每一個細節都精緻到家，而你自己的家簡直無法相比。親愛的女讀者，想像一下，你被邀請參加一場朋友聚會，一位老朋友來向大家介紹他美貌絕倫的新女友，而你的丈夫和其他

在場的男士都盡力克制著自己不去行注目禮。

在上述的兩種情形下，你都很有可能被羨慕折磨。正因為我們羨慕的對象在我們認為特別重要的方面明顯地超越我們，我們才會感到如此揪心的痛苦。（有時這種羨慕是無意識的，比如：有些人並不看重生活裡的物質條件，他們選擇從事某種職業純粹是出於熱情而非為了賺錢，但他們照樣會對某個有錢人所獲得的優勢與利益感到羨慕。）

當我們覺察到了對方的優勢及優越性，我們的內心就會產生一種被貶低的感覺，而它會直接損害我們的自尊。然而，自尊是我們自我認知中極為重要的組成部分，我們每個人都在不遺餘力地捍衛或保護它。那麼，我們該採用怎樣的策略，才能讓自尊回到它原先所在的高度？

如下便是幾條有用的建議：

◆ **將對方所擁有的優勢進行弱化。**看到精緻卓絕的豪宅，你可以在裡面找些不足之處，或者可以更簡單些，心想，這種奢華不過是一場虛空，若換了你變成這套房子的主人，你不會覺得幸福（你很可能真的不會高興，我們將在後文談人格對幸福的作用時提到這一點）。

◆ **在對方身上找到一些弱點以抵消其優勢。**沒錯，他的住處確實豪華，但他的孩子卻很讓人擔憂，而你的孩子卻像小天使一樣讓你放心；沒錯，她確實是美女，但她在戀愛關係裡從來都不快樂；沒錯，他是升職了，但這也代表他不得不承擔更多責任和工作。

這兩種思維方式的優點在於，它們不會引起你對對方的敵意，同時維繫了兩人之間的關係，也不會破壞你的好心情，並且沒有過分歪曲事實。不過，還有一些策略也是人們常常自然而然便會使用的：

◆ **全面貶低對方本人。**他住豪華的房子，但他不過是個見錢眼開的鄉

巴佬，要麼就是個詐騙犯，或者是個混蛋；她是美女，但她蠢，閱
男無數，陰險愛算計；他升職了，但他其實就是個搬弄是非、工作
能力低下的傢伙。

◆ **因對方的優勢而加害於他。**男士，你的朋友出於信任告訴了你他如
何通過投資賺來了買房的錢，你事後卻將他匿名舉報；女士，你想
盡一切辦法把那位美女排擠出你們的圈子，或者搞得她與老朋友分
手；在公司裡，你略施詭計，偷偷搞砸了剛升職的同事做的工作。
在一些歷史事件中，有些人甚至最終用政治藉口揭發對方，稱其
（在不同年代和國家）是異議分子、同謀、階級敵人或奸細，以此
摧毀對方的優勢，殘害對方的性命。

這些行徑或多或少都具有挑釁的意味，但若是採用以下的思考方式，那麼
羨慕者就會更加理直氣壯地做出以下行徑了：

◆ **完全貶低讓對方有優勢的價值體系。**典型想法包括：「我們的社會
真是墮落，讓唯利是圖的生意人都發了大財」、「正因為媒體的洗
腦，才會讓美貌這麼受推崇。其實這麼做的目的就是為了讓女人
一個個都變得對外貌不自信，紛紛通過買衣服和化妝品來毀滅自
己」、「老闆都偏愛順從的，不喜歡有能力的」，等等。

讀到這裡，讓我們一起來思考一下。你可能已經猜到了，這些處理羨慕情
緒的策略中，每種策略都會對你的心情、你的人際關係，以及你的健康產生
不一樣的影響。

不過，當我們發現對方的優勢或利益來自非正義管道時，我們怎樣才能不
對他懷有敵意型羨慕？我們的敵意豈不恰好代表正義了嗎？

羨慕情緒與正義感

的確,同事的升遷會讓你羨慕,但事後你瞭解到,他升遷完全不是因為工作能力強,而是因為他娶了公司大客戶的女兒,那你會怎麼想?同樣,你鄰居家的房子遠比你家的奢華,讓你羨慕得心裡直癢癢,但你後來發現,他們夫婦倆在幾個貧窮國家雇用廉價童工,你會有何感想?

在這些情況下,你的敵意型羨慕中會加入不滿、一種近似憤怒的情緒,因為你發現眼下的情形有悖於自己的正義感。

但是,所謂的「正義感」的界線有待商榷,因為我們常常傾向於用正義感去粉飾敵對性的羨慕情緒,以顯得更高尚。

正義感

佛洛伊德認為,正義感只是從羨慕與嫉妒轉化而成的一種社會意識。在原始部落中,富有的人小心翼翼看守著自己的財物,禁止貧窮的人接近;貧窮的人卻懷著羨慕之心,一心想要獲取財富。當部落的群體生活張力緊繃、難以維繫時,眾人便討論、制定出某種形式的平等和正義 [4]。

佛洛伊德的理論與靈長目學專家 [5] 及演化派心理學家 [6] 的說法驚人地相似。他們認為,人之所以具有道德意識(靈長類動物也是如此),是因為存在道德意識的族群比無道德觀念的族群更加井然有序,並且人丁更加興旺。互助及對財物的優化分配(最弱勢的群體也得到分配)能使社會生活中個體之間的攻擊性下降,並且帶動了整個族群的整體成功。天擇不僅僅體現在個體身上,也體現在群體上。

哲學家約翰・羅爾斯(John Rawls)在他的代表性著作《正義論》[7](A Theory of Justice)中用一整章論述了羨慕情緒,並在敵對性羨慕和

不滿之間作了區分。

　　大多數人或有意或無意地不斷尋求著社會地位的提升，以享受上層社會階級的生活方式。如果社會可以提供這一提升所需的條件，那麼羨慕情緒將會保持在好勝型羨慕這一階段（人們的想法是：「我也能擁有和都彭家一樣漂亮的房子！」）；這種羨慕在經濟繁榮階段的民主社會裡佔有主導地位。但是，如果社會規則使社會地位的提升障礙重重，甚至化為泡影，那麼羨慕情緒就很容易變成敵意型羨慕，從而漸漸演變出革命性的運動（例如：「燒了都彭家這群剝削者的房子！」）。約翰‧羅爾斯譴責保守派對社會運動的批評，稱他們只看到社會運動中弱勢群體的羨慕之情。若敵意型羨慕被視為惡性情緒，那不公不義引起的不滿則是有道德性的情緒。此外，他還特別指出，（他筆下的）法律是**保護公民自尊**最重要的手段。

　　然而，羅爾斯認為，追求完全平等與惡性羨慕直接相關，導致粗暴的政治體系，最終仍會淪為不平等的制度。

　　事實上，人類不只一次面對這樣的情況：那些所謂的「正義魔人」斷言他們有權對眾人行使絕對權力，奇怪的是，他們憑藉的都是「人類的完全平等」這一信條的名義。一旦他們懷疑其他人有異議，就會迫不及待地置他於死地。喬治‧奧威爾（George Orwell）在作品《動物農莊》（Animal Farm）[8]中暗喻俄國十月革命，書中有一段講到領頭的豬掌權後發表演講：「所有動物一律平等，但有的動物較之其他動物更為平等。」

威廉‧博伊德的小說《非洲好人》（A Good Man in Africa）中，主人公摩根‧利菲（Morgan Leafy）的羨慕之心值得玩味。摩根在非洲某座灰暗城市裡工作，是英國高級專員公署的首席秘書，為人低調。一天，年輕而出色的達米爾興奮地來找他，告訴他自己和高級專員的女兒普麗西拉訂婚了。曾經

深愛普麗西拉的摩根羨慕地望著達米爾：

> 他竭力壓制著內心的狂怒，不由自主地反覆思忖自己勝過達米爾的地方。達米爾也不是特別聰明嘛！摩根翻看著達米爾個人檔案裡的大學成績單，驚奇地發現他的成績竟然比自己低。不過，達米爾讀的是牛津，摩根只進過米德蘭一間鋼筋水泥砌成的大學。他早已在布萊頓有了自己的房子——那是某個遠方親戚的遺產，而摩根只有母親曾住過的區區半棟小屋。他實習一開始就得到了外派的職位，可摩根在國王道上那間熱得讓人受不了的小辦公室裡熬了三年。達米爾的父母住在格魯斯特郡，父親是中校，但摩根的雙親住在菲爾薩姆附近的郊區，他父親以前在希斯洛機場賣飲料……太不公平了。而現在，他還要娶普麗西拉！[9]

　　在上述段落中，很難區分敵意型羨慕與不滿的情緒。事實上，達米爾自幼時起就擁有的優勢（牛津大學、他的職業道路、經濟的寬裕以及吸引普麗西拉的紳士魅力）都來自於他原本的社會背景：他生在了一個好人家。這件事從民主社會的價值觀來看的話，是相當不公平的，因為我們的社會中，個人的努力和辛勤工作應該才是獲得優勢與利益的途徑，僅憑出身就擁有這一切絕非正義。更讓人氣憤的是，達米爾天生俊美高大、非常「高貴」，而摩根卻相貌平平、身材矮小。

　　儘管如此，摩根還是成功地調整了自己的情緒：他克服了自己的羨慕情緒，告訴自己，達米爾算是個善良單純的年輕人，一直都對自己很友善。摩根由此轉而產生了憂鬱型羨慕。之後，為了排解這種情緒，他在政治和女人方面展開了讓人啼笑皆非的追逐，而這也構成了這部出色的小說的故事主體。

　　若是換了其他的歷史背景，或將摩根的性格稍作修改，那麼上述的不公平情形可能會使摩根揭竿而起，投身政治運動，甚至成為運動的領袖。運動也可能是為了大眾利益發起，比如提倡英國教育體系中的社會正義。

藝術作品中的羨慕情緒

在米洛斯・福爾曼（Milos Forman）導演的電影《阿瑪迪斯》（Amadeus）中，主角安東尼奧・薩列裡（Antonio Salieri）是一位著名的音樂家，深受維也納宮廷器重。不幸的是，當他第一次聽到莫札特演奏時，便清楚地意識到，眼前的這個年輕人有著遠遠高於他的驚人天賦，是個不折不扣的天才。這太不公平了！他的內心受著羨慕的煎熬。看看他自己：薩列裡，一個立志用音樂歌頌上帝榮耀的人，卻眼睜睜地看著神把天賦賜給了一個心態舉止都十分幼稚、一旦作曲便信手拈來的男孩（莫札特的名字 Amadeus 為「為神所愛的」之意）。整部電影中，薩列裡都沉浸在敵意型羨慕、憂鬱型羨慕、崇拜敬佩和悔恨當中。

（讓我們為薩列裡說句公道話：歷史上並沒有任何證據證明薩列裡曾謀害莫札特。雖然他本人並非天才，但他門下的學生卻包括了鼎鼎大名的李斯特、舒伯特和貝多芬。看看，現實並沒有那麼糟。）

《追憶逝水年華》的第六部《女逃亡者》中，年輕的主角一邊用早餐一邊讀著《費加羅報》（Le Figaro）。突然，他驚喜地發現自己幾周前寄出的一篇文章被刊登了，他本來根本不抱什麼希望的。他有些驚訝於中學同學布洛克的冷漠：做為一個也渴望成為作家的人，他卻毫無表示。幾年後，布洛克也在《費加羅報》上發表了文章，而有了和主角「平起平坐」的地位。布洛克總算來信了，「原先驅使他佯裝不知道我發表文章的嫉妒心煙消雲散，彷彿壓在心頭的重物被掀去了，於是他跟我談起我的文章，我想他不會希望聽到我用同樣的方式談他的作品的。『我知道你也寫過一篇文章，』他說，『不過當時我認為還是不和你提起為好，深怕引起你的不快，因為一個人不應該和朋友談他們遇到的丟臉的事，而在一個人們五點後讀，充滿刺刀、聖水刷[i]及聖水缸[ii]的報紙上

---

i 譯註：軍隊和教會。

ii 譯註：指提供茶餘飯後談資的反動無聊報紙。

寫文章當然是一件不光彩的事。』」

　　布洛克的反應是人們在羨慕時經常採取的做法：貶低或嘲諷對方的優勢或獲得的好處。這一行為表現貶損者的惡意和他想挽回面子的企圖，同時也是他安慰、說服自己自身並沒有那麼差的一種做法。

　　赫胥黎的名著《美麗新世界》中描繪了一個不平等的社會：每個人都屬於某個社會階層，如 α 層、β 層、γ 層等，而這一分層的依據，就是他們先天基因就已決定的智商水準。為了去除羨慕，人們發現了一個根本的解決方法：從嬰兒時起就在睡夢中不斷重複這句話：「我很滿意做個 β。α 智商很高，但工作太累了！至於 γ，他們就是一群傻瓜。」

羨慕的起源

　　想要在一個段落內概括勒內・吉拉爾（René Girard）的思想，絕對是自負的行為。但我們可以簡述，在他的著作《暴力與神聖》（La Violence et le Sacré）[10] 中，他將羨慕定義為景仰與模仿的結果。我們仰視的人想要什麼，我們也想要什麼，這就是模仿性的欲求。隨後，因為想要同一件東西的人太多，暴力隨之產生。這時便需要制定規則，控制暴力。

　　不過，法蘭西斯科・阿爾貝羅尼在著作《羨慕之心》中舉出了兩個並不帶有模仿性欲求的羨慕事例[11]：

- 有些景仰是不包含羨慕的，比如粉絲對偶像的仰慕，或是球迷對某個足球隊的熱愛。偶像們的成功也會使粉絲和球迷們欣喜，卻不會引起後者敵意型羨慕。

- 反之，有些羨慕是不帶有景仰之心的：我們可能會瘋狂地羨慕一個

我們看不起的人，例如，我們認為對手遠不及我們，但他通過不正當的手段贏得了最終的勝利。

最後，從演化派的角度來看，我們的欲望並不僅僅是通過模仿習得，有些欲望是天生的，不需要競爭，也會存在。例如，一個男人和一個有吸引力的女子單獨待在一座無人島上；即使男人沒有競爭對手，他仍會對這個女人有欲求。

羨慕的作用

羨慕並不是基本情緒的一種，因為它並沒有代表性的臉部表情。這無疑是因為在人類演化過程中，表達自己的羨慕從來都沒有正面的效果。但它和其他情緒一樣是由我們的祖先遺留下來的，不可或缺。

事實上，在一個小團體中，羨慕可以刺激人們追求最富裕的人已經擁有的地位和優勢[12]。這種渴望會增加人們繁衍後代的成功機率：男人會有更多的食物和伴侶，女人則會找到地位更高的出色伴侶，以求受到保護。我們也可能因為積累的微小羨慕而喪命。正如我們所知，好勝性羨慕（典型想法：「我想成為和酋長一樣的好獵人，讓部落裡的女孩們都喜歡我。」）在群體生活中比敵意型羨慕更有益處（典型想法：「我要取代那個酋長，趁他不注意的時候打破他的頭。」）。在第一種情況下，部落有了一名新的好獵人，可以為大家帶來更多的食物。第二種情況下，部落就會失去一名驍勇的戰士兼獵人（若兩人都受了致命傷，甚至會失去兩名獵人），讓部落在面對饑荒和攻擊時更加脆弱。然而，在第一種情形下，酋長可能會難以忍受最佳獵人的頭銜易主，更受不了女人們的目光全都轉移到年輕的英雄身上，從而決定以暴力的形式進行對抗。不過，羞恥——自己在團體中變得一文不值的恐懼——極可能會防止酋長犯下難以挽回的錯誤（但可能阻止不了他把挑戰者

痛毆一頓）。這種看似「男性化」（我們避免使用「大男人主義」這個詞）
的羨慕情緒在女性當中同樣存在。女人們也會這樣盤算：「我要和這個狐狸
精一樣，吸引這麼多男人的注意。」

如今，羨慕的宣示在職場中也會出現。亨利是一家大型資訊技術公司的人
力資源主管，他將帶我們一窺端倪。

在一家公司裡，羨慕情緒是業績的主要動力之一。銷售員就是最好的
例子，公司會定期比較並公佈他們的業績，銷售業績最好的員工會被當
眾嘉獎。因此，每個人都非常賣力，力圖超過其他人或保住自己第一名
的位子。這就是羨慕情緒對公司的正面影響。然而，我同時也看到了許
多負面影響：同事之間不斷產生不和；有人故意破壞一項企劃，不讓其
他人成功；主管和助手間隱約的羨慕等等。所以，公司的管理階層有責
任減少內部引起羨慕和不滿的因素，並為薪水和升遷制度擬定盡可能清
晰、公平的規則。啊，我差點兒忘了一個有關羨慕情緒的經典例子：當
一個女性升職時，其他人就會說她是「睡上來的」，而這正好可以讓那
些沒能升職的人把自己（無法承認的）敵意型羨慕轉變為不滿（正直的
好行為）。〔亨利曾讀過約翰‧羅爾斯的作品〕

羨慕也會出人意料地出現在商業戰場上，且聽刑事辯護律師喬治的講述：

我剛踏進律師這行的時候，實在很難理解某些客戶的行為。我想不
通，這些富有、信手可得到專家協助的商界翹楚為什麼還要暗中聯手，
為了一點比起龐大資產簡直是蠅頭小利的收益冒險，還成天擔心被揭發？
後來，我聽了他們的敘述，才明白原因。在大多數情況下，就是羨慕促
使他們犯下這種錯誤。當他們看到一個賺錢的機會時，即使風險不小，
他們還是會相當投入，因為他們受不了被別人搶先。到頭來，就算已經
當上了執行長，他們還是沒法擺脫童年在操場上玩耍時會有的情緒。

我們同時也注意到，在同樣的羨慕情緒驅使下，另有一些人在遵守法律同時也得到許多收穫；無論是在商界、體育界還是科技界都取得了輝煌的成果，並帶領團隊創造了佳績。這些團隊中的升遷機會和報酬制度若是在公正基礎上有合理的分配，就能避免內部出現太多羨慕的情緒，進而增強團隊的凝聚力，眾人也會更加齊心協力。

總而言之，好勝、景仰型的羨慕都不是惡性情緒。反之，它會如針一樣刺激著我們超越自己，在某些時候成為積極的幫助。若我們原本就努力，也願意遵守社會規範，它不僅能使我們自身提升、也會讓我們更能造福社會。

如何管理羨慕情緒

> 沒有什麼比嫉妒更能摧毀人的幸福了。
>
> —— 勒內・笛卡爾（René Descartes）

我們已經瞭解了好勝型羨慕的益處，但憂鬱型羨慕卻使我們備受痛苦，以至於完全失去自我。

至於敵意型羨慕，若不加以控制，它很可能會演變成巨大的心靈折磨。除此之外，它還會長久地危害你與親近的人之間的關係，包括家人、朋友和同事。

承認你的羨慕之情

這條建議適用於所有情緒，但它尤其適用於羨慕的情緒，因為我們總是傾向於把它深埋心底。

我們一起來聽聽菲力浦的故事：

有一天，我們受朋友之邀參加了一個聚會，這個朋友剛剛買下一艘

船。我自己在年輕的時候經常坐帆船出海，但我始終沒能賺到足夠的錢去買令我魂牽夢繞的帆船，而他卻做到了！我們半信半疑地和其他受邀夫妻一起走上了一艘帆船的甲板。這是一艘 Swan 系列的帆船，船身長達十八米，簡直是美極了。他帶我們裡裡外外參觀了一番，不斷誇耀著帆船的優點和各處精緻的細節。直到那時，我都儘量裝出一副崇拜讚嘆的樣子，還祝賀他買到了好東西。之後，我們回到室內用餐，在場的有好幾對夫婦。我們開始談起那時剛剛成為焦點的波士尼亞戰局。我和他的觀點相左：我認為歐洲應以強硬的方式進行干預，但他贊成歐洲持保留態度靜觀。到那時為止，一切都還正常，但我忽然頭腦一熱，開始指責他是個膽小鬼、是個扶不起的慕尼黑人，還加上了其他近乎侮辱的批評。不過，我猛地停住了，但當我看著妻子的眼神時，我知道為時已晚。後來我才意識到，從見到那艘帆船的那一刻起，羨慕的情緒就一直在折磨我，最終借由這場政治話題的辯論爆發了出來。

　　菲力浦被羨慕之心完全地「掌控」了，但他直到午餐時毀滅性的那一刻為止都控制得很好。一位精神分析專家認為，菲利普在參觀帆船時運用了兩種心理防禦機制：一種是**壓抑**，將羨慕的情緒從意識中驅趕出去；另一種是**反向作用**（reaction formation），裝出仰慕和熱情的樣子，與他內心無意識的惡意正相反。

　　為什麼他要大費周章地運用這些防禦機制呢？若是直接意識到自己的羨慕情緒，豈不是有效率得多嗎？那是因為，羨慕的情緒提醒我們，自己正處於弱勢，而這種損害自尊的行為是我們很難接受的。同時，那也是因為羨慕是一種引起羞愧感的情緒，只有「失敗者」、「性格刻薄的人」才會有。感到羨慕，就會妨害到我們對自己的愛。

　　所以，請承認羨慕和其他情緒一樣，是正常的、自然的，並承認受羨慕之心煎熬是人生中難免的事。不要因為感到羨慕就有罪惡感和羞恥感，也不要忘記，羨慕有著它可貴的形式——好勝型羨慕，並且它一定幫助過你走向成

功，所以也請你接受羨慕的另兩個沒有那麼積極的形式：敵意型羨慕和憂鬱型羨慕。

受羨慕情緒折磨是一種無意識的反應，你不需要為此尋求解釋或自責；不過，你還是需要為之後的處理方式負責。

如果菲力浦在見到這艘大氣華麗的帆船同時正視了自己的情緒，他應該會這樣告訴自己：「天哪！這艘船太氣派了！我真是羨慕得要瘋了，這老兄真是快樂得叫人生氣。不過，注意啦，千萬別被情緒控制住！」為了不使自己淹沒在羨慕的情緒裡，他應該採用以下的處理辦法。

以正面的方式表達羨慕，或守口如瓶

這條建議顯得有些自相矛盾：要把那麼負面的情緒表達出來？難道要昭告天下我是個尖酸刻薄或小心眼的人嗎？

當然不是。積極地表達羨慕情緒，就是盡可能用幽默的方式表達它。以下的例句就出自幾位善於處理羨慕情緒的人之口：

「這艘船（這套房子／這次升遷）真是太棒了，肯定會讓好多人羨慕，比如我。」

「這件事發生在你身上真是讓人高興！不過如果發生在我身上那就更好啦！」

「你可別天天都這樣宣布好消息，否則我可當不了你的朋友啦！」

「幸好我沒羨慕你，不然的話我會很難受的！唉！」

如果你沒有什麼幽默細胞的話，沒關係，你只需對外人守口如瓶，但對自己卻千萬不可掩飾。除此之外，還有其他的處理辦法。

審視你的自卑想法

羨慕的折磨常常會發生在我們意識到自己低人一等時（至少是暫時的），而當這樣的痛苦「喚醒」了我們自我貶低的思想後，羨慕情緒會變得特別強烈。事實上，這些思想一直在沉睡，卻隨時可能甦醒：一旦我們在某些方面遇到了挫折，它們便會立刻抬起頭來。

這種痛苦會很快轉化成敵對反應：我們會怨恨那個將我們置於如此難堪境地的人，同時，敵對反應也被我們用來「麻痺」自卑的感受。

我們來聽聽三十二歲的瑪麗是如何成功處理她的羨慕情緒的。

> 別人總覺得我一直是個快樂活潑的人。我只能說，大部分時候是這樣吧。有天，我和朋友們聽說土耳其浴非常棒，便決定去體驗一下。澡堂頗具異國風情，我們高高興興地在門口會合了。隨後，我們前去更衣。然而，當我們都脫去衣服全裸時，我忽然崩潰了。我那三位女友的身材是那樣曼妙，既苗條又有著讓男人傾倒的曲線；而我，如人們所形容的那樣，一直都是圓圓的。當時，望著她們女王般的神色、裸露時的自如，我竭力不讓她們看出我的痛苦，努力掩飾我心裡的怨意。我被自己情緒的激烈程度嚇到了，畢竟我們不是去選美的，而且我們都是已婚且忠誠的女人。再者，我丈夫告訴過我，他一直都喜歡有肉感的女人（這是真的，他的前任們都是這種類型的）。我明白過來了，此刻的場景在我的心中喚起了我少女時代的所有噩夢。那時的我沒有任何吸引力，被嘲笑過，也因為自己的體型在一群受男生歡迎的苗條女生面前抬不起頭來。我意識到，我的情緒正是來源於那段過去，也意識到現在的情況已經完全不同了。這些想法讓我馬上平靜了下來。不過我是再也不會去泡土耳其浴了。

其實，瑪麗在開始泡土耳其浴時的想法與少女時期的心理是一樣的。而正

因為她冷靜分析並坦然正視了這些想法，她才得以成功平息自己的憂鬱型羨慕和敵意型羨慕：她不再怨恨女友們，並且告訴自己，如今的她早就不在低人一等的位置上了。

所以，無論你在怎樣的情境裡發現自己開始羨慕別人，請找出並分析那些貶低自己的想法（它們一般都隱藏在你的回憶裡），而不是用攻擊性的反應掩飾這些想法。

弱化他人的優勢

這個建議曾出現在前文羨慕情緒的處理策略所提出的前兩種方法中。

有人會說，這兩種方法都是在用狹隘的心理掩蓋現實，但事實並非如此，因為即使對方客觀上在某方面有優勢，其背後最核心的問題是他／她幸福與否。有了你注意到的那個優勢，他／她是否就比你幸福了呢？

以帆船一事為例，在船舶愛好者中流行這樣一句俗話：「一艘船的主人最美好的日子一共兩天：買船的那天和轉賣的那天。」這句話證明，幸福感尤其會在情況發生改變的節點出現（「太酷了，它是我的了！」），但它同時也說明，幸福感往往隨著某事變為常態或客觀條件限制而減弱（「真是麻煩啊，有了船就得常常去檢修，但修得那麼辛苦，我們卻總是沒時間開它；好不容易有時間出海了，天氣又變差了」）。這句俗話套用在婚姻上也不錯，不過幸福婚姻還是存在的。

所以，你的朋友一定不如你想像的那樣，因為某些超越你的優勢而格外幸福。正如拉羅什富科（La Rochefoucauld）所說，我們「若失去它，將是一種殘忍的剝奪，但在當下，早已不再感受到擁有著它的快樂」。

如果你懷疑這點的話，想一想你身上讓人羨慕的優勢吧，它是否讓你每天一起床就高興得不得了呢？

「習慣」有著極大的削弱作用（我們將在下一章詳細分析）。在治療社會不同階層和領域的患者時，我們很驚奇地發現，每個人都會在自己所處的位

置上創造出自己對幸福與不幸的理解，即各自都對可以期待獲得的東西感到欣喜（可能是三十米長的遊艇，也可能是一塊帆板），對可能失去的東西感到痛心（可能是一個工業帝國，也可能是花園裡的小小棚屋）。我們也看到，到了某個貧困程度（尤其是在相對富裕的社會），幸福幾乎是不可能的事情。

明星八卦雜誌就是利用這兩種心理機制的典範：一方面，它激起了我們對明星和皇室成員們夢幻生活的羨慕；另一方面卻也不遺餘力地提醒我們他們並不幸福，他們也為失敗（他們這一層次的失敗）、分手、死亡和疾病而痛苦。

讀了下一章後，你將明白，唯一一個真正值得人羨慕的優勢，就是創造幸福的天賦個性。不過，這種特質被羨慕的情況是最少見的。

審視你可能存在的優越思想

阿爾貝羅尼提出，羨慕有時被用來「抵消高傲」。這在敵意型羨慕和怨恨的心緒上尤為真切。當我們覺得自己比對方更配得到某種優勢時，我們的怨意會特別強烈。

我們在此章開頭提過的貝特朗這樣講述他的心理治療所得：

事實上，我終於明白我的羨慕情緒和自我評價過高有關。年少時，我就覺得自己很有能力，學習和體育都很突出，還很受歡迎，自然就有了很大的野心。現在，當我看到有人實現了我的理想而我卻沒有時，我常常就會有衝動的想法：「這傢伙比我好在哪裡了？」若這人剛好是我認識又覺得平庸無奇的，那我的情緒會更糟糕。其實，他肯定沒有我認為的那麼平庸，畢竟他至少會抓住機會，或者有我沒有的積極性。我發現，要減少對別人的羨慕，必須承認我沒有自己想像的強。

貝特朗正在學習避免成為一個「尖酸刻薄」的人——總是心懷羨慕、總覺得自己遭到生活不公平對待。

不過，如果認為人生很公平、成功總是屬於配得上的人，這樣的想法也是很荒謬的。若要做到不帶羨慕地承受不公，我們建議你可以讀一下本書在「喜悅」和「悲傷」方面引述的斯多葛主義哲學的理論。

為更公正的世界貢獻己力

不公正，容易導致敵意型羨慕以怨怒的形式表現出來。對於羨慕者而言，這是一種痛苦而危險的情緒。過多的怨怒會威脅一段友誼、一個家庭、一家公司，甚至是整個社會的穩定。

法蘭西斯科·阿爾貝羅尼指出，在體育和科學研究這兩個領域裡，即便競爭激烈，怨怒卻是最少見的，因為行內的規則和晉升條件均被業內人士公認為相對清晰、公正。

我們每個人都可以在自己的位置上為更公正的世界貢獻自己的力量。這既是為了自己，也是為了眾人。請不要再把孩子與他的兄弟姐妹作比較、貶低他。請以公平的原則處理衝突，教會他無論在學校還是工作中都對不應受的懲罰勇敢地說「不」，並在他面前以身作則地作出公正的決斷。

透過這些簡單的舉動，你就可以減少身邊怨怒的產生了。

不要挑起他人的羨慕

羨慕並不是一種讓人好受的感覺。因此，請再三注意，不要無端地挑起別人的羨慕之情。這並不是要你成天隱藏自己的優勢，那樣會顯得虛偽；而是建議你不要像約瑟在兄弟面前做的那樣，過分炫耀優勢。此外，別人沒有理由要和你有相同的喜悅，所以也請勿因這些優勢表現得太過欣喜。

我們早已發現不過度挑起他人羨慕之心的益處。在一項研究中，一群學生

被要求一起在電腦螢幕前做數學題。當電腦告知某學生他的成績優於所有人時，他個人單處一室時的喜悅表達遠比與同學們共處一間教室時要強烈得多——不要忘記這份學生時代的大智慧。

學會處理羨慕情緒

要	不要
承認你的羨慕之心	掩飾羨慕情緒
以積極的方式表達羨慕，或守口如瓶	以帶有敵意的方式表達羨慕
審視你的自卑想法	怪罪、貶低自己，或攻擊對方
弱化他人的優勢	高估他人的幸福
審視你可能存在的優越思想	長期心懷怨怒
為更公正的世界貢獻己力	任由自己周圍的人被怨怒吞噬
不要挑起他人的羨慕	炫耀自己的優勢或顯得過於欣喜

第四章

喜悅、快樂、幸福
Joie，bonne humeur，bonheur

喔，多麼喜悅！你好，你好，高飛的燕。

喔，多麼喜悅！你飛過屋頂，擁抱藍天……

——夏爾・特內（Charles Trénet）

喜悅是最為重要的情緒之一。然而我們不得不遺憾地說，它也最常被人們忽略。近日的一項統計顯示，心理學領域對悲傷、恐懼、憤怒、嫉妒等負面情緒的研究報告數量比喜悅和其他正面情緒的研究多出十七倍[1]！

為了扭轉這樣的趨勢，我們在這一章的開始先來看看幾個關於喜悅的例子，也借此瞭解一下喜悅的多種表現形式。

克利斯蒂安，四十三歲：

> 我還記得年輕時經歷過一次極大的喜悅。那年春天，我們高中的橄欖球隊打進了學區橄欖球冠軍賽的決賽。每個人的家人和朋友都來了，看臺上史無前例地坐滿了人，而且，整個高中部全都來加油助勢，裡面也有我們的女朋友或者暗戀的女孩……說實話，我們怕到肚子都痛了，對手名氣響亮、看起來很厲害，每個人都比我們高大、強壯好幾倍。我記得，開球的時候我像一片葉子一樣瑟瑟發抖，心臟都要跳到喉嚨了。這種感覺真是差勁，因為我可是隊長啊！我也怕隊友們看出我的恐懼。第一次並列爭球的時候，我們的前鋒後退了十米，整個場面陷入了混亂，裁判叫我出來，要我讓我的隊伍冷靜下來。開場就這麼糟糕！漸漸地，我們掌握了主導權，開始占上風。到了第二個半場，我成功地在對方球門線內帶球觸地，但我並沒覺得很高興，只是感到比較滿意，也更有信心了。我當時只和隊友擊了下掌，又鼓勵了他們幾句。最後，終場的哨聲吹響了。我這時明白過來：我們贏了！而我也體驗到了「欣喜若狂」的含義：我瞪大雙眼，嘶吼著，和離我最近的哥們兒對視了整整一秒，然後緊緊擁抱在一起，跳個不停。賽場上，大家都瘋了：有人在地上打滾，有人跪了下來，最後我們奔跑著彼此擁抱，觀眾都衝到賽場上來了，喜悅席捲了所有人。從那以後，我再也沒有經歷過類似的場面。第二天，我醒來之後，心裡很快樂，但與之前完全不同了：喜悅已經不在我的身體上，它留在我的腦海中。

　　這個例子中，我們可以清楚辨識出勝利的喜悅。這種情緒和人類的歷史一樣悠久，通常是一種團體經驗。我們可以為這種情緒寫出一部大塊頭歷史書，從狩獵採集者捕到第一頭羚羊（其實當時的人們最主要的食物都是採集得來的，通常由女人負責[2]），到球賽結束後球迷們的歡呼。不過，即使第二天克利斯蒂安仍感到快樂，他的情緒已經不能算是喜悅了，因為他不再表現出相應的身體反應，而身體反應是情緒定義的一大要素。

　　皮埃爾，三十四歲：

> 　　要問我經歷過的最大的喜悅，那就是我第一個兒子奧利維耶出生的那一刻。我參與了妻子的整個分娩過程，但我有點不在狀況內：我確實感到很奇妙，也很感動，但還是有一絲擔憂。當助產士把新生兒放在我的臂彎裡時，我忽然感到了一種出奇的平靜、溫柔和安詳。我對自己說：「這就是我的兒子。」真正的幸福之情十分鐘後才湧上：在巴黎這家大型兒科醫院裡，我漫無方向地四處亂走，走遍了每條空無一人的走廊（那時是凌晨三點）。我感到幸福像潮水一樣把我整個淹沒了，喜悅之情猛烈地衝擊著我。我不斷地重複著一句話，「你當爸爸了，你有兒子了，你創造了一個生命」，一直重複到腦中一片空白。這時，我無緣無故地奔跑起來，一會兒高高跳起，發自內心地想要大聲呼喊。如果有人恰好經過的話，我肯定會狠狠地擁抱他。當時我真的很想把我的喜悅立即分享給別人。

　　這兩個例子可能深深地打動你，也可能勾起了你的一段回憶，不過，它們還可能讓你想起演化論心理學家的觀點：最強烈的情緒出現在有關生存或繁衍的關鍵時刻，正如我們看到的那樣，克利斯蒂安戰勝了對手，皮埃爾意識到自己成功地把基因傳承了下去。

　　蜜雪兒的喜悅則超越了成功或失敗的境界：

精神科醫師拆解七種支配生活的基本情緒

我經歷過最大的喜悅？這很難解釋清楚。那是在我隨人道主義特派隊去前南斯拉夫的時候。到了深夜，我們的車隊不再前進，便在一個維和部隊的營地附近紮營。黎明前我就起床了，爬上了一座山丘，和那裡的一個觀察站的士兵們一起喝咖啡。山路很陡，走到半山腰時，我便停下歇了歇腳。這時我看到，太陽已經升到了群山和森林的上方。晨霧之幕緩緩地升起，一幅壯麗的景象慢慢露出。那是一種激動人心的美，讓我忽然真切而強烈地感受到了「我」在這個世上的存在。我克制著自己，努力不發出喜悅的呼喊。之後，即便是在更加壯麗的風景面前，即便我曾站在高山之上，我也沒有在其他的旅途中有過類似的感受。朋友們說，我的喜悅之所以如此強烈，可能是由於眼前景象與前一天看到的可怕戰況形成了鮮明對比。

蜜雪兒的朋友們作出的解釋很有趣。研究發現，當我們的身體反應激動到一定程度時，我們的情緒會尤為激烈。還記得那句話嗎：「我們的情緒源自身體的應激反應。」由於前一天的所見和這一天的登山，蜜雪兒的身體已經出現緊張狀態。因為身體被激發，她所感受到的喜悅之情也更強烈。然而，為什麼在面對景色之時會產生喜悅呢？演化派人士告訴我們，注視大自然引發的喜悅之情是我們基因裡固有的；具有較高感受力的人能在艱苦的條件下得到較強的情感支援，從而生存下來。不過，我們也不能否認文化背景的作用：在蜜雪兒出生的家庭中，所有人都從幼年就開始學習欣賞大自然的美了。

莉絲是一名四十二歲的女記者：

我記憶中最喜悅的時刻？我不確定那是否算是喜悅，其實就是我開始記者生涯的頭幾個月。那時，我當上了一份地區日報的記者。那並不是什麼重要的報紙，所以同事們都算不上是專業記者，而我雖然只是初出茅廬，卻可以負責各種題材，包括文化節、家畜市場等等。我走遍了整

個地區，採訪了各式各樣的人：從拖拉機上的農民、博物館的館長，到羊群遊行、老兵集會。每天早晨，我帶著難以置信的激動起床，像打了興奮劑一般期待著當天要發現的新世界，為這新職業的朝氣和多采多姿而高興不已。從那時起，我在事業上不斷進步，如今負責的是一份重要的全國性報紙中所有文化版面，但我再也沒有找回從業之初那種歡欣的狀態。

莉絲描述的是一種特殊的情緒，專家們稱之為「興趣式興奮」。這種情緒激勵我們去探索新的環境，在孩童和年輕人中間尤為常見。它使人克服內心的恐懼，而恐懼的情緒正是面對新事物時的最大阻礙。如果你某天首次帶小朋友前去迪士尼樂園之類的遊樂場，你就可以有幸親眼目睹這種情緒以及相關的探索式行為了。成年人的「興趣式興奮」，通常都是在從事某項讓人激動的事業或極為熱愛的業餘興趣時產生的。不過，我們將會看到，某些個性的人比其他人更易有這樣的情緒。

上述四個人的喜悅各不相同，但它們都符合情緒的定義：同時產生精神和生理的強烈反應，由一事件觸發，維持時間較短（但可能重複發生）。

心理學專家們一致認為，喜悅是基本情緒中的一種。它很顯然也從屬於正面心情和幸福這兩個大類。我們之後將談到這一點。

喜形於色：辨識真假笑容

你分辨得出真誠的笑容嗎？若你有這樣的辨別能力，你將能知道某人是否真的很高興認識你。真誠的笑容會帶動雙眼一起傳遞快樂，甚至會產生魚尾紋。那麼，真誠和虛偽笑容之間有什麼差別呢？人眼四周的表皮之下有一部分環形的肌肉，它只在真誠的喜悅之下才會活動。這兩種笑容之間的區別最初是由十九世紀的一名法國醫生發現的。這位名叫紀堯姆 - 本雅明·迪歇

恩（Guillaume-Benjamin Duchenne）的醫生同時也是診斷肌病（進行性肌萎縮）的第一人。除了高超的醫術之外，迪歇恩醫生結合了當時的兩大發明：照相技術和電。在經過實驗對象的同意後，他把電極置於受試者臉部的不同部位，根據不同臉部表情牽動的肌肉繪製出了多幅表情分析圖[3]。達爾文出版了他拍攝的照片，並在自己論情緒的著作中大量引用了他的研究成果。為了向迪歇恩致敬，當今情緒研究界的領軍人物保羅‧艾克曼提議，將最喜悅情緒的真實笑容命名為「迪歇恩式笑容」（Duchenne smile）。

不過，值得注意的是，真誠的笑容並非帶動整個眼周的肌肉，而是只有外部收縮，同時使眉毛下移。如果微笑時「瞇眼」，並不足以說明這就是真誠的笑容。由此，我們可按照微笑的「品質」區分出三種演員及三種政治人物。

空洞的笑容	虛假的笑容	迪歇恩式笑容
演技不佳的演員或通常出自非民主體系的政治家	演技一般的演員或圓滑老練的政治家	演技出色的演員或真心快樂的人
微笑時僅牽動顴骨，雙眼毫無表情。	顴骨和全部眼周肌肉均收縮。「瞇起」雙眼。	顴骨收縮，眼周肌肉外部收縮。雙眼「微笑」狀。
代表人物：斯洛博丹‧米洛舍維奇（Slobodan Milosevic）	代表人物：理查‧尼克森（Richard Nixon）	代表人物：比爾‧克林頓（Bill Clinton）

這三種笑容之間的細微差別在兒童中也同樣存在：當他們看到父母時，表現的是「迪歇恩式笑容」，但在看到陌生人時則表現出「空洞」或「虛假」的笑容[4]。同樣，一對愛人在見面瞬間出現的真假笑容便是衡量他們幸福與否的好方法[5]。微笑的真偽在關心伴侶的人眼裡也可能變成一種「警報器」，且聽瑪麗‧皮埃爾的講述：

我丈夫是一個自律能力特別強的人，很少表達情緒，或者說總是用一

成不變的冷靜和親切把情緒掩蓋起來。許多人覺得這樣很棒，我的不少
女友都很羨慕我（有幾個甚至會帶著讓我懷疑的興趣盯著他看）。但是
對我而言，這也是個惱人的問題，我常常會覺得這是我們親密關係的一
大障礙，覺得他並未真正地向我敞開心扉。漸漸地，我開始猜出一些他
的心思，尤其是當他笑的時候，我可以猜得特別準。我不知道該怎麼解
釋，但我確實看得出來，他真正高興時的笑容和他想要向我隱藏憂慮時
的笑容是不同的。

喜悅不僅僅會透過笑容表達。年紀特別小的兒童在心情愉悅的時候，通常
會以特有的邊走邊跳來表現他們良好的健康狀況。一位朋友告訴我們，他最
小的女兒塞萊斯特今年三歲，前陣子生病了。和大多數同齡的孩子一樣，她
低聲哼哼了好幾天。之後，她漸漸康復了，而康復最早且明顯的標誌之一就
是她又重新開始邊走路邊時不時地蹦跳起來。成年人表達喜悅情緒的方式還
包括心滿意足地傻笑、邊洗澡（或邊走路）邊哼歌⋯⋯而在某些比較極端的
情況下，成人還會流淚。

喜極而泣

2000 年 11 月 8 日在紐約凱悅大酒店的大廳裡，比爾・克林頓和希拉蕊一
起慶祝她在參議員選舉中獲勝，台下滿是熱情的支持者。就在這個最值得歡
慶的時刻，全球電視機螢幕上出現了這樣一幕：世界上最有權力的男人，拭
去他流下的淚水。這淚水讓我們想起了其他喜極而泣的場景，例如，運動員
贏得世界級比賽後，站在領獎臺上聽到國歌奏響的那一刻。

不過，喜極而泣當然早於電視機的發明。達爾文在家中聽旅行回來的朋友
們講述旅途趣事時，他驚奇地發現，印度人、中國人、馬來人、達雅克人、
澳大利亞土著、非洲黑人、霍屯督人和加拿大印第安人都會在特別喜悅的時

刻流下淚水。這就好比為當時號稱「日不落帝國」的大英帝國繪製了一幅喜與淚的地圖[6]。

要是換在今天，以文化主義者的角度出發，這些民族的人可能會被懷疑是否看了美劇《草原小屋》（Little House on the Prairie）或《輕聲細語》（The Horse Whisperer）才學會喜悅而泣。言歸正傳，這些美國影視作品之所以能獲得全球性的成功，正是因為它們聚焦的是人類最普遍的、與生俱來的情緒。

親愛的讀者，若你看過澳大利亞電影《我不笨，我有話要說》（Babe），就會記得主角小豬在經歷重重困難後幫助主人贏得牧羊犬訓練賽的那一幕。獲勝時，人們瘋狂地歡呼著，而他們則不敢相信這突如其來的幸福，呆呆地站在大草地中間。這一幕是否曾讓你熱淚盈眶？

很可能沒有，因為我們每個人的「哭點」非常不同。有些人幾乎從來不流淚，有些人則連看一個人壽保險的電視廣告都會眼淚直打轉。

你會被廣告感動得流淚嗎？

廣告商們總是費盡心思地在我們的基本情緒上大做文章，有時也能取得不小的成功。法國國家人壽保險公司的廣告就是個很好的例子：鏡頭以加速的方式展現了人的一生，從穿著尿布的小孩到懵懂的青春愛戀，再由第一次當父親的喜悅，到兒孫繞膝的暮年。整個人生在短短的廣告中快速走過，以生命的延續和傳承圓滿落幕。該公司的另一則廣告融合了兩種觸發情緒的情景：它以幾個具有歷史意義的勝利時刻為背景，記錄了一位年輕女子懷孕和生子的不同階段，廣告最後，孩子誕生在了一艘太空船上。有人可能會對我們被廣告感動的樣子嗤之以鼻，但是，要知道，這事也會發生在真正的男子漢身上。在電影《老大靠邊閃》（Analyze This）裡，勞勃‧狄尼洛扮演的黑幫大佬正準備去開黑幫大會，就在這時，他被房間裡電視上的內容吸引了。那是一則美林證

券（Merrill Lynch）的廣告，講的是一位父親在兒子的陪伴下在鄉間散步。這溫情的一幕讓這位（紐約人聞風喪膽的）黑幫大佬瞬間淚流滿面。

久別重逢的淚水又是怎樣的情形呢？在長期的分別之後，我們與所愛的人終於團聚了，彼此抱頭痛哭。這裡不得不提的是，歷史往往會製造出一些讓人痛徹心扉的場景，帶來心靈浩劫般的經歷。2000 年 8 月 15 日，南北朝鮮的失散親屬終於被允許相見。於是，電視螢幕上出現了一對又一對兄弟姐妹、父母孩子抱頭痛哭的場面。

義大利導演羅貝托‧貝尼尼（Roberto Benigni）的電影《美麗人生》（Life is Beautiful）曾在 1998 年獲得了坎城電影節金棕櫚獎。片中，父親獻出了自己的生命，從死亡和絕望中救出了孩子。在影片的最後，看到男孩與母親重逢的那一幕，你是否也曾受到深深的震撼，久久不能平靜？

《亂世兒女》（Barry Lyndon）是名導史丹利‧庫柏力克（Stanley Kubrick）於 1976 年導演的一部史詩巨片，其中有一幕表現了男兒之淚，讓觀眾留下了深刻印象。

故事發生在十八世紀的歐洲。有冒險精神的愛爾蘭青年巴里在一場決鬥之後不得不離開家鄉。他在中歐四處閒逛時被迫加入了普魯士軍隊，因勇敢而頗受主帥器重，將他推薦給了時任總警長的兄弟。隨後，警長指派巴里負責一起間諜案件，巴里便憑著假身份前去調查皇后最寵愛的一名騎士。這名騎士雖然義大利語、法語和德語均十分流利，但被懷疑是愛爾蘭間諜。由於巴里原為非法身份，為了感謝主帥的收留，他只能來到騎士的家中當起了僕人。但當新主人朗讀他的推薦信時，一種情緒忽然佔據了他的心：「我覺得我再也沒法欺騙下去了。你也許從來沒有離開過祖國，我想，你無法理解鄉音就是一種囚禁，也無法想像我內心澎湃的感情。」這時，巴里的目光和眼前這位長者對上了。兩人緊緊地擁抱在一起。

喜悅的淚水從何而來？

前文提到的幾個因喜悅流淚的事例告訴我們：喜悅的淚水通常在喜悅混雜著悲傷時流出，喜悅乃是對當下情景的感受，而悲傷則常常源自對過去痛苦的回憶。有時，淚水也可能是由於當下的喜悅暗示著即將到來的別離。

五十歲的蘇珊是一個農民，她這樣講述自己的經歷：

> 我所經歷過最開心的時刻之一，是我女兒醫學論文答辯的那一天。我和我的丈夫都沒有上過學，所以你可以想像這一刻對我們而言有著多麼特殊的意義。當時我非常高興，但當我看到瘦弱的她穿著黑色的答辯服，站在所有氣度不凡的教授面前，面色嚴肅地讀出希波克拉底誓詞時，我再也控制不住自己的淚水，哭了起來。我確實很高興，但同時，那樣的場景讓我感到，我的女兒要離開我們了，她要去一個完全不同的世界了。

另外，某些勝利的淚水也許可以這樣解讀：它相當於一種「求助信號」，吸引親近的人來幫助你平靜下來[7]。獲得勝利之後，我們的淚水可能可以平息圍觀者的羨慕或敵對情緒，同時通過情感共鳴的方式在他們的內心激發與先前截然不同的正面情緒。比起一個高調得意的勝利者，人們比較不容易去怨恨一個激動得落淚的人。

我們為何會在理應喜悅的時刻哭泣？

勝利的淚水	勝利來臨的那一刻讓你回想起了奮力拼搏之時承受的所有磨難；在戰爭中，它還會讓你記起那些已經離開人世的戰友，他們再也無法與你分享勝利的喜悅了。 勝利同時也預示著如今正慶祝著的人即將分別、各奔前程。 勝利之淚或許能平息圍觀者的羨慕和敵對情緒的作用。
重逢的淚水	重逢的場景同時勾起了你與深愛之人在分別過程中所承受的所有痛苦。

神秘的狂喜：「開心，開心，開心，開心到哭泣」

1654 年 11 月 23 日夜間十點半到十二點，帕斯卡經歷了一次改變他生命的神秘狂喜。他把這次經歷簡單地書寫在了一張羊皮紙上，縫在外套內，直到去世都隨身攜帶著。這段文字也被稱為「帕斯卡備忘錄」（Pascal's Memorial）。

狂喜的經驗伴隨著眼淚到來之時，很可能是重逢及勝利的喜悅同時發生。對於有信仰的人來說，和上帝的產生連結，既代表他戰勝了俗世糾纏他的各種困境，同時也代表著他與人類最敬畏的上帝終於重逢了。

喜悅的確是一種強烈而讓人嚮往的經歷，但我們無法期待長期、持續性地感受它，因為若是如此，這種情緒就不能再被稱作喜悅了。若詢問眾人是否想被接在一台永遠不停製造喜悅的機器上？大多數人的回答都會是否定的[8]。顯然，他們都覺得，喜悅只能作為對某件事的反應而存在，也只能作為我們平日心情的升級形式被體驗。

不過，我們還是可以希望長久地處於一種不那麼激烈，卻同樣值得維持的狀態——快樂，而快樂與喜悅是相關的。快樂引起了許多專家的研究興趣，因為它更易產生，也比喜悅更為持久，因此更容易觀察到它的效果。

快樂

或許有人工作能力和我差不多強，
但我不覺得能找到有人比我更樂於做這份工作。

——比爾·克林頓[9]

快樂就如同一首背景音樂，你可能不太注意到它的存在，它也不會像喜悅那樣爆發、擾亂你的思緒。但是，研究表明，正是這首輕輕播放著的樂曲、

這首不喧賓奪主的伴奏，決定著我們的思考和行動方式。

對快樂的研究是如何進行的？

研究人員向人們詢問了他們是否感到快樂，隨後觀察了他們在聲稱快樂時的行為。不過，這樣的研究方法缺乏可信度，原因至少有兩點：

一、讓受試者自己觀察是否正感到快樂，這樣的做法極有可能影響受試者的心情。

二、受試者的回答可信度是可疑的，他們可能會誇大自己的快樂狀態，或對這個狀態有著與專家們不同的概念。

因此，大多數研究專家選擇人為地創造出一些條件來激發受試者的快樂情緒，然後觀察他們在不同情境下的行為。這些人為創造的條件有許多種形式：

◆　放映某部喜劇中特別滑稽的片段

◆　讓受試者參與一場有趣的遊戲

◆　告訴受試者他們剛剛贏得一個小獎或一筆較小的獎金（若金額很大，將會觸發喜悅情緒，而非快樂的心情）。

隨後，專家觀察受試者在這幾分鐘內的表現。通過如此簡單的研究方法，一系列驚人的結果浮出水面，並進一步證實其他諸多研究[10]。

快樂促使人們伸出援手

婚禮後在教堂門口的乞丐對這一現象再熟悉不過了：快樂的人們（我們可以假設其中也包含少數非常消極的人）更傾向於主動幫助別人。

心理學家們曾做過一些實驗，以觀測這一假設是否成立。比如，某位研究

人員手捧一大堆書，與某個從心理實驗室走出的人擦肩而過，然後假裝絆倒，讓書散落一地。這些受試者因之前的實驗已變得很快樂，他們更會主動地幫助研究人員撿起地上的書 [11]。不過，快樂產生的這一效果似乎更常表現為程度一般且時間較短的幫助行為（已經值得讚許了），而不一定會達到處理他人重大問題的程度。

來聽聽馬克辛的說法。他幾乎天天都保持快樂，這可是非常難得：

> 其實，大多數時候我都非常快樂，快樂到想要讓身邊的人也同樣快樂起來。注意哦，總的來說，我和所有人一樣，是個自私的傢伙，只為自己或者親近的人付出。不過，當我特別快樂又時間充裕的時候，我會請一位流浪漢去飯店用餐。有些流浪漢很難接受這種恩惠，顯得格外震驚，但其他人就會欣然接受。我相信他們都很喜歡這個體驗，因為他們至少感到被人接納、被傾聽。當我有資源時，我還會給他們幾條小建議或幾個也許用得上的機構聯絡方式。不過，我當然不是聖人啦，我從來不會長期地照顧他們，而是把這個工作交給公益組織。

快樂讓人更有創意

在類似於腦力激盪討論的情景中，我們要為複雜的問題想出解法。這時，快樂的人會提出更多有用的想法、更會採納他人的提議、更容易參與合作，也會制定出更多、更好的解決方法 [12]。這一現象已被諸多研究再三證實。請記住，想要達到這樣的效果，你只需要給參與者一個小禮物，或先放幾分鐘滑稽的喜劇片段。

所以，把思考型會議的地點選在舒適的環境裡，並非只是為了讓人逃避單調乏味的辦公室而已。當與會者快樂起來，他們會有更多的想法，彼此間也能更迅速的交流想法。

快樂使人作出更好的決策

研究表明，快樂的醫學系學生們更能快速分析病例，並制定出恰當的治療方案[13]。尤其值得一提的是，當他們得到的新資訊與自己最先的判斷有出入時，快樂的人更傾向於馬上放棄先前的判斷。與此同時，他們會避免過快地下結論，他們的思考過程也會比「中性」受試者來得更為清晰縝密。其他實驗也證明了快樂對決策力產生的積極效果。由此說明，與人們的成見恰恰相反，心情快樂的人在分析問題的時候比心情一般的人更有條理、更迅速。

快樂給人更多勇氣

在失敗不會導致過大損失的情況下，快樂的人更願意承擔適度的風險。他們傾向於嘗試新的解決辦法而非完全仰賴經驗，也更願意啟用新的產品，開拓新事業。行銷專家們都熟知這一現象：快樂的客戶更有可能購買新的產品[14]。

佐薇是一名藥品業務。她向我們描述了自己快樂時的表現：

> 有一天，我接到了女兒的電話。她告訴我她懷孕了，這是她期待已久的事。整個下午，我做了許多過去我一直沒勇氣做的事情：我沒有預約，僅僅是因為路過就見了一名醫生，介紹了我的業務；我去了一家醫院，和走廊裡撞見的某位老總聊了起來；我還挑選了粉刷牆壁的油漆——之前一直因為選擇焦慮而遲遲拿不定主意。

快樂是否會讓人嘗試過高的風險？

當實驗涉及金錢賭注時，心情快樂的受試者比心情一般、自制力強的人要更為謹慎。的確，快樂使他們對利潤更為樂觀，但與此同時，也讓他們把損

失的危害性看得更為嚴重。第二層考慮最終都會戰勝第一層。事實上，快樂會激起人們保留它的願望，而不會讓人為了一場沒有意義的賭博而輕易地讓它溜走[15]。所以，當你處在真正的快樂中，你更可能會申請加薪，而不是把錢全都用來購物！

快樂是否會讓人變得過於溫順？

有人可能會認為，快樂的人一定會笑嘻嘻地對待任何工作，哪怕是最讓人厭煩的工作，事實並非如此。現實中，在接受一項有意思的任務時，快樂的人比心情一般的人更積極主動、更有創造力；但當分派的工作很枯燥乏味時，快樂的人要表現得更不積極、創造力更弱[16]。請注意，有些上司對這種現象有著天生的直覺，所以，如果你想讓上司在分配有趣的任務時優先考慮你的話，表現得開心些吧！

給老闆們的建議

我們已經看到，快樂在合作能力、思考能力和決策力上都有著積極的效果。那麼，我們建議你可以經常考慮這樣的問題：「我怎樣才能讓我的下屬們處於基本穩定的快樂狀態？」當然，工作中的快樂由多項因素決定，其中有一些是上司能夠掌控的（比如工作環境、良好團隊的建設、管理水準的提升等），有些則是無法掌控的（如經濟形勢）。所以，上司能夠做的，一是自己快樂起來，成為下屬的榜樣，二是主動創造激發快樂的條件。由此，便能達到增加員工的自在感、改善團隊工作能力的效果。

快樂的心情確實美好，但它是否足以讓我們幸福呢？當我們最初開始研究「正面」情緒時，我們自然而然地就會想到幸福的問題。對此，古代的哲人

和現代心理學家們也有著各式各樣的答案。

幸福的四種狀態

幸福，這不正是每個人的願望嗎？二十多個世紀以來，這個主題始終吸引著哲學家們。可以說，有多少個哲學學派，就有多少種對幸福的定義。不過，在對比了所有智者的思想並融合了他們的精髓之後，我們可以得出「幸福的四種狀態[17]」，每種都對應不同的幸福概念。

我們將透過幾位受訪者的敘述來瞭解這些內容。

讓 - 皮埃爾，中層銷售主管，三十歲：

> 對我而言，幸福就是美好的時刻。和朋友聚在一起大吃一頓，放聲大笑，暢飲，肆無忌憚地說笑；和最好的朋友一起出遊，遊歷沒到過的國家，一同獵奇嘗鮮；慶祝婚禮、洗禮、喬遷之喜，時不時也辦個小型派對，和老朋友加深感情，與新朋友建立友誼。對我而言，美好的時刻還包括玩各種滑行運動的時候，比如風帆衝浪。啊，當然啦，一段戀情開始的時候也是幸福的時刻！總的來說，最幸福的時候，就是感到開心、有點激動、所有煩惱全都拋在腦後的時候！

對於讓 - 皮埃爾來說，**幸福似乎就是喜悅**，也就是間斷的、強烈的情緒片段的總和。他偏好去感受情緒的強度更勝於連續性，在他眼中，幸福更多的是「峰值式」，而非「進行式」。他對幸福的闡釋中也包括了感官的愉悅。

艾梅莉，家庭主婦，三十八歲：

> 我覺得，當我愛的人一切都好的時候，那就是幸福。看著孩子們快樂、丈夫心滿意足、我們的計劃（合理的計劃）一一實現時，就是幸福

的時候。我的理想沒有什麼特別的，我只希望大家都健康，孩子們學習穩定又不需背負太多壓力，丈夫工作順利。我絕不會逼他們「成功」，只要他們喜歡自己所做的就夠了。我也希望沒有經濟困難，並與好友們繼續保持聯繫。當這所有的一切都同時實現的時候，就是我感到幸福的時候。

對於艾梅莉而言，與讓 - 皮埃爾相反，幸福更是一種延長的滿足狀態。在這種狀態下，我們的願望都達成了，於是便很滿意。在她的描述中，這些願望都很合理，也很普遍，就是與我們所愛的人關係和諧，在生活的環境中沒有煩惱。

娜西瑪，銀行高級幹部，四十五歲：

對我來說，幸福就是當我感到整個人的狀態非常理想、能做自己想做的事情的時候。比如，我決定收拾花園，而隨著時間一點點過去，我可以把預計要做的事漸漸做完。再比如，在工作中，當我要處理一大堆文件的時候，我順利地為每個問題都找到了解決辦法；當精力漸弱時，我看到自己處理的事情都取得了積極的進展，我的能力也用在了刀口上，此時，我便會有很大的滿足感。即便是在休息的時候，我還是會「找任務」，比如做填字遊戲、組織家長聯誼會，或者把家裡某個房間的傢俱重新擺放一番。我丈夫嫌我不會放鬆，但對我而言，放鬆就是把任務完成時的感覺。

娜西瑪眼中的幸福，就是**朝向目標邁進**的行動：先因有趣的任務而興奮，然後積極地推進工作，最後因完美地達成目標或找到了自己的用武之地而得到滿足。娜西瑪對幸福的觀念與亞里士多德不謀而合：通過投身於某項自己選擇的、造福社會的事業達到幸福。

大衛，五十五歲：

　　我眼中的幸福，就是不論發生什麼事，無論成功還是失敗，都保持一種精神上的平和。在這幾十年裡，我曾遇到過幾個這樣的人，他們都是我的榜樣，深深地觸動了我。首先是我的祖父。他是在集中營裡去世的，但他所有的戰友都告訴我，他整個人表現出的從容泰然在當時成為了他們強大的精神支柱。還有一位是我的上司。他也經歷了許多困難，但是在面對所有的挫折時，他從未失去過平靜的狀態。我覺得，我們是否幸福，單單取決於我們對所處現狀的接受能力，而這現狀裡包含著許多未知的可能性。過著風平浪靜的生活、有時稍微努力一些，自然是件好事，但說到底，我認為，我的幸福和我幫助他人的能力，都取決於我在或大或小的考驗中是否依然能夠保持從容。我沒有宗教信仰，但我想，這個概念在每個宗教裡都能找到。

　　對於大衛而言，幸福就是心靈的從容，是**泰然處之的境界**（即遭遇不測風雲時心靈和心情的平穩）。

　　大衛也許早就瞭解，也可能並不瞭解，他的思想與愛比克泰德（Epictetus）和塞內卡（Seneca）代表的斯多葛主義（Stoicism）非常相近。這些哲學家認為，影響著我們生活的幸運或不幸之事自然地發生著，我們對此無能為力。然而，我們自己卻可以選擇在面對它們的時候保持內心的平和，而這是可以由我們自己掌控的。不過，大衛本人還是保留了一些想要去滿足的願望，他並沒有想要達到斯多葛派人士追求的「超脫」境界（ataraxia）。在這一境界中的人將不會有任何懼怕，也不會有任何欲望。

　　簡·布里格斯描寫的因紐特人肯定沒有讀過這些古希臘哲學家的著作，但他們也極其看重從容泰然。在他們的文明中，一個獨立的成年人，就是在北極的種種生存考驗中能夠用自己的「imhua」（理智）成功控制心情起伏的人。

　　亞里斯多德（從事且自行選擇造福於人的事業）、塞內卡和愛比克泰德（從容泰然）對於幸福的定義的區別也許就源自他們不同的生活環境。亞里

斯多德以自由的身份生活在一個自由的國家裡，先是柏拉圖的學生，然後親手創立了一個哲學學派，之後又成為了亞歷山大大帝的思想導師。誰都能理解他一定會在事業和自由中找到幸福。然而，塞內卡就沒有那麼幸運了。起先，他有著輝煌的事業，但後來卻受到了瘋狂的獨裁者尼祿（Nero）的折磨（要知道，他可是尼祿的思想啟蒙老師！可見教育並不是決定一個人品性的唯一要素），被後者勒令自殺而死。至於愛比克泰德，他原先是奴隸，長期遭受主人兇惡虐待，很多年後才獲得自由身。毫無疑問，在面對敵對且無法預見的境況時，後兩位哲學家領悟到：從容，或其更高形式——超脫，才是最能減輕人類不幸的人生態度。

以上四種幸福的狀態可以分成兩大類：根據其決定因素來自外部還是內部，幸福被分為激動的和平靜的兩種狀態。當然，這兩種類別之間並沒有嚴格的界線。比如，當人在參與他認為有用的活動時感到高興，從而獲得了「內在」的幸福，這樣的狀態其實也依賴於一些外部客觀因素：若你此刻失業，或正受牢獄之苦，那麼就會很難體驗到這種幸福；若你為了糊口而不得不接受一份不喜歡的工作，那麼結局也是一樣。

亞里斯多德強調的是自由選擇的職業帶來的幸福。他認為，奴隸是幾乎體驗不到幸福的，因為他的「職業」和人生目標都不是自己選擇的，而是被他人界定、強加的。不過，他不會想到，兩個世紀之後，身為奴隸的愛比克泰德創立了超越所處環境的幸福觀。

幸福的四種狀態

	基於外部條件的「外因」幸福	基於自身的「內在」幸福
激動	喜悅 例如：肉體快感、節日歡慶 常見用語： 「真開心啊……」	從事一項有目的、有意義的事業。 符合亞里斯多德的「幸福論」（Eudemonia），例如：在喜愛的事業上取得進展 常見表現： 在工作中吹起了得意的口哨
平靜	心滿意足 例如：為自己所擁有的滿足高興 常見用語：「這對我來說足夠了。」	泰然，從容 例如：無論成功還是失敗都保持從容、平靜 常見用語：「生活本是如此。」

在聚焦工作壓力的一些現代研究中，我們常常可以見到亞里斯多德理論的影子[18]：你若想要活得幸福，職業就要與你的價值觀相符、與個人目標相關，並要在工作方式上保有一定的決策自由。遺憾的是，並不是所有職業都是如此。

然而，我們都是如此強烈地希望從事有目的的職業，以至於有些人甚至是在被嚴重剝削的狀況下找到了工作的意義，或是在最一成不變的枯燥工作中創造出了自己的工作方式。

你是否對這四種幸福的狀態有所感觸呢？你是否發現自己更符合其中的某種狀態？這很有可能，因為我們對幸福的體驗也取決於我們的個性。

工作能帶來幸福嗎？

不管怎麼說，我們都可以如此期待，畢竟理想狀態下，工作可以讓我們體驗到幸福的四種狀態：

- ◆ 感受喜悅：在節日、成功時，與工作夥伴們一起慶祝。
- ◆ 投身於事業：此項事業對你而言很有意義（此意義視個性而定，可能是出色完成工作帶來的意義，也可能是追逐權力的意義）。
- ◆ 滿足感：感覺到自己從親手所做的工作中獲得了預期的回報。
- ◆ 從容不迫：在職場上以從容平靜的心態面對各種大大小小的突發狀況。

人的一生中，在工作上體驗到幸福的機率有多大，不僅取決於他人提供的客觀條件，同時也取決於你個人從各種境遇中汲取精髓的能力。

米蘭・昆德拉（Milan Kundera）的《生命不能承受之輕》（The Unbearable Lightness of Being）中，男主角湯瑪斯是一名著名的醫學專家及外科醫生。1968 年的「布拉格之春」中，湯瑪斯犯下了政治錯誤，寫信批評共產黨。當俄羅斯掌控了捷克的政權後，他被免職了。由於找工作實在太困難，他成了一名玻璃清潔工。起先，湯瑪斯經歷了一段抑鬱時期，但他之後漸漸高興起來，因為這項工作並不需要承擔什麼責任，而且可以藉機認識很多女人，並發展各種戀情。

幸福與個性

在我們的另一本書《如何管理問題性格》（Comment gérer les personnalités

difficiles）中，我們將人類的各種個性分類進行了概述。如今，心理學家們仍在不斷探索這一主題，其中有一種全新的個性評估方式正在慢慢被全世界的學者接受，即「大五類」人格，俗稱 Big Five [19]。

在收集了世界各地不同語言中用來描繪個性的詞語之後，專家們按照它們的使用頻率進行分類，最終得出了一個結論：世界上任何地區的人的個性都可以用五大指標來表示。

所以，我們每個人都可以透過一系列測試進行自我個性測評，根據這五大指標中每個指標獲得的分數瞭解自己的個性。

大五類人格

每個人的個性在五大指標中都位於最高點（高：↑）和最低點（低：↓）之間。他在每一類中獲得的分數高低即對應該類別中的相應描述。

大五類人格：你在每一類中分別處於什麼位置？

開放性 ↑ 有想像力，喜歡變化和創新，對他人的價值觀持開放態度	開放性 ↓ 聚焦當下，喜歡常規狀態，興趣面較窄，相對保守
自制性 ↑ 高效，一絲不苟，結果導向，集中力強，三思而後行	自制性 ↓ 時常準備不足，不看重結果，注意力易分散，彈性散漫
外向性 ↑ 友善的，交際性強的，自我肯定，偏愛刺激性活動，熱情的	外向性 ↓ 遵守規則，喜歡獨處，不愛表現，動作慢條斯理，不喜歡刺激性活動
利他性 ↑ 信任他人，開放的，樂善好施的，助人和解，謙遜的，容易被感動	利他性 ↓ 懷疑他人，有所保留，計較付出的幫助，自視高人一等，較為冷漠
情緒的穩定性 ↑ 放鬆的，隱忍的，不容易氣餒，鮮少陷入尷尬，善於處理壓力	情緒的穩定性 ↓ 憂慮的，易怒的，容易氣餒的，經常陷入尷尬，顯得壓力重重

當然，若想要獲得更加客觀、詳細的結果，我們建議你去做一次特別為大
五類人格設計的個性測試。

你在五個人格類別中的分數將顯示你更偏好哪種幸福狀態，從而進一步確
認研究的結果，特別是在喜悅和外向性、滿足和自制性之間的關係[20]。

個性元素和幸福之間的關係

個性中的首要元素	特別在意的幸福類型	典型人物
開放性↑	發現新事物時的喜悅	丁丁
自制性↑	投身於事業，達成目標時的滿足	內斯特
外向性↑	喜悅	保險推銷員喬利恩、女高音卡斯塔菲爾
利他性↑	滿足感，人際關係中的幸福	奧利維拉先生
情緒的穩定性↑	從容	泰然圖納思教授／反例：阿道克船長

不過，大五類人格有趣的地方正在於針對個人個性中**數個元素之間的變化
對應**。例如，圖納思教授在情緒的穩定性一類分數很高，但他的開放性也很
強。我們從他在各個領域做出的新發明就可以看出端倪。他的自制性也不
錯，畢竟長時間的研究需要自控能力的支撐。

丁丁是開放性的代表人物，利他性也很強。他很容易感知他人的痛苦，也
很享受和諧的人際關係。

至於阿道克船長，他的易怒、易興奮、易氣餒的表現應該給他的神經質
（情緒穩定的反面）打上高分。他的嗜酒並不是偶然的，因為酒精會在負面

編註：典型人物的範例皆出自知名比利時漫畫《丁丁歷險記》（Les Adventures
de Tintin），主角丁丁（Tintin）是一個具有正義感、冒險精神的記者，故
事由他在世界各地的冒險組成。

情緒上產生很強的麻痺作用。不過，阿道克船長的利他性得分很高，一旦遇到不平，便會出手相助。

此外，我們也可以把主要幸福狀態與年齡層作一聯繫。

用年齡看幸福

青少年	青壯年	成熟	老年
喜悅 世上萬事皆遊戲、消遣而已	亞里斯多德幸福論 事業中的幸福：不斷追求目標	滿足 看重所擁有的一切	從容 波瀾不驚，追求泰然處之的境界

如何成就幸福？

> 有人為幸福而生，
> 也有人為不幸而生。
> 我只是運氣不好罷了。
>
> ——瑪麗亞‧卡拉斯（Maria Callas）[21]

許多年前，法國已故諧星哥魯士（Coluche）有一個段子：「又有錢又健康，總比又窮又病的要好。」那麼，金錢和健康是幸福的決定因素嗎？我們的幸福是否更取決於我們的性格和看待事物的方式？現代研究正嘗試解答這些問題。

如何測量幸福？

幸福是一個重要的主題，但很難進行研究。心理學家們長期以來都試圖徹底揭示其真義，但始終無法給出確切的定義：幸福究竟是一種「主觀的美好體驗」，還是「喜悅時刻的總和」，抑或是一種「正面的心情狀態」？為

了一直幸福下去，為什麼不直接把大腦某個陰暗角落裡的內啡肽徹底釋放呢？大部分心理學著作都認為，幸福（他們更偏向於稱它為「主觀的美好體驗」）是以下兩大因素綜合後的成果[22]：

◆ 滿足的程度：對生活各方面都感到滿足（如：「你對你生活中的事業、家庭、健康等各個方面都滿足嗎？」）。這裡關注的是個人對其目前生活的判斷，尤其是他的期望與實際生活之間的差距。

◆ 情緒的真實體驗：在幸福的問題上，就是探討正向情緒出現的頻率（如：「上個星期，你的某種情緒是經常出現，還是出現了幾次，還是沒有出現過？」）。有些書的作者稱其為「享樂程度」。同時，令人不適的情緒（悲傷、憤怒、焦慮、羞恥等）的產生頻率也被考慮在內。

研究表明，這兩大因素簡單來說就是滿足度與情緒。它們的區別很明顯，但有時也會有所關聯。比如，僅憑直覺，我們就可以推測，當一個人對生活的各方面都感到滿足時，他就更傾向於經常保持愜意的情緒。不過，我們會看到，事實並非如此簡單。

諸多研究證明，正面情緒對幸福有著重大的影響。

我們每一天的每個時刻，都會感受到正面或負面的情緒。好消息是，大多數人都更傾向於懷有正面的情緒。比起正面情緒的強烈程度，幸福更多地取決於這些情緒的產生頻率，因此，可以說，許多小小的幸福時刻勝過了一兩場痛快的狂喜。事實上，那些更容易變得特別喜悅的人同時也更傾向於產生同樣強烈的負面情緒，而這同樣會反映在他生活的美好程度上。這就印證了一位百歲老婦人對自己一生的評語。她認為，自己相對來說度過了「挺好的一生」（其實，來自東歐的她曾親歷戰爭、訣別、親友的故去，還有流放），她說道：「當然啦，確實是沒有多少特別重大的幸福，反而時常伴有各種不幸，但是，有太多美好的時刻了！」

　　儘管這一領域的評量有些困難，但諸多研究仍然關注在某些特定因素是否影響幸福。我們將用快樂的心情一一作出分析。

幸福：差距（Gap）理論

世界上只有兩種悲劇：

一是求之不得，二是得償所願。

——奧斯卡‧王爾德（Oscar Wide）

你是否曾思考過以下三種差距？

◆　想得到的和已擁有的之間的差距

◆　你目前的處境和以前最好的處境之間的差距

◆　你擁有的和別人擁有的之間的差距

　　根據研究，這三種差距在自我的幸福評估上具有決定性影響[23]（方差達 38%——給喜愛統計學的朋友們）。

　　這些差距可能會讓人懷疑，決定幸福的是否是外部條件，並且，人是否只有當擁有了所有想要的事物以後才會幸福？

　　但是，請注意，以上的差距都是我們個人感知到的差距，而且我們的個性在評估幸福的緣由、達到幸福，以及對別人心懷羨慕時有重要作用。

有關幸福的傳統觀念及真相

這些並不重要——

年齡

有些研究稱，幸福會隨著年齡的增長而減弱。但這種說法是片面的：研究靠的是統計喜悅發生的次數，而喜悅是一種「激動」的幸福狀態，無疑在年輕人中更為常見。同樣地，若我們按照人對生活的滿意度來測算平靜式幸福的次數，那麼結果就可能是幸福隨著年齡而增加 [24]。不過，在推崇年輕及「年輕樣貌」的社會，可能會使年紀漸長的人們不再滿足於成熟帶來的快樂，也會慢慢降低自己的滿足感。所謂的「中年危機」常常是源於想要重拾年輕時代的快樂的欲望：人們開始穿年輕人的衣服，買跑車，或重新追逐激情四射的愛情。

金錢

> 窮人們都想錯了，
> 錢並不能使富人幸福，
> 但富人們也想錯了，
> 它確實能讓窮人幸福！
>
> ——讓・端木松（Jean D'Ormesson）

許多研究都顯示，生活主觀的美好程度與收入成正比 [25]。然而，金錢的效力似乎在貧窮的人們身上更為明顯。對他們而言，金錢可以使他們的生活發生翻天覆地的變化，從悲慘無比變成不缺基本的日常所需，從此就有了住處、財物、健康和融入社會的可能。當人的收入超越最低貧窮線越多，金錢對幸福的影響力就會越來越低。此外，一個國家整體收入的增加並不會讓幸

125

福的指數上漲。這無疑是因為人們認為彼此收入的比較、差距也很重要。今天，一位法國工人的生活水準比起 1950 年代的同行要高得多，但無論是與如今的其他職業相比，還是單看收入本身，他的收入都屬於所有行業中最低的。我們所處的相對社會地位，和財產的絕對價值同樣重要[26]。不過，也有許多研究表明，經濟水準最高、公民權利體系最發達、文化建立在個人主義至上的國家，同樣也在主觀生活美好體驗上有著最高的平均水準[27]。

重要的是：健康

健康水準——尤其是個體對自身健康的感受——影響著幸福。但當這種健康水準轉變成了由醫生診斷的客觀健康狀況時，健康與幸福之間的關聯就會減弱。這並不奇怪，因為傷心、快樂等情緒會使你改變對自己的健康和幸福感的評估方式[28]。所以，有些「想像患病」的病人可能真的會得病，同時處在不幸福的狀態下。另外，嚴重的健康問題在發生後的最初幾個月裡似乎會對生活產生尤其重大的影響，比如，一下子變得虛弱無比的病人就像是永遠失去了幸福的可能般消沉。不過，在那之後，他們的幸福感會慢慢回升，恢復到與患病之前接近的水平（通常較之前稍低）。總的來說，病人或因事故殘疾的人的幸福水準要低於健康人。但是，在相同的健康狀況下，幸福將取決於一個決定性因素。

特別重要：個性

我們已經知道個性對於尋找或感覺到的幸福品質有很大的影響。但同時，它也影響著我們感受到幸福整體水平高低。不少研究都證實了這一點：外向性和情緒的穩定性增加了感受幸福的機會，開放性的效應則相對較小[29]。這些都是源於不同的身體機制。如果你很外向，很可能你心理、生理上都對讓人高興的事情比較敏感，在同樣的情境中會比他人更能體會到幸福感。同時，你也可能比別人更有機會體驗類似的情緒，因為你會比他人更熱切地尋找或製造讓你幸福起來的機會。至於情緒穩定性高的人，他們本身具有一種

能力，可以減輕負面情緒對整體幸福感的影響。當然，不論你的個性如何，你的幸福感還是會被失敗或成功影響，但在適應力的幫助下，幸福感會回到原先的放鬆水準。我們的個性都決定著這個初始放鬆水準。每個人的放鬆水準都不同，並且會在我們適應某次成功或失敗以後回到初始狀態。

重要：婚姻

> 有本質良好的婚姻，
>
> 裡頭卻不存在美滿甜蜜。

—— 拉羅什富科

拉羅什富科也許很有道理，不過，一些研究也顯示，已婚者一般比單身人士更加幸福；即使研究對象中已經包含了應該會使平均降低的不幸婚姻[30]。

但是，這裡還是要注意，人與人之間的關係很複雜。在到達某個年齡後，你所處的文化背景中大多數人紛紛結婚而你堅持單身的話，說明可能有其他的個人因素在影響著你的幸福感。

宗教信仰

許多研究紛紛證明，有宗教信仰並付諸實踐的人一般都更幸福，且比無信仰者患精神疾病的機率要低[31]。宗教信仰對精神健康的影響是一個值得探索的領域。宗教會以幾種不同的機制產生作用：信仰（支援從容泰然的處事方式），對某個支援你的團體有歸屬感，重視有規律的生活習慣（提倡滿足感）。

請注意，這裡仍然在談大多數相關人群的一般情況，不能排除某些特殊案例和某些激烈、極端的宗教的存在。

事業

並不奇怪，正如亞里斯多德所想的那樣，投身於事業中的人通常比沒有工

作的人更為幸福，尤其是當他們的事業與個人的目標和價值觀相符時。公共組織或志工的工作會像其他職業一樣帶來幸福感。失業之類迫使某人進入無工作狀態的情形自然會對人們的生活美好程度產生負面影響，甚至可能引發心理障礙。

親友及親密關係

根據一些原本與幸福並無直接關聯的研究，心理學家們在通常所稱的「社會支持」和「壓力狀況下的適應力」之間找到諸多關聯[32]。

社會支持包括四個組成部分：

◆ 情緒性支持：在你失去親愛的人後，一位朋友前來給予安慰和同情。

◆ 尊重性支持：你感到被欣賞、被接納。

◆ 資訊性支持：一位親戚告訴你他買電腦的經驗，或轉告你一個工作機會。

◆ 物質性支持：你的岳父母／公婆把房子借給你住，或幫你照看孩子。

這些例子都清楚地說明，在不同的挑戰下，不同支持的重要性會相對改變。總體而言，內心「感受到」的社會支持比外界衡量得出的「客觀」支持更有助於緩解壓力。社會支持的水平與密集程度同樣受到各種因素的影響，包括個性、環境、歸屬人群等。

幸福由環境決定還是由個性決定？

顯然，以上這些幸福的因素是相互影響的：你的健康影響事業、你的個性

影響尋找另一半的能力，也影響著你對高壓狀況的適應力、創造愉快狀態的能力、走向事業成功的潛力，以及欣然接受成功或貶低、無視所獲成功的可能性。

不過，雖然個性有一部分是由基因決定的（資料表明，在個性的不少方面，基因影響層面超過一半），但你童年時的環境也必然會影響你的個性成長。

當代對幸福的研究常專注於個體外部的環境與該個體性格之間的相對重要性[33]。若你認為環境對幸福有著更大的決定作用，那麼你就屬於「自下而上」（bottom-up）派的支援者；若你認為個性才是決定幸福的首要因素，那麼你更贊同的是「自上而下」（top-down）派理論。「環境決定幸福」的支持者們援引了各種研究成果，總結道：「滿足與幸福，來自集合了大量幸福時刻或幸福條件的生活，而這些幸福時刻或條件存在於不同的方面：家庭、夫妻關係、收入、工作、居住地等等[34]。」相反，支持「個性決定幸福」的人們則引述了其他研究結果。這些研究顯示，受試者對正面及負面情緒的評分（加上對生活滿足度的自我評估）在受試期間幾乎沒有明顯變化，無論在這幾個月或幾年間環境如何改變。他們認為：「幸福的人之所以幸福，是因為他們在任何境遇中都能找到快樂，而不是因為他們遇到的事情或環境比他人更稱心如意[35]。」

總之，哥魯士的名言可以這麼擴充：「若要幸福的話，最好你既外向又情緒穩定，還已婚，有工作，有信仰，沒有經濟困難（非富有），沒有重大健康問題，生活在民主國家。」悲觀主義者會說，這樣一來，90% 的地球人都被排除了；樂觀主義者會借研究數據稱，大多數人都覺得自己是幸福的[36]；懷疑論者們則會認為，評估幸福是不可能的。不過，在這些決定性因素之外，是否有可能通過一些努力，增加你的幸福感？我們認為這是可能的，而這也是我們作為精神科醫師和心理學書籍作者的意義。

往幸福的路上，先問問自己

別擔心，快樂點。

（Don't worry, be happy）

——博比·麥克費林（Bobby McFerrin）

自人類使用文字開始，無數書籍都試圖創造獨家的幸福秘籍。從《尼各馬科倫理學》到東方的哲學巨著，再到最近上架的「個人發展」類暢銷讀物，我們從來都不缺少指點。在茫茫書海裡，我們當中的某些人已經找到了與自己最為契合的那一本，作為困境到來時的明燈反覆閱讀。

相較於繼續提供各種指導，我們更傾向於提出一些問題供你思考，而這也是我們在心理治療時最熟悉的工作內容之一。

這些問題旨在幫助你打開思路，更清楚地看到你個人是否正處於幸福狀態中。我們建議你用書寫的方式記錄你的答案，幫助你進行深入的思考。你也可以和其他人一起做這個練習，別人的觀點通常會為你自己的思想帶來啟發。

那麼，就請你拿出紙筆，回答以下的六大問題：

現在，什麼事會讓你更加幸福？

你是否已經對心中嚮往的幸福有清晰的概念？還是目前沒有時間思考這個問題？另外，你在乎你的幸福嗎？若不在乎的話，這樣的漠視是出於什麼原因？不過，你也可能覺得自己已經是個幸福的人了，那麼，你希望這樣的幸福長久地保持下去嗎？追求幸福，是否是一件毫無意義、自私的事，且反而意味著永遠求之不得？

使你更幸福的事，是有可能實現或獲得的嗎？

你與幸福的夢想之間是否被巨大的障礙阻隔？你對於這個夢想的期待是否合理？你的幸福夢想是你的年齡常見的嗎？還是你更想獲得比你年輕或年長之人通常期待的幸福？

你理想中的幸福更接近於哪種類型？

是充滿了喜悅、不時發生些有趣事情的快樂生活，是讓你實現理想、意義遠大的畢生事業，是輕鬆舒適、無憂無慮的生活帶來的心滿意足，還是心中無懼、不為欲望所累的泰然自若？你曾經最幸福的時刻是怎樣的？

在心理學中，過去的經歷對未來有著一定的預示作用。曾經讓你幸福的情境在將來重現時仍然可能再度帶來幸福，當然，它的表現形式可能會不同。不要忘記，無論你親近的人和這個社會建議你追求怎樣的幸福，你最願意接受的幸福類型，很大程度上還是由你的個性和年齡決定的。

你曾經錯過哪些幸福的時刻？

你是否在幸福溜走之後才意識到它來過？你是否曾錯過幸福的時刻？如果是的話，那時的你是因為有罪惡感才錯過的嗎？還是因為你正在羨慕著比你更富有的人，期待著更大的幸福感，所以完全沒有注意，或並不滿足於眼前的幸福？在這一點上，過去對於未來也有著預示作用，所以，請注意，不要再因為同樣的原因和你將來的幸福擦身而過了。

使你更幸福的事物，是否操之於己？

如果讓你更加幸福的事物取決於你自己，那麼為了實現它們，你會怎麼做？若情況相反，你又會怎麼做？如果讓你幸福的事物不取決於你，那麼在等待它發生的過程中，你會用什麼樣的方式讓生活更加幸福？

在提出這些「調查」式的問題後，我們想特別建議你：千萬不要錯失生活

中點點滴滴的幸福時刻。它們非常重要，請在遇到時用心珍惜，無論其發生背景是悲是喜。

有這樣的一個人物為我們完美地詮釋了何謂在最艱難的環境中追尋幸福——亞歷山大・素忍尼幸（Alexandre Sojenitsyne）的作品《伊凡・傑尼索維奇的一天》（Une journée d'Ivan Denissovitch）中的主角舒霍夫（Choukhov）。舒霍夫是一個普通的俄羅斯農民，他被流放到了西伯利亞的勞改營。小說記錄了他的一天：

> 舒霍夫心滿意足地入睡了。他這一天非常順利：沒被關禁閉，沒讓他們這個小隊被趕去建「社會主義生活小城」，午飯的時候得到了一碗粥，……砌牆砌得很愉快，搜身的時候鋸條也沒有被搜出來，晚上又從凱薩那裡弄到了東西，還買了煙草。也沒有生病，就這樣挺過來了。
>
> 一天過去了，沒碰上不順心的事，這一天簡直可以說是幸福的。
>
> 懲處歲月裡，這樣的日子他從頭到尾應該過了三千六百五十三天[37]。

第五章

悲傷
La tristesse

我的心中倏地湧上了什麼，

我閉緊雙眼，呼喚著它的名字：日安，憂鬱。

——弗朗索瓦絲·莎岡《日安憂鬱》

（Françoise Sagan, *Bonjour tristesse*）

精神科醫師拆解七種支配生活的基本情緒

　　有一天，雄鹿告訴小鹿斑比他再也見不到母親了，因為她已經被獵人所殺。許多觀看電影的孩子（包括一部分父母）剎那間淚眼矇矓。

　　有些小朋友從此便拒絕再看《小鹿斑比》（Bambi），甚至不願再提起，以免再度陷入這種深層的悲傷。孩子與母親分離的悲傷，長久以來深受人類學家和心理學家的關注。

　　當我們漸漸成人，就會感受到其他形式的悲傷。接下來，我們選擇了三則案例，它們分別提出了幾個關於悲傷的重要問題，我們將在之後一一解答。

　　薇若妮克，三十二歲：

　　　　我都不敢承認，比失去親人、事業慘敗更讓我悲傷的，是情傷。對我來說，這是人生中最大的悲傷了。我有一段不怎麼特別的經歷，簡單來說，就是我愛得死去活來的男人拋棄了我。之後，整整兩年，我每天都活在悲傷中，而且這種悲傷沉重到滲透我生活的全部。那時，我覺得我無法再正常生活了。最糟糕的是，我的女友們起初都十分同情，但最後都忍不住罵我「沒出息」，說這種男人根本不配我為他傷心，有的甚至懷疑我是不是太誇張了。於是，我就再也不提這事了。

　　薇若妮克的例子是一種持續性的悲傷。但在這個例子中，她的悲傷是否還符合情緒的定義，屬於「發生時間短」的反應？事實上，專家們承認，悲傷作為一種嚴格意義上的情緒，其反應是短暫的。但這一短暫反應會自動延長，以至於產生一種悲傷的狀態。當傷心的人再次回顧自己的失落時，這一狀態就會因悲傷情緒的一再爆發而長期不斷地持續下去。

　　不過，薇若妮克的故事也提出了另一個問題：她究竟是懷有單純的悲傷情緒，還是有憂鬱症狀？（精神科醫生都會對這樣的描述格外警覺：「對我而言，一切都沒有意義了。」）我們要如何辨別悲傷和憂鬱呢？

　　居伊，四十三歲：

最近讓我最傷心的經歷，是在看一部關於門格勒醫生（Dr. Mengele）[1]的紀錄片時。他在奧許維茲集中營做「醫師」的時候殘害了許多人。片中說，門格勒在戰後和一群同為納粹的朋友在南美洲過著舒服的日子，有的做起了生意。他們躋身上流社會，常常光顧劇院⋯⋯紀錄片在這些鏡頭之間穿插了數段人物專訪，這些人在奧許維茲時都還是孩子，如今一一現身講述那些令人痛徹心扉的悲劇。四十多年過去了，我們卻能感覺到他們依然被過去的經歷折磨、糾纏著。劊子手和受害者的命運竟有著如此大的差別，這讓我整晚都悲痛不已。我感覺到了一種對生命、對世界的深切悲傷。時不時也感到了憤怒。那晚，我不得不靠安眠藥入睡。

居伊的悲傷源自同情心，即能夠為他人（甚至是陌生人）所受的痛苦感到悲傷的能力。他的例子也告訴我們，在許多情形下，悲傷會摻雜憤怒，而這一憤怒可能針對他人，也可能針對自己。

此外，我們還可以從此例中看到，由某起特定事件（一部紀錄片）引發的悲傷心情可能會波及生活，以至於我們眼中的一切（生命、世界）都被悲傷所籠罩。

弗朗辛，四十三歲：

關於悲傷的記憶？應該是我賣別墅的那段經歷吧。那時，我們的經濟狀況已經沒法繼續維持房子的開銷了，丈夫幾度失業，好不容易找到了一份工作，但薪水比幾年前要低得多。不少買主都對房子很感興趣，但好幾次我在帶他們看房的時候都會暫離，藉口去洗手間，其實是偷偷地流淚。房子早已空空蕩蕩，但每一個角落都有著我們最幸福的回憶：那時，孩子們還和我們住在一起，朋友常來拜訪，丈夫也高高興興、幹勁十足。

　　這樣的悲傷是由過去的幸福經歷所引起的，是一種懷舊（nostalgia）。在希臘文中，「懷舊」一詞由兩部分組成——nostos，即回到過去；algos，即痛苦。該詞在西方原指對故鄉揪心的懷念，後來詞義經過引申，不再單指某地，亦指某段幸福的時光。弗朗辛同時也提到了丈夫的悲傷，而此悲傷無疑是由他事業的挫敗造成的——這種苦惱不僅是現代人痛苦的主要原因之一，也是古代的狩獵採集者們看重的痛苦源頭，因為它意味著某人在社會的地位下降。總之，弗朗辛的悲傷中含有的懷舊情感對我們來說都不陌生，那就是我們對年少時代的懷念。

悲傷的起因

> 我的尤麗黛西，我失去她了，
> 世間怎會有如此的不幸；
> 殘忍的命運啊！你為何置我於此？
> 世間再沒有更大的不幸！
> 就讓我沉淪於痛苦至死！
>
> ——《奧菲與尤麗黛西》（Orphée et Eurydice）

　　前文提到的三個事例可能會讓你有些傷感，但你也許注意到了，這些悲傷的情緒都有著同一個起因——缺失。當然，根據失去的事物在你眼中的價值，傷感的持續時間會有所不同：丟失最喜愛的鋼筆，你大概會傷心幾小時；失去事業上的希望或政治上的夢想，你的傷感也許會持續幾年；最愛的人亡故，則可能會讓餘生都在憂傷中度過。

　　在某些情況下，幾種缺失會纏繞在一起。比如，當兩個人離婚時，除了要與自己也許依然愛著的人分開以外，還要失去曾經帶著強烈情感投資的東西（如住宅、物品），另外也可能導致個人地位的失落（變成「被拋棄的

人」）。若是再加上不得不與親生的孩子疏遠，或自己先前以家庭為重的價值觀被徹底破壞，那麼情況將更加糟糕。

導致悲傷的缺失類型

缺失類型	事例
失去所愛之人	一因遠赴他鄉而分別 一因糾紛而與朋友從此疏遠 一戀情終止 一親近之人亡故
失去珍貴物品	一某件珍藏信物被丟失或遭損壞 一永久離開已有深刻感情的居住地 一個人心血毀於一旦 一災難摧毀了長期居住的房屋
失去身份地位	一考試失利 一受團體排斥 一請求升職被拒 一衰老（尤其在崇尚年輕的社會中） 一因事故變成殘疾 一失去自由
失去價值／目標	一政治夢想破滅 一事業理想破滅 一長久以來付出的努力與汗水沒有任何收穫 一感到個人價值觀受挫（那些混蛋居然比所有人過得好）

文學作品中的悲傷

在各式各樣的精彩小說中，極少有作品不加入悲傷的情節，也就是說，絕大多數都會包含分離、失敗和死亡的元素。一方面，這無疑是因為所有人都無法逃避它們的發生；另一方面，這些偉大的作家中也少有樂天派[2]，不可

避免地會從痛苦的經歷中汲取靈感。

不過，有些作品看起來則像是刻意堆積悲傷情節，例如著名的《苦兒流浪記》（Sans famille）。作者埃克多‧馬婁（Hector Malot）講述了十九世紀末，棄兒小雷米在歐洲顛沛流離的流浪生涯。小說開篇便描寫了一系列的缺失和分離：

> 雷米發現他的貝爾蘭媽媽並不是他的親媽……而且，當他還是嬰兒的時候，就被遺棄了。
>
> 雷米被養父賣到了維達理老爺的戲班子裡，從此離開了養父一家。
>
> 維達理入獄，雷米被迫與維達理分開。
>
> 維達理出獄，重新啟程；雷米離開好心的米利甘一家。
>
> 暴風雪導致一系列悲劇：戲班裡的猴子「小寶貝」最先死去，隨後母狗多爾絲和日比洛為保護雷米不受狼群攻擊而被咬死。
>
> 最後，維達理被凍死。
>
> 雷米被種花人一家收養，但由於一家之主被捕，全家離散，雷米被迫離開，與小麗絲分別。
>
> 小說的第二部分中，一切都得以好轉。雷米戰勝了一系列考驗，不斷成熟，最終與生母重聚，並娶麗絲為妻……

出人意料的是，埃克多‧馬婁本人的一生幾乎是一帆風順，成功不斷，家庭幸福[3]。而且，他的《苦兒流浪記》常年高居兒童暢銷書榜，影響了好幾代人。該書曾被改編成動畫片，也曾數次被搬上大銀幕，就連日本人都將雷米跌宕起伏的生活畫成了漫畫，使人們隨著書中的人物一起流淚、一起歡笑（不過，奇怪的是，日本漫畫中的雷米變成了女孩）。

這部作品能夠獲得全球性的成功，恰為文化主義理論的支持者們帶來了佐證：藉著現代媒體，全世界的人們，特別是孩子，習得了同樣情境下相同的情緒反應。

但我們更同意演化派學者的觀點。他們認為，某些文學作品能在全球成功，證明它們能喚起了各地人們天生具有、普遍存在的內在情緒。根據他們的觀點，孩子們之所以會被《苦兒流浪記》深深吸引，原因就在於它勾起了幼兒內心與生俱來的一種極大恐懼——被拋棄。與此同時，這部作品用一個男孩成功克服恐懼的經歷為孩子們帶來了安慰。

人為什麼會流淚？

眼淚的產生原因至今仍是一個謎。專家們只對它的觸發條件有所共識，即悲傷或極度喜悅之時。但為何它們觸發的是淚水呢？

達爾文認為，淚水是眼周肌肉非主動收縮後壓迫淚腺而產生的。眼周肌肉的收縮是為了保護結膜（俗稱「眼白」）血管不受動脈壓力驟增的危害，在人咳嗽和產生強烈情緒（如悲傷、喜悅或暴怒）時都會發生。

這一解釋聽上去很深奧，但已經被當今的眼科專家們證實了[4]。在某些情況下（如咳嗽、嘔吐），淚水很可能是某種反射性機制的「結果」，用以保護眼睛避免承受過大壓力。

然而，眼淚絕不僅僅是一種生理反應，和諸多面部表情一樣，它也具有溝通的功能，表達某人正處於悲痛中、需要他人幫助的信息。因此，它和微笑或皺眉一樣，都是一種生來就有的「信號」，目的是為了吸引幫助或憐憫。

關於淚水，還有一種化學性假設：它通過排出神經傳導物質或毒素，達到舒緩的效果。不過，對這一說法的研究並未獲得任何有說服力的結果[5]。

悲傷的表情

　　與憤怒、喜悅、恐懼一樣，悲傷也有一種世人普遍皆有、在任何文化及國家都可辨識的臉部表情。這一普世性很早就被達爾文猜中，而後為保羅・艾克曼所證實。

　　悲傷的臉部表情最明顯的表現為眉毛的向外傾斜，代表人物就是伍迪・艾倫（Woody Allen）。這一動作是由兩塊肌肉完成的，較小的是眉弓肌肉，較大的是額肌的內側部分[6]。

　　你可以試著讓眉毛這麼傾斜，但你會發現，我們當中的大多數人都是不可能刻意地做出這種標誌性的悲傷表情，由此更加凸顯了伍迪・艾倫的驚人天分。不過，如果你不費吹灰之力就做到的話，你可以讓你的父母或孩子也試試，因為這個特殊能力極有可能是遺傳的！

　　當這種悲傷的表情被強調至一定地步時，額頭的紋路就會扭曲成馬蹄形，或者也可以稱作希臘字母 Ω 狀。所謂「歐米伽憂鬱症」，指的就是精神科專家們在某些陷入深度憂鬱的患者中發現的症狀。

　　眉毛並不是悲痛時發生的唯一臉部變化，我們的嘴唇也會通過上下唇結合處（即口角）的下壓表達悲傷（由唇部三角區帶動）。網路聊天對話中用以表達傷心的表情符號就準確地抓住了這一點。

悲傷的作用

　　對演化論派而言，情緒對人類生存和成功具有重大作用。乍看之下，悲傷似乎是這一理論的反例，使人失去了對生活的衝勁，也讓人在面對艱難的生活時處於劣勢。然而，悲傷實際上有著幾種至關重要的功能。

悲傷教你避開類似的觸發情境 [7]

與痛苦一樣，悲傷會讓你明白什麼樣的情境是對你不利的，由此你便可學會在未來如何保護自己免受類似事件的傷害，或至少在可避免的情況下保護自己。總的來說，人會感到悲傷，也就能在愛護伴侶、維繫友誼、制定與能力相符的事業目標的同時，或多或少有意識地避開有缺失的情境。

在愛情關係中，分手帶來的悲傷可以讓我們學會選擇更適合我們的伴侶，也學會怎樣更尊重他們（但若曾因過於善良而讓前任輕視，便可能從此減少尊重）。

所以，悲傷有著和痛苦類似的教導作用：當人受傷後，會傾向於避免重蹈覆轍。這種教導作用與安東尼歐‧達馬西歐提出的軀體標記作用類似。

悲傷使你停止行動，反思自身過錯

佛洛伊德曾針對悲傷給出了一個觀點：「當我們在做自我批判時，會把自己描述為斤斤計較、自我中心、不真誠、太過依賴他人，彷彿付出諸多努力只為掩蓋自己天生的缺點。這可以是一種略為認識自我的方式；但我們唯一要提出的問題是，為什麼人不得不以深陷疾病的手段來觸碰這樣的真理[8]。」

雖然佛洛伊德此處談論的是一位患有憂鬱症的病人，但他的觀點裡肯定了悲傷帶來的清醒作用：它可以讓我們有更好的自我認知，並認清失敗的原因。（不幸的是，我們都看到，深度悲傷或憂鬱症患者中，這種覺醒並沒有帶來新的實質改變，而是轉向了放棄與絕望。）

在皮埃爾得知女友拋棄了他時，別人問他有什麼感受。雖然內心裡備受煎熬，但皮埃爾還是開了個玩笑：「噢，我挺好的，只不過接下來的六個月我都要一個人捧著微波食品看電視了。」

這個回答很幽默，但同時也代表了人們在遭遇失落之後產生的一種普遍反應──後退。後退可以讓人調整後振作起來，也會讓人重新審視自己的處

境。想一想，你之前是否用錯的方式反應了？是否選錯了交談對象？

從這個角度來看，無論是選舉失利、體育競賽準備不周導致的敗北、考試的失敗，還是戀愛以分手告終，悲傷都可以讓人「放手不管，轉身走人」，從而冷靜思考，作出恰當的決定。

悲傷會吸引他人的注意，引發同情心

雅克的妻子去世後，朋友們的反應讓他頗為吃驚：

> 和我關係最好的一直是一幫哥們兒，我們的互動有點「大男人」：我們的友誼最初就是從運動、泡妞和其他活動中建立起來的，彼此之間一直處於競爭氣氛裡。一開始我們在運動場上、追女孩的事上你追我趕，工作後就會互相比誰的工作好、誰的車更酷（所以我們買的車都稍微超出了各自的經濟實力）。我們之間就連聊天也要比一番，總喜歡互相諷刺幾句、取些搞笑的綽號，個個嘴上都不饒人。我有時覺得，外人要是見了，一定會覺得我們都是多嘴粗俗的傢伙，但其實我們都不是傻子。後來，我們都結婚了，也成熟了，但我們還是保持著這種交流方式；我們的妻子都覺得我們一個個傻得可笑。然而，我妻子的過世讓他們都像變了個人一樣。我妻子得的是突發性白血病，沒幾個月就走了。我整個人都被這可怕的悲劇擊垮了。這時，我的朋友們竟然私下商量好要聚一聚，好好談談心——這在之前從未有過。其中有幾個朋友甚至陪著我一起流淚。這些要在悲劇發生前我無論如何都想像不到。幸好他們在我身邊，有了他們的支持，我才可以振作起來。

一般情況下，他人是會感知你的悲傷情緒的，而你最親近的人或那些敏感的人還會產生同情心或同理心。即便你並非故意為之，你的悲傷還是會吸引他人注意，從而主動為你帶來情感或物質上的支持，幫助你儘快走出失落。不過，日常生活的現實和心理學家的研究顯示，悲傷的表達和他人的支持之

間並沒有必然的因果關係。

被安慰的需求，是否能夠得到滿足？

　　若只需要一哭就能被安慰，這將是個多麼溫柔的世界！孩子們如果擁有溫柔的父母，他們或許會在幼年時期這樣以為，但很快，生命就會告訴我們，我們被人安慰的需求是永遠不會得到滿足的[9]。

　　心理學家詹姆斯·科因（James Coyne）等人曾就「悲痛者」和「幫助者」的關係進行研究，研究報告中明確提出，他人是不可能為我們永久地提供安慰的[10]。整個互動關係分為幾個階段，研究對象包括夫妻（其中一人處於困境）、心理治療師和病人，以及其他職業或家庭範圍的互助組合。

　　在互動的第一階段，悲痛者所有的受傷跡象都會吸引幫助者以安慰、支持給予回應。這種互動讓兩者之間形成非常強烈的私密情感，可謂幫助關係中的「蜜月期」。所有精神科醫生在收治新病人時都會有這樣的親近感，而患者也會在這一階段感到終於被人理解，並對第一次治療非常滿意。相應地，醫生會因為自己獲得了病人如此大的信任而感到自我價值備受肯定。

　　一段時間過去後，如果悲痛者狀況未見好轉，幫助者的耐心和信心就會慢慢枯竭，內心也會越來越受兩種因素煎熬：一是其安慰者的角色，二是其脫離這種全身心投入式狀態的願望，但後者往往會讓他覺得在此階段是一種自私的想法。因此，他表達出的仍然是支持與安慰，但由於他開始掩蓋自己的疲倦和不滿，悲痛者便會感覺到「和過去不一樣了」。這時，悲痛者自己會產生內心的鬥爭：如果繼續表達他的悲傷，幫助者就會受過大的影響，並與自己保持距離，但掩蓋悲傷是與自己的感受相違背的，況且這種斯多葛（即自制）式的態度也許暫且能用假象讓幫助者安心，卻很可能在未來誘發問題。

145

隨後，雙方的負面情緒都不斷增加。幫助者會指責悲痛者未付出努力，於是變得像是在指揮對方，給出詳細明確的建議，同時強烈要求對方必須要達到最終的結果。悲痛者則會指責幫助者冷漠無情，並將對方給出的建議和要求視為羞辱性指令，從而進一步加深對幫助者的不滿[11]。

（這時，兩者的關係也許會隨著互相的疏遠而暫停，原因是雙方已對彼此失望，期待宣告破滅。）

接下來，雙方的關係極有可能在一種消極的競爭中漸漸惡化，兩人越來越傾向表達敵意。這種機制會自行保持下去，因為雙方日漸無法積極去做原本試圖要做的事情、忘記了最初建立關係時的目標。雙方都開始試著控制對方的行為，使用的方式也愈發粗暴：幫助者會強加限制性措施和最後通牒，悲傷者則回以越來越嚴重的拖延和／或攻擊性行為。

正如我們在後文的建議中所說的那樣，請謹慎表達你的悲傷，因為即使是最富同情心的人也有他們的底線！

在人類還過著集體狩獵、採集生活的時候（這段時間占人類歷史的95%），悲傷這一吸引他人同情和支持的能力曾非常有效。在那樣的背景下，個人的沮喪和悲傷極易被其他人察覺，很快就會引起相熟的安慰者們的注意。然而，在現代城市化社會中，一個獨立個體的悲傷情緒可能不會引起任何人的注意，於是就產生了悲傷——孤立——悲傷的惡性循環，最終造成憂鬱。

演化論派心理學家們認為，悲傷可能有在團體裡吸引他人注意的功能，但若不存在團體，情況會如何呢[12]？

悲傷會暫時保護你不受他人的攻擊

在爭執中，若失敗方明確表示承認失利，獲勝方一般不會繼續追擊，而悲

傷就是承認失敗的一大標誌。四十七歲的讓 - 皮埃爾是醫藥行業的一名銷售主管，他描述了自己的經歷：

> 我的小兒子傑洛姆今年十三歲，是個喜歡交際又善良的好孩子，但有些心不在焉，也不守規矩。因為國中二年級那年不夠用功，他剛被留級。我們給他報了暑期補習班，他也答應我們會好好學習。開學了，一段風平浪靜的時間過去後，我們收到了第一份成績單。我一看火氣就上來：他不僅成績很差，還被老師特別指出了他對待作業的態度「極其放鬆散漫」——這樣說已經是客氣的了。晚上，我在他的房間裡和他進行一場嚴肅的談話。我十分生氣，說了很多教訓他的話（這並非我一貫的方式）。起初他還想要爭辯，但後來他不說話了，扭頭看著窗外。我繼續批評他，直到我發現他竟輕輕地抽泣起來，滿臉的內疚與挫敗。我忽然無言以對，因為他從未如此，平時一直是一副愛開玩笑、自吹自擂的樣子。我坐到了他的床上，改變了語氣，不再說教，而是開始問他問題。於是，他向我承認，他自己也對這樣的成績非常失望。他現在已經意識到我們的擔憂，但他對自己的學習能力很懷疑也很困惑。我們談了很久，彼此都獲益良多。我想，倘若那晚他不低頭示弱、讓我看到他的悲傷，反而一直與我頂嘴的話，我們就不會談心，而會一直衝突下去。

當然，你也許會說，父親的態度之所以那麼快就軟化下來，是因為他面對的是自己的兒子。但是，悲傷在家庭關係之外也會產生保護作用，比如廣告設計師馬里耶勒接下來要分享的例子：

> 我們團隊裡有一個同事叫艾克特，我覺得幾乎所有人都很討厭他。他自命不凡，老是不把別人的想法放在眼裡，有時候還會語帶諷刺地嘲笑別人的作品。而且他反覆無常，有時神色陰沉、脾氣火爆，有時又變得開開心心、滔滔不絕。有些「毒舌」的人說他「把自己當藝術家呢」。

此外，我們感覺到他很渴望被人欣賞，但做出來的事卻讓別人討厭，幼稚得像個青少年。一天，我們在開會，他又用諷刺的語氣批評了一個實習女生的提議。那個可憐的女孩看起來非常受傷。我再也看不下去了，開始斥責艾克特。我跟他一一算帳，指責他把自己當藝術家，總以為自己高人一等，但根本沒實力，行事為人就像個寵壞了的小孩等等。我感覺得到所有人都贊同我說的。但是，艾克特竟然身子猛地一抖，就像我打了他一拳似的。他雙眼低垂，我甚至覺得他眼中帶淚。這時我意識到，他所有的態度可能都在掩蓋缺乏自信的事實。於是，我不再說下去了。之後的幾天，他表現得就像一條挨揍的狗一樣——這樣做也算是識相，從此大家就比較能夠接受他了。

　　悲傷的表達與憤怒的表達一樣，都可以被視為動物生態學家口中「儀式化爭勝行為」（ritual agonistic behavior，簡稱 RAB）的組成部分，意即同一物種的個體之間用以解決衝突的各種行為。我們曾經提到，事實上，同類基因的個體發生爭鬥，目的是為了保持或提升自己的地位，而非摧毀對方。（大多數情況下，爭鬥雙方都是雄性／男性，但在現代社會中，我們越來越多地看到男女之間，甚至女女之間為征服或堅守地位而戰。）

　　在動物界，同類基因的個體互相之間以儀式化的方式爭鬥，以避免不必要的傷亡。例如，多數有角動物的爭鬥是以角角相對的方式正面對決，而不會自相殘殺。它們從來不會用自己的角去側面襲擊、捅破對方的肚子，雖然這在生理上其實是可行的。

　　當爭鬥的某一方顯出頹勢時，他就會發出儀式性的投降信號（yielding subroutine）[13]，而這種信號在人類中也同樣存在，如姿態降低、態度謙恭（正如這些借代用語所說，敗者「低下頭顱」、「縮在一旁」、「一蹶不振」等）、像艾克特一樣避免眼神接觸，或像讓-皮埃爾的兒子傑洛姆一樣哭起來，甚至因難過而叫出聲來。

　　與此同時，戰勝方也會發出儀式性的勝利信號（winning subroutine），如

態度驕傲、下巴抬起、眼神鄙夷（一些專家認為，鄙夷也是一種基本情緒，具有代表性的臉部表情）。我們發現，人類還有一種普遍的儀式性勝利表達方式，即手臂半伸，舉起緊握的拳頭揮舞起來——全世界的運動員在取得決定性優勢時都會做出這一手勢。

儀式化爭勝行為的目的在於終結衝突，方式是在爭鬥雙方及圍觀者面前清楚地宣告誰是勝者（誰守住或提升了地位）、誰是敗者（誰沒有提升地位，或地位降低）。

當悲傷和屈服無法阻止攻擊

然而，你還是可能不幸地遇到這樣的人：你的悲傷和低頭反而激起了他們繼續攻擊你的欲望。我們認為，這種情形尤其會在對方不確定自己是否已經處於獲勝地位時發生，即他的自尊處於不穩定的狀態。因此，你的任何投降信號都不足以使他徹底確信自己的地位。

此說法看似在為這些「天性邪惡的施虐狂」辯護，實則有兩種常見的情形可以佐證。

首先是青少年的朋友圈。這個年齡層的人自尊尚不穩定，在他們之間經常會出現一種可悲的人：冤大頭。他／她是所有人頻繁嘲笑、羞辱、攻擊的對象。他／她受到的折磨周而復始，且持續很長時間，即便他／她明確表現出屈服和痛苦（甚至有人痛苦到自殺）。這種現象普遍存在於男性兒童和青少年中，實際上是一種在群體中建立階級和從屬關係的手段[14]。

由威廉‧博伊德編寫的英國電視劇《好球手差球手》（Good and Bad at Games）[15] 便是一個例子。在一間私立男子高中裡，幾個「帶頭」的男生對他們的同學考克斯施以越來越殘酷的羞辱，即使他已經無數次認輸求饒、叫苦不迭。成年後的考克斯成了一個被孤立的人，生活不幸。他開始醞釀一場報復行動……

在劇本的引言裡，博伊德提到了他少年時親眼目睹的霸凌事件，談起了一個男生怎樣被同學們虐待（雖不及電視劇中殘忍）了整整五年：

「他是個看上去挺弱的傢伙，臉色泛黃，姓吉本，所有人——包括我——都討厭他，雖然我完全不知道為什麼。有時候，一群人就這麼突然出現在他面前，把他桌子上的東西統統掀翻，還故意一個個走過去撞他；不過，他受的侮辱大部分還是口頭上的。他一個朋友都沒有，永遠都是一個人。他被所有人都瞧不起，甚至就連其他班級最不受歡迎的人都不願和他聯手，怕他把什麼毛病傳給他們。」

博伊德自問：「他雖然已經成人多年，但那五年對他該有多麼大的影響啊！我不覺得他現在會是一個活潑開朗、無憂無慮的人。」

這部基於真實生活改編的電視劇讓人注意到，當年輕男性的活動不受成年人約束時，他們可以殘忍到何種地步；那些自尊不穩定的心靈也可以變得非常無情。

米樹・韋勒貝克（Michel Houellebecq）的小說《無愛繁殖》（Les Particules élémentaires）中的故事更為駭人：在一所寄宿制學校裡，一群青少年費盡心思地折磨一個肥胖、笨拙的同學，甚至對他進行性羞辱。

人們常討論辦公室騷擾，但學校中的騷擾——通稱的霸凌，對一個尚未成形的人格產生摧毀性的影響，也值得同等重要的關注。一些研究已經指出，父母和教師大大低估了霸凌現象的嚴重性，因為孩子們一般都不敢開口。荷蘭即推行一項全國性的校園政策，分別給予教師、家長和學生建議，從而對類似的心理摧殘產生警覺、學習面對 [16]。

此外，悲傷的表達也無法保護你免受夫妻或工作中類似於精神虐待的折磨 [17]。因為在這樣的情形下，折磨你的那一方不會滿足於你的悲傷或屈服，他／她更希望你離開。

還有一種最糟糕的情況：一般用以使獲勝方停止攻擊的儀式化屈服，可能從來都不存在於對方的概念中。如同被隔離馴養的格鬥犬，即使對手發出求饒的信號，它們仍然會繼續攻擊對方 [18]。人類中的一些極端主義者和它們並無二致，其原因極可能是扭曲變態的教育背景。

康拉德・洛倫茨（Konrad Lorenz）[19] 指出，當動物身上擁有天然的致命性

格鬥武器時（如尖牙、利爪、犄角），同物種間的爭鬥會更為儀式化，因為若採取非儀式化攻擊，就可能導致物種的自相殘殺，最終自行滅絕。不幸的是，人類並沒有任何天生武器，只有一對可憐的拳頭和一排細碎的牙齒──這也許就是人類沒有發展出儀式化爭勝行為的原因。也可能正因如此，我們才會看到無視求饒、窮追猛打的街頭鬥毆。不過，人類的儀式化爭勝行為卻在體育格鬥（如拳擊、搏擊）和武術（如柔道、空手道）中得以重現：有限的擊打次數、詳細制定的暫停規則……奇怪的是，人類將這些看作文明行為，但它們其實只是動物間自然行為的翻版而已。

悲傷使你對他人的傷痛產生同情或同理心

要理解別人的傷痛，辦法之一（當然不是唯一方法）就是自己也體驗過同樣的傷痛。從某種角度來說，如果你要支持某位悲傷的親友，感受過悲傷就會讓你成為更好的安慰者（心理醫生就不被視為樂觀的人）。一些研究確證，一個人情緒反應的激烈程度和他對他人情緒反應的同情是有關聯的[20]。

所以，當你下次再感到悲傷時，不要怪罪自己。請你把這樣的情緒看成是經歷失落或失敗後自然的恢復步驟，它將讓你更瞭解他人，也更瞭解自己。

不同文化中的悲傷情緒

你感到過「hujuujaq」嗎？烏特庫（Utku）當地的因紐特人用這個詞指代一種混合了悲傷與孤獨感的情緒。要想走出 hujuujaq，最好的辦法就是尋求他人的陪伴。別人會向你表達「naklik」，即一種與憐憫心非常類似的情感。不過，如果你是一名成年男子，naklik 會讓你很沒面子，因為接受太多 naklik 意味著你是弱者；但它對婦女和兒童是非常適用的。（連因紐特人都強調男人必須要有男人的樣子。）

另外，若你的 hujuujaq 基本上是由客觀的不幸外因引起的，將比較容易讓

他人接受；反之，如果你的情緒屬於「quiquq」，也就是沒來由的傷心、疲倦、隱退的狀態，人們會視而不見避而不提、表現冷漠，讓你的夥伴在焦慮中照顧你 [21]。

人類學家發現，世界上許多地區的原始文明中都幾乎沒有泛指悲傷的詞，而是有用來描繪不同逆境中、不同情緒的多個詞語。這些詞語分別被用來形容失去親人、患病、愛情破碎和孤身一人時的痛苦 [22]。泛指的悲傷由於缺少確切、可觀測的成因，所以沒有被命名，因而也就無人能識了。密克羅尼西亞（Micronesia）聯邦的伊法利克（Ifaluks）[23] 居民會以「fago」（即憐憫心）對待受某事沉重打擊的傷心人，但他們無法理解那些不知從何起來的憂鬱。

在非洲阿瓦拉德阿裡（Awlad'Ali）[24] 部落的貝都因人中，悲傷可以通過歌唱或作詩來表達，但遇到失落時應當以憤怒回應，更顯男子氣概。悲傷被視為軟弱的表現，他們只能容忍女人和孩子懷有這種情緒。

男女大不同

女性比男性更會流淚，也更善於主動地表達悲傷。這不僅僅是出於文化因素（社會允許女人顯露自己的弱勢和依賴性），也有著客觀的生理依據：當女性悲傷時，她們的大腦活動與男性是不同的。

近日的數項研究都成功地探測到了男性與女性在悲傷時各自的大腦運作（這些實驗均首先要求受試者主動回想一件經歷過的悲傷往事）。

根據捕捉到的圖像可知，當情緒悲傷時，男性大腦只觸發了一部分杏仁核和右前額葉皮質的一小塊區域，而女性大腦卻觸發了更廣的區域，並且這些區域分散地位於左右腦 [25]。

這一現象同時也解釋了女性為何比男性更容易說出自己的情緒：女性大腦的反應區接近語言區（慣用右手者的左腦）[26]。

悲傷與互助

　　人類學家發現，悲傷情緒的命名方式揭示了團體與個人之間的關係。任何一個缺乏互助的團體都不能繼續生存下去；反之，倘若一個團體的成員變得被動且相互依賴（即悲傷的相關表現），團體的安全也危在旦夕。因紐特人和伊法利克人的部落同屬生存型經濟，他們能夠在團體中辨識出悲傷的人，並向陷入困境的人提供安慰或說明，目的是讓他振作起來。但是，沒有明顯緣由的悲傷是不被理會的，尤其對於男性是禁止的。

　　雖然我們所在的社會更加發達，少數社會成員的消極並不會造成很大危害，但悲傷仍是一種不被社會鼓勵的情緒，尤其現在高度推崇個人自主性及個體對命運的掌控力（在西方社會特別突出），同時也不提倡當眾表達悲傷。這在男性身上更為真切，他們被社會要求必須比女性表現得更為自主、獨立。相反，在某些崇尚宿命論和家庭成員互相依存的社會，當眾哭泣就會被容忍，其他人也會更為自在地安慰悲傷者。地中海居民的喪禮場面就是一個很好的例子。

男兒有淚不輕彈：兩首著名詩作

　　法國詩人維尼（Vigny）在作品《狼之死》（La mort du loup）中以目擊者的口吻講述了一頭公狼掩護母狼和幼崽逃脫、自己與獵狗搏鬥至死的故事。公狼直至死去都控制著自己的「情緒」。目擊者被公狼最後的眼神深深打動，覺得後者正向他說著什麼：

　　呻吟、祈禱、哭泣也是軟弱。
　　鼓動舌頭，拖著沉重的使命，
　　在命運的呼喚聲裡延續，
　　然後像我一樣，嘆息，沉默死去

另一首將情緒控制描寫到極致的詩是由魯德亞德・吉卜林（Rudyard Kipling）所作的〈是否〉（If）。英國私立學校的孩子們至今都能從中汲取精華。詩的前幾句如下：

當周圍的人都喪失理智並歸咎於你時，
你是否能夠保持冷靜？
當所有的人向你投來懷疑的目光時，
你是否能夠相信自己卻又允許他們懷疑？

隨後，為避免讓孩子在成功中過於陶醉，詩人寫道：

你是否能夠不計往昔榮辱，放手一搏？
即使遭遇失敗苦痛，也要從頭再來。

這兩首詩的寫作時間──十九世紀，有著巨大的意義。歷史學家發現，在十九世紀初，男兒之淚便開始被社會摒棄。《眼淚的歷史》（Histoire des larmes）一書告訴我們，直到十七世紀，公眾仍然能夠接受男性公開流淚，並不會將此視為男性特質受損的表現[27]。後來，上流社會開始流行自我控制等理想主義，同時也顯露出要與庶民劃清界線的態度。從此，流淚便慢慢地變成了女人和孩子的特權。

悲傷與哀悼

在《亞歷山大四部曲》（The Alexandria Quartet）的第三部《蒙托利弗》（Mountolive）中，勞倫斯・杜瑞爾（Lawrence Durrell）描寫了埃及一個科

普特人大家族之子納魯茲死後守靈之夜的場景。

　　當死者的遺體被抬到家族的大別墅時，整個家族的女人和親戚們開始了一齣讓身處異鄉的我們匪夷所思的表演：女人們圍著死者跳舞，一邊捶胸一邊喊叫，但舞步甚是緩慢複雜，看起來就像是一群直接從古代劇院裡跳著舞走來的人。她們向前走的時候，全身都搖晃著，從喉嚨到腳踝都在顫抖，彎腰，旋轉，口中不斷命令死者起來：「起來，我絕望的人兒！起來，我死去的人兒！起來，我的愛人，死去的人，我的駱駝，我的守護神！噢！你這充滿了精氣的身軀，快快起來！」她們的喉嚨像被掐住了一般，發出貓頭鷹般可怕的叫聲，她們的眼睛從破碎了的靈魂中噴射出滾燙的淚水……就這樣，痛苦成倍地增加、蔓延。女人們從四面八方聚集到了這裡，每個人臉上都胡亂地抹上了藍色顏料，咧開嘴發出尖叫回應樓上死者的房間裡姐妹們的哭喊。隨後，她們都上了樓，就像一群飄蕩的鬼魂一樣，慢慢地占滿了整個宅子[28]。

　　這一幕中，哀哭呻吟的死者遺孀們比那些必須在公眾面前克制淚水、回家後孤身面對空房的婦女更易走出喪夫之痛。事實上，你從哀思中是否能夠走出來，很大一部分取決於家人在之後給你的支持。但親人的努力並不能永久奏效，比如下面這個例子。

　　馬林娜的弟弟在二十二歲那年出車禍身亡，她提到了父母此後的表現：

　　奧利維耶的死對父親的打擊很大，但可以說，他還在繼續過著正常的生活，該工作就工作，有時見見老朋友，就和以前一樣。他還依舊去釣魚，唯一不同的是，他再也沒有踏進過網球場，因為過去他經常和奧利維耶打網球。的確，我感覺得到他的悲傷會一陣陣襲來，整個人也失去了活力，但若是一個沒見過他之前模樣的人看到他的話，一定會覺得他一切正常、很好相處。不過，母親的狀態可謂一落千丈。她再也沒有振

作起來。首先，她一直處於頹喪狀態，只在客人來或她出門做客時稍稍不明顯些。可是一旦和我在一起，她的努力就堅持不了多久了。我和妹妹們都曾試著讓她轉換心情，參加些活動分散一下注意力，但幾乎都被她拒絕了。如今的她每天大多數時間都緊盯著電視，有時候，我會很震驚地發現她正在雙眼無神地發呆。要知道，過去她雖不至於是個超級忙人，但也是個到處找事做的人。起初，我們覺得她的反應再正常不過了，更何況我們也一樣痛心，但是，現在已經過去一年多了，母親還是這個狀態。我們勸她去看心理醫生，她就回答我們——她肯定會這麼回答——說她沒瘋。

當失去至親以後，大部分人都會在數個月的悲痛低迷之後重新振作起來，繼續生活（但仍然會悲傷地思念逝者），馬林娜的父親正是如此。但有一些人會無法走出悲痛，陷入精神科專家所稱的病理性哀思，即馬林娜母親的狀態。馬林娜和妹妹們說得沒錯，母親確實需要接受心理治療。

從缺失中存活

你是否能夠走出所愛之人亡故或離別帶來的缺失？你是否有憂鬱的風險？這兩點取決於以下幾大因素[29]：

- **個體對缺失的敏感度**（可能已經由於兒時經歷的缺失而變得敏感），是個性的組成部分之一。研究依戀心理的專家發現，在嬰兒的早期階段與母親的互動方式，在一定程度上形成了日後的依戀模式[30]。這一依戀模式會表現在你成年後與人締結的所有關係上。我們會在「愛」這一章具體談到這個話題。

- **缺失的產生原因。**一般來說，若你經歷了一個較長的漸變過程後失去了所愛之人，那麼你會比較容易克服哀思。正如得知親人得了不治之症以後，他／她的家人們就會有一段時間做出準備。相比

之下，突如其來的缺失幾乎是毀滅性的 [31]。例如，出遠門後回到家中，發現戀人竟把所有東西都搬空了，只留下了一紙簡單的道別；又比如，像馬林娜的父母遭遇的一樣，員警突然打電話來通知你，你的親人去世了，而幾個小時前他還生龍活虎地與你談天說地。

- 與失去之人的關係親密度及長久度。在成年人中，病理性哀思最常發生於失去配偶和孩子之時。不過，一些病患發病於愛犬死後，甚至有自殺傾向。這證明，人建立親密關係的對象不僅僅是同類。的確，大多數主人都看重愛犬與人類的通性，忽略彼此之間的差別。主人尤其會在它們身上看到與我們類似的基本情緒。米蘭·昆德拉在《生命不能承受之輕》中描寫的母狗卡列寧就是一個絕佳的例子。
- 情緒的複雜度。對失去之人的情感若是在悲傷之外還混合了其他情緒，會比懷有「單純」的悲傷要更難走出來。
- 最後就是從他人獲得的支持。研究顯示，家中的主要溝通模式對於喪夫女性內心的哀思變化具有非常重大的影響 [32]。一般來說，被社會孤立的個體會在缺失面前尤為脆弱。

悲傷與憂鬱

雖然悲傷是憂鬱的成因之一，但兩者之間有諸多根本上的區別。

悲傷是一種正常情緒，也是任何健康人都會有的情緒。憂鬱則是一種常見疾病，每十位女性中有兩位、每十位男性就有一位會在一生中經歷一段嚴重的憂鬱期。

病理性哀思的經典人物：德・都爾范勒夫人
(Madame de Tourvel)

在小說《危險關係》（Les Liaisons dangereuses）中，放蕩的花花公子德・范爾蒙子爵打算勾引年輕貌美的德・都爾范勒夫人。對他而言，這是個刺激的挑戰，因為德・都爾范勒夫人與眾不同，是個品格高潔、忠於丈夫的女人。他的同謀德・梅爾提侯爵夫人是個與之旗鼓相當的蕩婦，兩人保持著書信往來。在她的建議下，德・范爾蒙子爵終於得逞。經過精心策劃的追求過程，某天晚上，他進入了純潔的德・都爾范勒夫人的臥室，終得床笫之歡——即使是風流成性的德・范爾蒙，他也從未體驗過如此美好的時光。然而，他們的私情剛剛開始不久，德・范爾蒙就受到了德・梅爾提侯爵夫人的挑釁，要他做出真正花花公子的樣子來。於是，德・范爾蒙接受挑戰，轉身就把新情人拋棄了，只撇下一句可怕的話：「過去你有多純潔，我的愛情就有多深。」德・都爾范勒夫人當即臥床不起，拒絕進食，幾周後就去世了。

德・都爾范勒夫人病重後，德・范爾蒙子爵起初還假裝無動於衷，但他漸漸發現，自己竟然陷入了失去愛人的深深傷感之中，於是以主動迎向死亡的方式聊以慰藉。

《危險關係》展現了縱欲行為的侷限：德・范爾蒙子爵和德・梅爾提侯爵夫人都以為自己有能力控制自己的情緒，同時也玩弄著別人的情緒。然而，他們根本做不到。在意識到德・范爾蒙背著她竟真的愛上了德・都爾范勒夫人時，德・梅爾提侯爵夫人變得嫉妒無比，才命令德・范爾蒙拋棄愛人。

今天，縱欲主義和享樂主義的支持者們都應該吸取一下前輩——十八世紀的風流貴族們的教訓：就連這些風流界的「大師級人物」也逃不過人類情感依戀的天性。要知道，我們可不（只）是爬行動物。

　　然而，在這些資料之外，其實還有許多未被診斷的憂鬱病情，尤其是老年人、身體有疾病的人和殘疾人的憂鬱症。這是因為，人們（有時包括他們自己）始終認為，悲傷在他們這個年紀或這種處境中是很正常的情緒。

　　最近，精神科專家們確認了一種稱為「病理性性情改變」（dysthymia）的憂鬱症形式。這種性情障礙的患病人數占全部人口的 3% 左右，屬於一種慢性且非外顯性的憂鬱症。患者症狀為每隔一天就感到悲傷、消極，一直持續兩年以上。同時，患者自尊感極低，注意力和決斷力均非常弱，且有疲勞和希望漸失的現象。病理性性情改變也引發了有關精神疾病與人格特點之間的界線問題，因為病理性性情改變最常萌發於青少年時期，為慢性發展，常常成為一個家庭中每位成員的特徵。

悲傷與憂鬱的區別

悲傷	憂鬱
正常情緒	病理性障礙
不穩定，持續時間短	長期持續
身體出現適度且短暫的反應（幾小時或幾天）	睡眠及食欲發生持續性紊亂（幾周至數月）
會因積極正面的事逐漸好轉	對積極正面的事幾乎無動於衷
自我形象僅出現微小或短時間的改變	長期維持負面的自我形象

　　簡言之，憂鬱是悲傷的一種特殊形式，它持久、頑固、劇烈，伴隨著自我貶低，並摻有其他情緒。

　　憂鬱症患者的思想通常可以用以下三大負面視角概括：

- ◆　關於自己：低人一等、卑微
- ◆　關於未來：消極無望
- ◆　關於世界：艱難、嚴酷、不公

這三點被稱為「憂鬱的認知三元素」。這三元素及其他憂鬱的典型想法都顯示：憂鬱症患者不斷地進行著錯誤的資訊處理，而這些錯誤反過來又造成、延續了悲傷的情緒。在這一主題上，有大批學者正在用一種全新的治療方法潛心研究，即認知療法。到目前為止，此療法的效果堪比抗憂鬱藥物[33]，已逐漸成為北歐和英美國家首選的治療方法。

憂鬱、悲傷和憤怒

悲傷和憤怒的關係是憂鬱症研究領域中眾多精神分析理論的基礎之一[34]。佛洛伊德認為，在某些嚴重的憂鬱狀態下（精神科專家稱之為精神憂鬱症），患者遭受著缺失之痛（例如配偶去世），但他／她強行抑制自己對缺失對象的憤怒（這是一種「幼稚型」的憤怒。對方的消失造成了他／她的痛苦，因而十分憤怒），因為他／她哀痛的意識接受不了這種缺失。但他們怎麼能去怪罪一個去世的愛人呢？於是，他／她便把這種潛意識裡的憤怒轉向了自己（有些分析人士將這種現象描述為「客體錯誤的心力內投」）。正如這一理論所言，由此，憂鬱症患者便傾向於進行殘酷的自責，指責自己的各種不堪，並嘗試用各種殘忍的方式結束生命。一項近期研究顯示，三分之一的憂鬱症患者表現出頻繁的憤怒情緒[35]。有專家甚至將患者對他人產生攻擊性的症狀診斷為「敵意性憂鬱」[36]，但這一症狀在患者中並不多見。

憂鬱、悲傷和厭惡

讓我們一起來聽聽重度憂鬱症患者索菲在康復期的一段記錄：

> 今天，我覺得好些了。我的心理醫生告訴我他注意到了一個細節：我重新開始化妝了，而這在女患者中是病情好轉的徵兆。這讓我開始思考。當然，各種治療的確讓我的體力增加了，但當我感覺不好的時候，再小的日常瑣事都顯得特別繁重、難以忍受，其中就包括化妝。但我知道，這並不是我不想在外表上花力氣的唯一原因。其實，每次我看著鏡

子裡的自己，都覺得很厭惡。在我眼裡，眼前這個噁心的東西——我，
是醜陋的，即使再美化外表都沒有用。

另一個基本情緒——厭惡

厭惡也屬於人類的基本情緒，原因如下 [37]：

◆ 厭惡有其對應的臉部表情。向受試者展示噁心的圖片，他們都表
現出了這種表情。

◆ 厭惡是由可能致病或有毒的東西觸發的，比如：屍體、變質的食
物、蟲子、軟體動物等。厭惡會讓我們排斥或避開這些危險。

◆ 不同的文化背景會讓人們的判斷有所不同，此現象尤常見於烹飪
中。烤蝸牛、烤蚱蜢、剛殺的新鮮猴腦、溫熱的海豹肝臟……許
多菜餚在某些人的眼裡是絕世美味，在另一些人看來則令人作
嘔。不過，確實有可以激發大多數人的厭惡情緒的東西：它讓人
想起自己動物本性，如體表污垢、排泄物和月經等。

◆ 厭惡最初是由具體的東西觸發，但它隨後可能會延伸到一些讓人
反感的行為或人物上。厭惡和鄙視之間的界線一直是某些學者感
興趣的主題，他們認為，鄙視也是一種基本情緒，且有可能有其
代表性的臉部表情 [38]。根據時下的部分研究，一些憂鬱症患者的
實際經驗更接近於悲傷——（對自己）厭惡的情緒組合，而非悲
傷——憤怒的組合。

悲傷與連帶情緒

以下是妮可的故事。她至今仍深陷被男友拋棄的痛苦中——他們曾一起生

活了三年。（在悲傷情緒的論述部分，我們的大部分講述者都是女性。這並非是大男人主義作祟，而是因為女性比男性更善於表達情緒，也更願意表達出來。）

> 我大多數時候都非常悲傷，孤獨感特別強烈，即便我和一群人在一起也是如此。這種悲傷太沉重了，嚴重到妨礙了我的日常生活。有時，我還會產生對未來的巨大焦慮，我常常自問，我一個人該怎麼過、怎麼面對生活。我甚至開始害怕，若再這麼下去的話，可能都沒法繼續工作了。而當我想到他的時候，我會想起他是怎麼拋棄我的、他承諾過的一切，還有我們一起幻想過的未來，於是我就變得憤怒無比。然後我會立刻試著停止這種想法，因為若不停止的話，我就會回憶起那些在一起時最幸福的時刻。這簡直太讓人心碎了……最後，我就會徹底否定自己，覺得這樣的自己既沒用又脆弱，且情緒不穩。這些原本就是我最討厭自己的地方。我想，也許這就是他離開我的根本原因吧。

妮可悲傷原因是失去了愛人，但這種悲傷並不單純，因為它混雜著其他情緒。這樣分析當然不能帶給她多少安慰，但研究顯示，在大多數情況下，悲傷是寄宿在其他基本情緒當中的 [39]。我們將在之後談到「愛」時進一步分析。我們會看到，嬰兒在早期就會有這種情緒混合的經歷。

悲傷與連帶情緒

分手之後，由悲傷產生的連帶情緒	連帶產生的想法
悲傷──焦慮	我會變得怎麼樣？
悲傷──憤怒	這卑鄙無恥的傢伙！
悲傷──幸福（懷念）	噢，我好懷念過去幸福的時刻，真是遺憾！
悲傷──厭惡	我真可悲！
悲傷──羞恥（可能更常見於男性）	別人肯定覺得我可笑極了！

　　不幸的是，據一些專家稱，這種混合情緒會導致你更難走出悲傷。每種情緒都可能會激發另一種情緒，不斷反射。所以我們建議，如果你在分手或某位至親亡故之後希望接受心理治療，那麼請你先和治療師一起整理出你對所失去之人尚存的所有情緒，包括最矛盾的情緒 [40]。

悲傷與憤怒

　　憤怒與悲傷這兩種情緒都是由我們不希望發生的事情引起的。但是，憤怒會使我們對實際或可能的事件負責人採取行動，而悲傷則更會讓我們關注自己、聚焦事件造成的損失。

三種負面情緒的典型思考方式

悲傷式思考	憤怒式思考	焦慮式思考
關注這起確實發生的負面事件帶來的損失	關注這起確實發生的負面事件的責任方	關注這起不確定發生、負面事件的風險
「太不幸了！」	「他會為此付出代價！」	「萬一發生的話是多麼不幸！」

電影中的悲傷——憤怒組合

　　由艾騰‧伊格言（Atom Egoyan）執導的電影《意外的春天》（The Sweet Hereafter，1997）——改編自羅素‧班克斯（Russell Banks）的小說，講述加拿大西部某座冰雪覆蓋的城市遭遇的一起慘案：

　　一輛校車發生了可怕的事故，城裡幾乎所有的孩子都喪生了。一名律師看到了事件可能帶來的豐厚傭金，於是來到當地，挨家挨戶地遊

說家長們起訴事件的責任方：市政府、校車生產商和駕駛校車的女司機。起初，悲痛的家長們對律師的提議充耳不聞，只把事故歸咎於命運，但這位律師最終透過各種努力，還是把他們的悲傷（和對律師堅持遊說的憤怒）轉變成了針對事故假定責任方的強烈憤怒。他說：「我到這兒來，不是為你們的傷感代言，而是為你們的憤怒發聲的。」他成功地讓一部分家長參與訴訟中。

馬丁・史科西斯導演的電影《四海好傢伙》（Goodfellas, 1990）中，勞勃・狄尼洛飾演的角色完美地演繹了這兩種情緒的組合。電話亭裡的他在通話時得知了摯友被謀殺的消息，隨即流下了淚水，接著，出於難以自控的憤怒，他猛踹電話亭，然後又哭泣起來，再猛踹電話亭，再哭泣⋯⋯

用憤怒處理悲傷？

以上兩則電影故事讓我們看到，憤怒也許可以作為**處理悲傷情緒的一種方式**。勞勃・狄尼洛肯定不知道，他處理情緒的方式和菲律賓的伊隆戈人（Ilongots）很相似。伊隆戈部落靠狩獵、採集維生，素以「獵首」（即獵取外人頭顱）習俗聞名。

當伊隆戈人感到「uget」，即和失敗、失落有關的情緒時，他們會立即外出尋找下一個受害者，因為對他們而言，走出 uget 最好的辦法就是砍頭（雖然這個方法看似立竿見影，但我們不建議你照做[41]）。

不過，無論是黑幫、伊隆戈人，還是中世紀的貴族階級，在尚武的社會中，將悲傷轉化為憤怒的做法被廣泛使用。我們都是尚武的狩獵、採集者的後代，因此，我們「找出始作俑者」並懲罰他／她的做法並不奇怪。這是人類以憤怒處理悲傷的常用機制，早已用鮮血書寫了一頁又一頁的歷史。

為他人悲傷：同情心與同理心

你也可能在自己沒有缺失的情況下感到悲傷，而你悲傷的原因也許僅僅是由於你目睹了他人的缺失。

這種情形叫作憐憫（compassion），或同情（sympathy）。這兩個詞也有相同的字根——遭受痛苦（pathos），希臘語加上了 sun、拉丁語則是加上 cum。

然而，在現代法語中，「同情」一詞已經失去了「遭受痛苦以體貼他人」這層意思，人們只在對死者家屬表達慰問時會使用此義，相應的表達為「我對你表示深切同情」[i]（用法已過時）。

當今的精神科專家和心理學家們也使用「同理心」[42]（empathy）一詞來說明這種心理。該詞的詞源與上兩個詞接近，詞義是指一個人**理解**另一個人的情緒及其成因（由此，具有同理心的一方就會感受到對方一部分的情緒），屬於情緒商數（EQ）的構成元素。

當遭逢缺失的悲傷者是特別重要的人，或他／她與你有著諸多共同點，那麼你的同情心就會更加明顯。但如果你對全人類都有著強烈的群體歸屬感，那麼你就更可能對素未謀面的陌生人產生同理心（你理解他們的情緒）和同情心（你也感受得到他們的情緒）。這些陌生人可能是電視新聞中自然災害的受災者，也可能是身處戰亂和饑荒的悲苦人民。十七世紀的道德主義者和一些心理學家會說（這也許有些道理），這種同情只會把我們自己和受害者們混為一談，當為他們哀哭的時候，我們其實是在為自己哀哭。但若這種同情讓我們去幫助這些人，混為一談又有什麼關係呢？

由羅貝托・羅塞里尼（Roberto Rossellini）導演的電影《義大利之旅》（Journey to Italy）便是同情／認同的極好範例。凱薩琳（由英格麗・褒曼飾

---

i　編註：原文 Vous avez toute ma sympathie，是現代法語中常用的弔唁語。

演）和亞歷克斯（由喬治・桑德斯飾演）是一對富有的英國夫婦。他們來到了戰後的義大利旅行，對外稱是處理遺產繼承，實則試圖借旅行挽回他們日益破碎的感情。旅途中，他們隨義大利朋友來到了龐貝古城的一處遺址，當時正好有一隊考古人員在挖掘維蘇威火山噴發遇難的遺體，使它們在二十個世紀後重見天日。考古專家們挖出了一對夫婦的遺體：男人和女人並排躺臥著，緊緊抓著對方的手一同面對死亡，而男人最後的姿勢就是在試圖保護自己的愛人。看到這一幕，凱薩琳崩潰大哭，而亞歷克斯作為上層社會的英國紳士，立刻叫妻子不要再哭了（為了不讓義大利朋友尷尬）。後來，兩人獨處時，亞歷克斯承認，他也很感動。

在這個例子中，亞歷克斯夫婦表現出的不僅僅是對陌生人的同情，還有對死者的同情，正如我們在看電視上播放的災難片或屠殺死難者的紀錄片的反應。

如何管理悲傷情緒

請記住，悲傷是一種正常的情緒，它是你人生經歷的一部分，參與你的心理成熟歷程。因此，你不需要排解或壓抑所有的悲傷情緒，這樣既不實際，又對心理有害。

但是，和其他情緒一樣，悲傷也需要被控制在一定範圍內，若超出該範圍，便會產生問題。我們已經瞭解到了悲傷的益處，以下是它可能帶來的負面影響：

悲傷的益處	過度悲傷的負面影響
教你避開類似的觸發情境	過度壓抑你的內心
使你重新評估形勢、反思自身過錯	使你反覆審視自己的失敗
吸引他人的注意和同情	最後讓原本出於好意的他人厭煩不已
保護你暫時不受他人攻擊	使你在他人眼中顯得脆弱、容易被利用
使你對他人的傷痛產生同情心或同理心	讓你變得對任何痛心之事都過於敏感

為了使悲傷帶來盡可能多的益處，我們列出了幾條建議。請注意，這些建議只在正常的悲傷情緒上奏效；若你正在憂鬱中，它們是遠遠不夠的，請尋求醫療和心理援助。

接受悲傷的事實

今天，悲傷常常被認為是脆弱的表現，然而在歷史上，它卻曾被重視及推崇。

- ◆ 宗教人士視其為謙卑的標誌，表明此人對自身不足之處有意識。
- ◆ 藝術家，尤其是浪漫派藝術家，以悲傷為內心敏感的象徵，並理解悲傷在這個不完美的世界存在之必要。
- ◆ 醫生和哲學家們深知，憂鬱乃是許多偉大人物的共同特質[43]。

即便我們如今的社會不再推崇悲傷，也請你坦然地接受自己的悲傷。它將幫助你思考、記憶、認識四周的世界，避免再次犯錯。

這是一種無法避免的情緒，請接受它。想要永遠不帶悲傷地生活，就和想要長生不老一樣不切實際。

謹慎地表達悲傷

表達悲傷會吸引他人的注意和同情，並有助於加深傾聽、安慰你的人的關係。

和失去妻子的雅克一樣，不幸有時反而讓我們驚訝於意想不到的善良與寬容，而不表達悲傷則會錯過這些分享情緒的珍貴時刻——情緒的分享是最基本的人類體驗之一。

但是依舊要注意兩個風險，一是過度支取他人的善意，二是表現得太過脆弱。

尤其要避免在高競爭性的環境中表達悲傷，特別是對於男性而言。

繼續保持行動力

退縮、不作為、自省是伴隨悲傷的常見反應。

但是，若你讓自己過久地沉浸在這樣的狀態中，你的悲傷將可能延續：你什麼都不做，尤其當你故步自封於孤單、缺乏變化的環境中時，注意力就會集中在自己的缺失上。

就算無法避免一段時期的退縮，也請保持警覺，在必要的時候繼續行動，哪怕只是有限的行動。亞里斯多德的幸福論，即從事某些目標導向的活動，可能是悲傷的一劑良方。

也許你還記得臉部回饋理論：努力微笑將對心情帶來積極的效果，並會讓人較難想起悲痛的回憶。當然，我們不可能期待光靠微笑療法就治癒深度的悲傷，但可以肯定的是，一直陰沉著臉只會讓你的心情越發低落。所以，請注意你的表情，它對你的心情並非毫無影響。

悲傷與思考

好的心情有利於付出行動、進行合作、發揮創意，而悲傷卻會產生相反的效果[44]：

◆ 悲傷會勾起人們的悲痛回憶，弱化其他記憶。
◆ 悲傷使人的注意力集中在負面事物。
◆ 悲傷擾亂人的關注點。

即便這些現象都是正常的，也可能有利於自省、總結個人錯誤，但我們還是要注意，若我們繼續不作為，那麼這些現象將越發嚴重。

歸因

悲傷同樣會影響我們對失敗和成功的看法。當人處在悲傷中時，會更易於把自己視作該負責的人，並將失敗歸因於自己個性中某個固有的特質。心理學家們稱這種現象為「內在固有式歸因」（典型想法：「我失敗是因為我沒有天賦。」）。反之，悲傷者往往會把成功歸因於有利的外部環境，這就是「外在非固有式歸因」（典型想法：「我成功是因為這本來就簡單。」）。當憂鬱症狀中包含著幾乎不變的悲傷時，這些機制就會一直維持下去。許多實驗證明，這種對某些人來說非常典型的思考方式，正是導致突發憂鬱狀態的因素之一 [45]。

重拾你喜愛的活動或事業

除非你處在較嚴重的憂鬱當中，否則悲傷通常是可以通過喜愛的活動調適。你不需要期待狂喜的狀態，只需片刻的快樂時光來達到減輕悲傷的效果。

請注意，我們已經知道，人類並非對所有的喜悅形式敏感。即便你還沒有陷入悲傷，也請不要強迫自己嘗試你並不真正喜歡的「快樂」。

對某些人來說，悲傷可以通過狂歡一場來減輕，但對另一些人來說，兩個人一起散步就足夠了。若你想要讓朋友的心情好起來，請先思考一下他／她喜歡的方式。

若你和如下事例中的弗洛朗絲和馬丁一樣，素來注重用喜愛的活動提高生活品質的話，這一建議對你來說就更為簡單了。弗洛朗絲和馬丁的女兒在一起交通事故中喪生：

> 事實上，最初的幾週，我們只能勉強做些該做的工作，但一回到家，我們就瞬間崩潰了。一個朋友提了些建議，我們聽了之後決定試著照

做。我們開始計劃怎樣儘量不在家裡過週末，要不就去朋友家，要不就出遊。這麼做並沒有特別好的效果：當我們來到曾經和女兒一起遊玩的地方時，我的丈夫潸然淚下。不過，除此之外，我們還努力地重溫了二人世界，嘗試著彼此交流些愉快的主題，而不要像前幾週那樣一直分享悲傷。總的來說，情形有所好轉，雖然我明白，我們離找回生活的美好還很遙遠。

這個敘述同時也證明了心理學家口中的「社會支持」的重要性。簡言之，社會支持就是朋友和身邊的人所扮演的角色。他們會帶給你關懷、建議，會邀請你去做客，甚至會提供物質援助。

考慮諮詢專業人士

如果你長時間持續悲傷狀態，並且有以下特徵中的任何一項：

◆ 悲傷已讓你難以繼續面對手頭的工作。

◆ 從事以前喜愛的活動絲毫無法緩解你的悲傷。

◆ 總感到異常疲勞或睡不著覺，或者胃口受到嚴重影響。

◆ 常有失蹤或自殺的想法。

請儘快諮詢心理醫生，向他坦白說出這些問題。他將判斷你是否已得了憂鬱症；若確實如此，以上的建議遠遠不夠，你將需要接受藥物和心理治療。

學會處理悲傷情緒

要	不要
接受悲傷的事實	抑制悲傷
表達悲傷	不惜代價地裝作一切都好
保持行動力	生活全面癱瘓
重拾喜愛的活動	自己營造出陰鬱的生活環境
考慮諮詢專業人士	拒絕任何幫助

第六章

羞恥
La honte

羞恥,已經成了我的生活方式。
說到底,我都感覺不到它了,
它早已長在身體裡。

—— 安妮‧埃爾諾《羞恥》
（Annie Ernaux, *La Honte*）

五十二歲的安妮描述了她的一段年少往事：

> 我還是少女的時候，和班上的另一個女生成了好朋友，我並沒有意識到她的家庭背景遠遠勝過了我。我的父母都是普通的小農民，沒有讀過什麼書，而她的父親是負責整個地區的高級公證員。她也並沒有怎麼注意我們之間社會地位的差距，有一天，她請我去她們家吃飯。用餐期間，她的父母對我非常友善。（不得不提一句，我當時課業成績非常出色，所以他們無疑覺得我「配」被看得起。）我感覺得到，朋友很高興我能去她家。不過，那天我們也見到了她的弟弟。他是個好動的男孩，一直很想趕快吃完就離開。那天的主菜我記得特別清楚，是紅酒燒兔肉，簡直是太美味了。我吃得非常享受，同時也很「注意形象」，一邊吃一邊聰明地回答著 N 先生和他太太提的問題。我吃完以後，看到盤子裡還剩些湯汁，於是拿起了一塊麵包，像我家裡人那樣開始「擦盤子」。如果不是她的小弟弟開始模仿我的話，我可能完全不會意識到這有什麼不妥。他這麼模仿，可能是出於好玩，也可能帶有惡意。N 太太是個很細心的人，她什麼都沒說，但 N 先生看不下去了，生氣地說道：「伯努瓦！」她弟弟立即放下了麵包。我看到了，也看懂了，覺得自己的心跳都停止了。我自認為之後我的舉止表現都很得體，但我還是覺得自己就像被一層炙熱的羞恥煙霧籠罩著一樣。後來，只要一想起那一幕，我就會臉紅。

安妮感受到的就是羞恥，即「一種低人一等、不夠資格，或遭他人看低的痛苦感受[1]」。

這段敘述中的低人一等是關於社會地位的：安妮意識到，邀請自己的是一個社會階層「遠超」她家的家庭，並無意間流露出自己不懂這種階層的規矩。在她自己看來，由於不知道中產階級家庭的餐桌禮儀，她是不配受邀請的。總之，縱然主人們最初表達了對她的性格和聰慧的欣賞，但她還是害怕

他們會因為看到她用麵包擦剩下的湯汁而想起她不過是個小村婦。為此，她的內心因被人看低而痛苦不已。心理學家考夫曼（Kaufman）將羞恥描述為「自卑的情緒[2]」。

但是，請問，把盤子裡的湯汁吃完或不吃完和一個人的價值有什麼關係？既然安妮的個人特質已經受到了朋友及其父母的讚賞，為什麼她卻會如此看重這麼小的行為細節呢？

安妮無疑誇大了當時情形中這一細節的重要性：不管怎麼說，朋友的父母知道她出身清貧，況且她也沒有想讓別人把她當作公爵夫人。不過，這個小小的舉動卻暴露了安妮的社會階層，而這是他人鑑定我們身份的一大依據。這也是為什麼 N 先生雖然對安妮沒有什麼意見，卻把自己兒子擦盤子的舉動看成了「自降身份」的行為，因此大發雷霆。

羞恥——深藏不露的情緒

親愛的讀者，你是否曾感到羞恥？你知道自己會因為什麼而羞恥嗎？你一定知道。那麼，最近你向誰傾訴過相關的事呢？研究表明，我們在傾吐自己的羞恥時，比坦白與其他情緒相關的回憶要謹慎許多。面對以上這些問題，人們紛紛承認自己不會在事情發生的當下吐露自己的羞恥，並且只會告訴身份地位與自己相當的親友。基本上，他們從不會向引發自己羞恥的人坦白[3]。

在分析諸多心理治療的錄音時，我們發現，病人和診療師之間往往要經過許多次治療後才會觸及與羞恥有關的問題，而這些問題有時恰恰是病因的核心。然而，若心理醫生非常直接地提問，病人基本都會誠實相告[4]。

在《羞恥》一書中，安妮·埃爾諾坦陳，在寫了好幾部小說之後，她才有足夠的勇氣描寫兒時經歷的羞恥。她的坦白並非說笑，因為她將此形容為「這本書會讓人用我難以忍受的眼光看我」。不過，我們會看到，事實上，

說出羞恥可以讓她真正的自我解放。

和羨慕情緒一樣，人們習慣對羞恥保持緘默，或許也解釋了為何我們直到最近才針對它有系統性的研究。相較之下，憤怒、悲傷的研究就多得多了。

羞恥情緒是如此強烈、如此容易在記憶中留痕，但又難以啟齒，那麼它的存在對我們究竟有什麼意義呢？為了更好地理解這一點，我們先來瞭解它的觸發原因。

羞恥的起因

我們一起來探究一下引發羞恥的情境。希望你從此可以不需常常臉紅，因為有時羞恥也可能是出於同情心。

于貝爾，四十三歲：

> 我父母很晚才生下我，特別是我父親，他第一次當爸爸的時候都快五十歲了。我差不多十歲那年，有一天，他來學校門口接我。我遠遠看到他，他頭髮都白了，大腹便便，穿著過時的西裝，看上去樣子有點傻。和他比起來，其他家長都突然顯得很年輕，又有朝氣，穿得又好。於是，我感到羞恥。他看到我後，笑得很燦爛，但我沒有穿過馬路去找他，而是逕直往回家的路上走去，使他不得不在稍遠一點的人行道上和我會合，而不是在同學面前。他愣住了，完全說不出話來，但他應該明白了我這麼做的原因，於是便默默地與我會合。我還記得當時的我有多麼羞恥，但今天的我更加羞恥──我竟然曾經這樣傷害了深愛我的父親。

于貝爾的羞恥感源於父親在外表上與其他家長的**不一致性**：在那個年紀，他的父親和別人的父親看起來太不一樣了。「感到與別人不同」是許多領域

內引發羞恥的原因之一，這些「不同」可能是關於形體長相、人種外貌、家庭出身，或身體／智力殘疾。

另外，如果說于貝爾兒時的感受是羞恥，而現在他的情緒則是「罪惡感」。

桑德里娜，三十八歲：

> 我青少年時期讀的是寄宿高中，離父母家很遠。學校的伙食和它教學上的名氣簡直無法並提，不但不好吃，量也不足，對正在長高的我們來說實在太少了。幸好，大多數家長都會給孩子們寄些東西以改善伙食。在我們宿舍，大家自動定了個規矩：每個人收到包裹之後必須和大家分享一些，而我們的分享方式特別複雜，複雜到人類學家大概都會感興趣吧。我母親平時會固定寄家鄉特有、我非常喜歡的馬卡龍給我。不知為什麼，我給了馬卡龍「特殊待遇」，決定無論如何都不分給別人。我偷偷地打開包裹，把它們鎖在櫃子裡，背著別人吃。不過，母親寄來的馬卡龍太多了，我吃都吃不下，以至於囤積了很多。如果在這時候把它們拿出來的話肯定會很尷尬，大家會發現我藏了這麼久。然而，有一天，災難降臨。室友們發現我正在打開的櫃子前吃馬卡龍。她們驚呼起來，而我則羞愧得臉通紅，恨不得立刻消失。從此，她們嘲笑了我整整一年，一直叫我「馬卡龍小姐」。我非常難過。

桑德里娜感到羞恥，是因為自己**拒絕幫助別人、拒絕互利互換**的行為被發現了。「被當場逮個正著」（法語中直譯為「錢偷到一半手就被抓住了」）是觸發羞恥的原因。有意思的是，美國人形容這種情形為「褲子脫到一半被發現了」（pants down），可見天主教社會裡對羞恥的概念（金錢）不同於基督教社會的羞恥概念（性）。

讓 - 皮埃爾，四十歲：

當我還在讀法律系一年級的時候，喜歡上學校裡的一個女生。所有人都想和她約會，因為她看上去既性感又純潔。我們當中沒有人知道她有沒有男朋友。一天，她出乎意料地接受了我的約會邀請。我們去看了電影，然後我把她帶回家，兩個人一起喝了幾杯。這時，她開始大膽起來。她輕輕地晃著手中的蘭姆酒，一雙迷人的眼睛若有所思，而我則不停地給她斟著酒。她告訴我，她更喜歡比我們這些大學生年紀大得多的男人，而且她早就和好幾個已婚男人發生過關係，其中有一個還是學校的教授。她說的這些讓我很震驚，因為我一直以為她是個純真的女生，沒想到她比我經驗豐富多了。然後我們上床了。最後，只能這麼說：我的表現不怎麼樣。她諷刺地總結道：「就這麼結束了？」讓我一點補救的可能都沒有了。我感到非常羞恥：在她眼裡，比起那些成熟的情人，我簡直成了性無能。由於我在這方面的經驗非常少，這次帶給了我很深的挫敗感。我們的關係沒有下文了；而且，之後每次在學校裡看到她，我都覺得她嘲弄似地對我笑，而我則會羞恥地臉紅起來。

讓 - 皮埃爾的羞恥和性有關，也是兩性之間特別常見的羞恥原因。它可能與個人的能力、性徵的特點、個人偏好有關。

馬蒂厄，三十八歲，某製藥廠的管理人員：

我不是那種口才好的人，每當我要公開發言，尤其是要用英語演講的時候就會怯場。然而，自從去了一家跨國公司以後，我就不得不經常面對這種情況。一天早晨，公司召開了一個報告會議，要向從美國公司來的一批高層報告業績。我們當中有好幾個人都要站到投影螢幕旁邊的講臺上報告，這讓我很頭疼。我自己覺得，那天我做得並不差，只是在中間常常停頓而已。但是，我發現每一個在我後面報告的同事都表現得比我更好，講得更生動、更自然。不過我告訴自己——就像我的心理醫生建議的那樣——是我把事情想得太糟了，事實上我並沒有那麼差勁。會

議持續中，我回到了觀眾席，坐到了兩位同事的後面。他們很顯然沒有發現我在場。其中的一個人對另一個說：「目前進行得還挺好的，算是把馬蒂厄的那段補救過來了。」另一個人表示同意。我的臉唰地紅了，頓時羞愧難當。

馬蒂厄的羞愧與**身分－競爭**有關，在職場上很常見。但個人身份地位的維護在人生中其他部分也都非常重要，無論是在休閒場合、家庭等等，它都可能會造成我們內心灼熱的羞恥感。

當代心理學家認為，當我們在他人面前表現出自己無法達到所處團體在以下四個方面的準則時，我們就會感到羞恥。正如適才所舉的四個例子，這四個方面分別是：**一致性、互助行為、性**，以及**身分－競爭**[5]。

下表列出了一些羞恥產生的情況，包括各範例的潛在羞恥主因（一種情形中可能出現幾種羞恥主因）。

所屬人群	群體準則	羞恥產生原因舉例	羞恥主因
兒童	不再是嬰兒	尿床	一致性、身分
青春期少男	有男子氣概	性器官很小（或覺得很小）	身份－競爭、性
2000年代青春期少女	苗條身材	圓潤	一致性
1950年代青春期少女	有女人味	胸部平坦	身份－競爭、性
士兵、海軍、幫派年輕人、黑幫、武士	表現得勇猛無畏	流露出懼怕	身份－競爭、互利行為
傳統社會中的男性	有個順從的妻子	妻子不忠或妻管嚴	一致性、身份
二十世紀上半來城市務工的農民	不能表現得「像個鄉下人」	不由自主地說出方言	身份
四十歲以上人群	顯得年輕	有皺紋、贅肉	一致性、性

所屬人群	群體準則	羞恥產生原因舉例	羞恥主因
公司管理層	事業有成	失業	身份—競爭
1950年代年輕女性	貞潔	不是處女	一致性、性
1970年代的年輕女性	性觀念開放	還是處女	一致性、性

在這些事例中，羞恥的表露有兩大特點：

◆ 第一，所在群體和羞恥的人自己都認為這一行為是不好的，羞恥者希望「要是我不是這樣就好了」，或者「要是我沒有這麼做就好了」，即使給他們帶來羞恥的行為曾在某一瞬間極有吸引力（就像貞潔少女在「讓步」的那一刻）。感到羞恥，意味著你把所屬群體的準則看作了自己的準則。

這是因為，若你無視群體的準則，被「當場逮個正著」只會讓你尷尬，但絕不會引發真正的羞恥。有些真正以誠信為人生守則的政界人物在自己行為偏差被曝光後，就會以自殺謝罪。類似情況下，其他政客可能只是感到窘迫，或因為被曝光而怒不可遏，隨後便以略帶嘲弄的方式冷靜地為自己辯護。

◆ 第二，作為羞恥起因的行為定義了所屬群體中的**身份認同**。即便從其他角度看來，這只是一個行為細節（把盤子中的湯汁吃完、動手反擊不尊重你的人），但這個細節可能在你熟悉的人眼中會毀了他們對你的所有印象。社會學家歐文・高夫曼（Erwin Goffman）[6]在談論羞恥時就曾提到「受損的自我身份」（spoiled self）。

羞恥的表情

「史溫侯先生曾見到中國人臉紅，也用『羞恥得臉紅』這種句子……波利尼西亞人臉紅得非常明顯。斯塔克先生則在紐西蘭人裡看到很多臉紅的人……華盛頓‧馬修先生在北美的印第安人部落中經常見到年輕的印第安女子臉紅。還有幾個值得信賴的人都肯定地告訴我，他們在黑人當中看到了和臉紅相似的表情，而且讓他們有這種表情的情境和讓我們臉紅的狀況是一樣的[7]。」

在肯特郡的鄉間，達爾文由於健康原因已經難以動彈，但他仍在竭力地挖掘、探索情緒的普遍性理論。他採訪的人中包括海軍軍官、探險家和殖民者。

關於羞恥，他總結，臉紅是普遍存在、與生俱來和非文化性的表徵，世界上任何一個地方的人都有如此表現，雖然肯特郡青年的臉紅比祖魯士兵要更容易觀察到（和引發出來）。

達爾文的直覺得到了現代研究人員的證實。在世界上任何角落，除了「羞恥得臉紅」（即臉部血管擴張）以外，羞恥還有其他的普遍表情，並且結合了臉部表情與身體姿勢：雙眼低垂、頭部前傾[8]。

所以，感到羞恥時，我們不僅會臉紅，還會低下雙眼、彎下脖子。大多數文化中還可見到一種羞恥的表現：用手遮住眼睛，摀住臉龐。這一反應通常出現在犯錯的幼兒中。

加埃唐這樣描述四歲的女兒西多妮的表現：

> 一天，西多妮和她兩歲的妹妹埃洛伊茲吵架後，把妹妹推出房間，用盡全身力氣狠狠地關上了門，可她沒有想到，妹妹的兩根手指被夾在門縫裡，在她大力關門時被夾斷了。我們立刻帶埃洛伊茲去了醫院的急診部。由於兩根手指的末節指骨粉碎性骨折、骨端外露，她接受了全身麻

精神科醫師拆解七種支配生活的基本情緒

醉，然後進行了手術。當時我也得知，手指被門夾傷的情況在兒科中很常見。我們在醫院陪了埃洛伊茲一夜，讓西多妮睡在她叔叔家。第二天是周日，我去接西多妮，她顯得特別難以面對我，不敢說話，也不敢看我。前晚，我們沒時間責備她，因為當時情況實在是緊急。一踏出叔叔家的門，西多妮立刻用外套蒙住自己的頭，好躲起來讓我看不到她。就這樣，她一路蒙著頭回到了家。我想，這一夜她肯定是在罪惡感中度過的，而我嚴肅又不快的目光可能激起了她的羞恥感。這一天，直到妹妹回來之前，她一直躲躲藏藏。

西多妮的情緒就是羞恥，同時也懷有一種相近的感受，即罪惡感。我們將在之後詳細解釋。

文學作品中的羞恥

在約瑟夫・康拉德（Joseph Conrad）的作品《吉姆爺》（Lord Jim）（1965 年被理查・布魯克斯翻拍成電影，由彼得・奧圖主演）中，主角吉姆曾是一艘輪船的大副。他在某次出航時犯下了讓他後悔一生的錯誤：派特納號即將沉沒時，船員們驚慌失措地逃生，而他也屈從了自己的本能，棄船而逃。於是，派特納號和底艙中三百位前往麥加朝聖的香客，一併漸漸沉沒。然而，派特納號很快就被另一艘船發現了，船員們的行為也遭到了披露。羞恥感從此糾纏著吉姆，逼迫他從一個港口逃到另一個港口，每次他都只能停留不久，因為很快就會有人發現他的來歷（「他先後生活在加爾各答、孟買、仰光和巴達維亞」）。最後，他在熱帶叢林中的一個馬來人村莊裡住下了，被土著尊稱為「吉姆爺」。我們在故事裡會看到，他確實配得上這個稱號[9]。

弗朗茨・卡夫卡的《變形記》（The Metamorphosis）中，可憐的格里高爾・薩姆沙某天早上醒來後發現，自己變成了一隻巨大的甲蟲，外表

再也不符合人類的標準了。看到他的變形，家人十分懼怕又厭惡，自此把他反鎖在房間裡。唯一表達過同情的只有他的妹妹，但也只是偶爾幾次而已。有一天，格里高爾意識到自己帶來了多麼大的恐慌，於是用床單把自己蓋了起來，不想嚇到母親。小說中只有兩處寫到了羞恥。一處講的是格里高爾第一次溜到自己房間的沙發底下過夜，第二處描寫了他聽到家人在談論全家日益困難的經濟狀況時，想到自己再也沒有能力幫忙賺錢了。然而，雖然書中只提到兩次，但在格里高爾的行為和思想的描寫上，羞恥的情緒一直是基調[10]。

　　安妮・埃爾諾的《羞恥》一書記錄了 1950 年代一個諾曼第少女心中的羞恥。這位少女在青春期時，日益意識到社會上人與人之間的差距，同時也開始認為自己所處的環境（她的父母只是普通的工人，現在開了一間小作坊式的手工縫紉店）中所有的生活習慣都是低等人的表現。主角雖然是個成績優秀的學生，但她開始接近那些家庭條件更加優越的女生，由此她的自卑變得愈發強烈。書中非常精彩地描寫了這種經常發生又難以啟齒的感受：「羞恥是正常的，由我父母的職業、他們的經濟困難、他們過去工人的身份、我們的行事為人等等鑴刻在我身上的因果關係……羞恥，已經成了我的生活方式。說到底，我都感覺不到它了，它早已長在身體裡[11]。」

　　阿戈耶夫（Aguéev）的小說《可卡因的故事》（Roman avec cocaine）發生在俄國十月革命之前，敘述者是一個莫斯科的高中生。他一直為自己在同學中的名聲擔憂，沒想到，一天，他年邁的母親來學校幫他付學費，在他們的課間休息處現身了。當時她「穿著磨損的舊皮襖，戴著一頂可笑的軟帽，帽檐上耷拉著一圈細碎的灰頭髮」。主角心中襲來一陣強烈的羞恥，轉而變成了對母親的憤怒，使得他迎向母親時「用憎惡的低語對她說話」。他的同學們前來戲謔地問道：「剛剛和你講話的那個穿裙子的小丑是誰？」他開玩笑式地回答：「是個活得挺慘的老褓姆[12]。」

小說在之後披露了主角黑暗的人格（儘管他曾經確實有過罪惡感）。但是，即使是人們眼中最有道德的人都可能會有這種根本性的羞恥，也就是針對自己父母的羞恥感。被封聖的文生‧德‧保羅神父曾坦白[13]：「小時候，父親常帶我去城裡散步，但我每次都覺得很羞恥，也不想承認他是我父親，因為他穿著破舊，又有點跛……我記得，上初中時，有一天有人告訴我，我父親——那個窮苦的農民——來找我。我拒絕出去和他說話，這是我一個極大的過錯啊。」受人敬仰的文生在快要去世之前才說出了這段往事，可見，就算是對聖人來說，羞恥也是如此難以啟齒。

在小說《艾爾絲小姐》（Mademoiselle Else）中，阿圖爾‧施尼茨勒（Arthur Schnitzler）寫道，年輕而貧窮的艾爾絲想儘快賺到六萬弗羅林，救家人脫離破產的境地。一個腰纏萬貫的老頭保證自己能幫她還清她父親欠的債，但條件是她必須在他面前脫光。起初，艾爾絲非常抗拒，但最後還是妥協了，不過她根本沒有想到，自己是要在某大酒店賭場的晚會上當眾裸體。巨大的羞恥包圍了她，以至於她暈了過去，甚至最後選擇了自殺。「這個禽獸看了我的裸體！噢！太羞恥了！我太可恥了。我做了什麼？我再也不要睜開眼睛了，永遠都不[14]！」

羞恥的作用

有些情緒的作用是立竿見影的：恐懼使我們逃離危險，憤怒使對手受到我們的威懾。那麼羞恥呢？為什麼我們會突然自卑、臉紅、低下雙眼、想要立刻消失？讓我們如此難堪的情緒會有什麼作用呢？

羞恥使他人更寬容

同樣犯了錯誤的孩子中，表達羞恥的會受到較輕的處罰。在真實或模擬的案件庭審中，表現出羞恥的罪犯比其他罪犯的量刑輕，而表現出憤怒的罪犯量刑重[15]。

這一現象在日常生活中很常見，比如在下面這個例子中，旅行社老闆讓娜向我們講述了一段經歷：

> 上班的時候，我發現臨時代班的馬克很多時間都在上網，遠遠超過了他工作中需要上網的時間。一天，趁著他不在，我查了他的歷史流覽記錄，發現他竟然都在上色情網站！我氣極了，他是來這兒工作的，不是來用這些下流無恥的色情照片找刺激的！（看來，讓男性格外敏感的視覺性刺激對讓娜來說特別難以容忍。）他回到公司後，我原本打算和他正面談話，指出他的問題，然後馬上讓他滾回臨時工培訓中心。但是，當我告訴他我發現了什麼之後，他立刻臉紅了，低下頭看著地面，結結巴巴地道歉。這麼一來，我反而覺得再進一步指責有點尷尬。於是我告訴他，我再給他最後一次機會。事實證明，我這麼做是對的：接下來，他用盡了一切努力來「贖罪」。

羞恥讓我們更能同情彼此

許多經驗表明，在不小心犯了錯之後（比如在超市裡弄翻了一堆箱子），表達羞恥的犯錯者會比不表達的人獲得他人更多的幫助。錯誤發生後，比起僅僅表現出尷尬（眼睛望向一邊，「緊張」地笑）的人，臉部出現羞恥表情（雙眼低垂、低下頭）的人被認為更值得同情[16]。

和大多數情緒一樣，羞恥也具有與他人交流的作用。在做錯事或發生衝突時，它可能會起到緩和的作用。

精神科醫師拆解七種支配生活的基本情緒

羞恥使我們「努力表現得體」

請想像一下這樣的畫面：你不知羞恥為何物，覺得自己有充份的自由，想做什麼就可以做什麼，還能一邊嘲笑別人的觀點。

也許這樣的畫面對你而言比較難以想像，但它卻真實地存在於一些前腦內側部分受損的病人當中。在情緒上，他們對別人的眼光和不同觀點已經完全不在乎了。他們的具體行為會如何呢？這就取決於他們神經受損的嚴重程度，但通常他們的行為都會與社會準則相違背。神經科專家安東尼歐·達馬西歐的病人露西就是一個例子[17]。在她的訪談錄影中她說道，自己曾經是非常害羞、低調、謙遜的妻子，但她突然變得非常大膽：她對男性的表現一反常態地熱烈起來，讓她身邊的人很不舒服。露西視這種新狀態為自由的解放（特別是連坐飛機時，她都一點不害怕了），但同時也知道其中有很大的風險。不過，她的受損情況算是輕微的，還能夠「管住自己」。

患有這一疾病的患者較常見的症狀包括經常發誓、與上級表現得過於隨便等，男性還會以超乎情理的大膽方式與女性交流。當人們瞭解到這些人的舉止是因為疾病後，就會對他們更為包容；若非如此，這些行為就會導致這些人被鄙視，甚至會被懲處或驅逐。

羞恥就像警報器一樣，它告訴我們，自己很可能會在某些方面違反所屬群體的準則：

為了避免羞恥，會使我們免於……	同時也會讓我們避免……	險些觸及的原則
顯得與他人太不一樣	被群體排擠	一致性
表現我們的恐懼或其他弱點	失去身份，變得「低人一等」	身份 - 競爭
弄虛作假或故步自封	被看成造假、自私的人，無法再享受互利互助	互利（交換）行為
顯露我們的自卑，或表現得不合群	不再被視為有吸引力的可選配偶（即性的吸引力和為人父母的潛力），無法找到配偶	性

因此，羞恥對於我們的社交行為有著極佳的調節作用，可以維護我們在群體中的自我身份，就像疼痛有助於保護我們的人身安全一樣。

不過，就像我們沒必要用不斷弄疼自己來避開危險一樣，我們也不一定要透過羞恥感來明白自己犯了錯，因為我們平日裡的本能就是避開痛苦和羞恥——你不可能期待透過羞恥來阻止自己在開會時挖鼻孔；出於羞恥的危機，你根本不會想到在會議上這麼做。青春期的少年會和同學們買一樣的衣服，來避免因為「穿衣品位差距」而產生羞恥。

所以，羞恥並不是一種神經官能症，也不是猶太基督徒某項教義帶來的結果，更不是有錢人某種潮流裡的時髦症狀。這是一種普遍的情緒，也是一種有用的情緒，它使我們的祖先們避免身份降低或被部落排擠。祖先們將基因遺傳下來，將我們「設計」成能感受到羞恥的人。

羞恥與社會壓力

作為一種演化中被天擇出來的情緒，羞恥使人類在集體生活中得以受益，隨後也在所有的人類文明中被用來規範人們的行為。

《聖經》中寫到的第一個情緒就是亞當和夏娃對裸露的身體感到羞恥，而他們是在吃了智慧樹上的果子後意識到自己赤身裸體的。古老的宗教教義中經常會提到「vergogne」一詞，指人因道德而對任何可恥之事有所懼怕。到了現代社會，我們稱其為「羞恥」，有關舊詞就只有「sans vergogne」（不知羞恥）的用法。驕傲是天主教信仰中最大的罪，與羞恥恰恰相反：它指的是個人對自身全面正面的評價。

過度羞恥的弊病

和所有的情緒一樣，羞恥也有兩面性。

經常露出羞恥臉部表情的人會被看成是溫和、與世無爭的人，但研究也發

現，他們同時被認為無趣、沒有魅力或不值得信賴[18]。過度表現羞恥可能會讓人對你的評價和你對自己的評價變得一樣負面，你也由此會變得不受歡迎。

羞恥的誕生：嬰兒也會臉紅

羞恥與尷尬都有基本情緒的一個重要特徵：我們可以清楚地在十五至二十四個月大的嬰兒身上發現這些情緒，但出現時間比喜樂、憤怒和恐懼要晚許多（喜樂：三個月、憤怒：四至六個月、恐懼：八至十個月）。但羞恥的延遲產生是有原因的。羞恥情緒與自我意識有關（因此被英美心理學家與尷尬、自豪和高傲一同列為**自我意識情緒**），人只有在意識到別人看自己的眼光時才會感到羞恥。這種自我意識直到兩歲左右才開始形成。

然而，一些教育方式似乎故意促使孩子盡早感受到羞恥，甚至在他們成長的過程中不停刺激這種情緒的出現。

以下就是幾個激發羞恥情緒的教育方式，讓人有點哀傷：

◆ 向孩子表現出愛是有條件的（即父母對孩子的愛取決於孩子是否符合他們的期待）。

◆ 將孩子幾乎達不到的過高要求強加於他。

◆ 在孩子失敗時，用嘲諷或輕蔑的方式指責、嘲笑他[19]。

主動激發孩子的羞恥是很不應該的行為。經常感到羞恥的孩子比其他孩子更為懦弱退縮，或更具攻擊性，他們的自尊也更低。不過，針對孩子的某些行為，激發他的罪惡感將能夠使他做出彌補或互助的行為，並增進他的同理心[20]。

羞恥與尷尬

　　尷尬與羞恥的區別首先在於尷尬的激烈程度要遠低於羞恥（雖然也可能會讓人臉紅），並且尷尬不會引起自我貶低或自卑的想法。

　　在窘迫或尷尬的情況下，行為表現也會不同：當我們只感到尷尬並無羞恥時，我們會避開別人的目光，望向一旁，並且「緊張地」微笑，同時會用手觸碰臉部[21]。值得一提的是，這三個動作恰恰是撒謊時的非語言標誌，是心理學專家們研究的一大熱門[22]。

尷尬的起因

　　我們來舉個例子讓你清楚地分辨羞恥和尷尬。想像一下，你把一份報告的草稿交給上司，上司在讀完之後告訴你，他對報告內容很滿意，但他發現了幾處拼寫錯誤。

　　根據你個人的背景，你可能會感到尷尬，也可能會感到羞恥：

- ◆ 背景一：你的拼寫向來沒問題，這次只是因為打字太快，時間太緊，沒有檢查。在這種情況下，你會為犯了錯誤而有些尷尬（相較之下較輕鬆度過）。
- ◆ 背景二：你有誦讀困難症，學生時期就因為糟糕的拼寫成績而受到羞辱，甚至被老師不留情面地當眾批評，或被同學們嘲笑過。經過許多努力之後，你好不容易在拼寫上有了進步。在這種情況下，現在的這些拼寫錯誤意味著你沒有達到所屬群體的標準（過去這個群體是你的同學，現在則是同事），你肯定會感到羞恥。

　　心理學家們認為，在第一種情況下，你將拼寫錯誤歸因於不穩定的條件（大多數情況下你不會拼錯，這次只是因為太著急或過度疲勞）和一些外部

原因（造成你犯這些錯誤的是過大的工作量）。在第二種產生羞恥的情形下，你將錯誤歸因於穩定的原因（你總是會犯拼寫錯誤）和內部的因素（這是個人的弱點）。

另外，羞恥一般伴有逃離場景的願望，而尷尬則更會帶來補救眼下傻事的想法，有時甚至會娛樂到旁觀者們。

有次溫斯頓・邱吉爾（Winston Churchill）在議會開始講話幾分鐘後，一位貼身同事偷偷地提醒他拉鍊沒拉。沉默了一會兒，這位身經百戰的老政客大聲地回答道：「別擔心，都這把年紀了，鳥都離不開巢了。」

缺乏經驗的小情人讓-皮埃爾因為他平庸的床上表現而感到了如同癱瘓一般的羞恥，但類似的情形若是出現在一個較自信的人身上，則會引起尷尬，而他可能會用調侃的方式圓場（也許會讓女方覺得有趣）。

尷尬也可能發生在我們成為注意力的焦點時，比如典禮上的公開談話、或走進一間已有好多人的房間。若你的尷尬激烈到讓你想要逃離現狀，這種症狀被稱為社交恐懼症。

羞恥	尷尬
強度較強	強度較弱
持續的自卑	行為失誤
對個人自身的看法負面	對個人行為的看法負面
歸因於穩定的內部因素：「是我的錯，我可以改變狀況。」	歸因於不穩定的外部因素：「這不經常發生在我身上，說到底並不是我的錯。」
目光低垂，無微笑，難以為自己辯解	目光看向一邊，有時帶有微笑，想要辯解
想要消失、逃離	想要彌補錯誤，挽回自己在對方眼中的形象

羞恥與羞辱

米歇爾回憶一段年輕時的經歷：

> 我在青春期的時候很害羞，但還是成功地和一群比我機靈的男生成為
> 了哥們兒。這夥人中有幾個很接納我，但另外一群人卻總是喜歡嘲笑
> 我，笑我在女孩面前太害羞，說話聲音太輕柔。起初，我把這些嘲諷都
> 視為玩笑，但有一天，其中一個人重重地推了我一把，只是為了好玩而
> 已。我的自尊心瞬間燃燒到無法只用同樣程度的方式反擊，於是我直接
> 衝到他面前要去揍他。然而，他比我強壯多了，不費半點力氣就把我變
> 成了被揍的那一個。他把我按在地上，我掙扎著卻怎麼都逃脫不了，他
> 就和其他人一起大笑、辱罵我。最後他把我放了（因為我們老大的插
> 手），我覺得非常羞恥，所以轉身就走了。從那時起，我就一心想著要
> 報仇。最後我回到了這夥人裡。這回我推了他，是我先挑釁的，他便來
> 推我，我們又重新打起來了。有人把我們拉開了，他又占了上風，但這
> 一次我成功地讓他摔倒了，還把他的鼻子打出了血。自那天開始，其他
> 人幾乎再也不嘲笑我了，我也真正地融入了這個圈子。

這段敘述的第一部分中，米歇爾描述的就是一種羞辱的感受（拉丁文是
humilis，意為低下），即因他人故意的行為導致的身份缺失。推米歇爾時，
這位同伴首先是想證明米歇爾沒有能力反擊挑釁，而當米歇爾反擊時，他又
想證明米歇爾沒有打架的能力。米歇爾因為自己無法達到這一群體的標準
（即有能力自衛、讓人覺得是個狠角色）而覺得羞恥，但他還是對挑釁的人
心懷怨恨，想要反擊。當他主動出擊時，他便達到了群體的標準，贏回了更
高的身份地位。

因此，我們可以總結：為了修復被羞辱的自己，米歇爾使用了兩個很重要

的方法：憤怒與攻擊。

所幸，米歇爾所在的團體裡，攻擊行為是有限制的：他和對手都只能使用「自然」武器，而且每一次都會有人及時介入，制止鬥毆，以免發生無法挽回的傷害。社會學家大衛・勒普特（David Lepoutre）就曾寫到「制止者」（separator）[23] 的角色：

> 由於每個人都曾直接或間接地接觸過暴力行為，他們都清楚地意識到，在某種程度上暴力有存在的必要，有其意義且值得鼓勵，但它必須被控制在一定限度之內，以免讓爭鬥的雙方暴露於太大的風險中……當獲勝方的優勢十分明顯，或圍觀者情緒過於激動，抑或是出現了流血狀況時，就會有人出面制止：「如果其中一人倒在地上，或把另一個人揍得特別誇張，我要是看到被揍的人快不行了，就會去把他們分開。」

然而，有些具有社交障礙的青少年很可能會以不成比例的方式反擊。他們會帶著刀、槍之類的武器「殺回來」，造成我們有時會在報紙上看到的慘案。我們可以設想，若一方感受到特別強烈的羞恥、自卑，那麼他的反擊就很可能異常激烈、殘酷。1999 年 4 月 20 日，兩名攜帶大量武器的青少年忽然闖進美國俄亥俄州的哥倫拜恩（Columbine）高中，射殺了十三名同學和一名教師，然後飲彈自盡。這起屠殺究竟是出於什麼原因我們已無法知曉，但我們注意到，這兩名學生之前並不受歡迎，體育也不突出，學習成績一般，平日裡很可能是「強勢」學生們嘲弄的目標。

專門研究男性之間暴力問題的專家找到最常見的謀殺觸發情景——兩名男性因身份、地位問題產生衝突，且衝突發生在他們共同認識的人面前。對此，心理學家們提出了羞恥—憤怒的惡性循環螺旋體（shame-rage spiral）的概念，即受到羞辱的人會以好戰的狂怒來作出回應[24]。

正如馬修・卡索維茨（Mathieu Kassovitz）的電影《仇恨》（La Haine）中年輕的郊區青年們說的那樣：「過去，我羞恥；但現在，我仇恨。」

　　要在人類祖先的部落生存，保衛地位身份是件至關重要的事。如今，我們仍時刻準備好要用暴力維護自己的地位，特別是當我們幾乎沒有其他選擇時。若我有一群與我為善的好友、一份體面的職業、一種對人生成就的滿足感，我肯定可以不用衝出車門，就可以妥善處理某個暴躁司機對我的羞辱。但我人生的價值若只能以「男性的尊嚴」支撐，我就會更傾向於不惜一切地捍衛它；來羞辱我的人就得自求多福了，尤其在我的好哥們兒面前。

另一種與自我意識相關的情緒：自豪

　　自豪很像是與羞恥相對的一種基本情緒，其臉部表情與後者正好相反：「高高在上」的眼神、抬頭挺胸，甚至還有特殊的嘴部特徵。這一情緒也是在兒童兩歲左右時開始出現的。誰不記得孩子們自豪地完成一幅畫、一幅拼圖之後，熱切期待父母表揚的眼神？

　　心理學家將自豪與高傲進行了明確的區分：自豪（pride）與行為上的成功有關，而高傲（hubris）則是一個人對自身全面的正向評估。

　　對天主教而言，高傲是最大的罪。古希臘人用 hubris 一詞來形容自認為超脫於一切責任與限制、與神齊肩的狂傲態度。

　　自豪和罪惡感—尷尬，都是我們對於某些行為的正、負面自動評估產生的，而羞恥和高傲則是針對自身各方面的綜合評估。有趣的是，從社會學角度來看，長期受到羞辱（尚不至於死亡威脅）的弱勢群體更熱衷於創造出讓自己自豪的標語，其中最著名的當屬 Gay Pride（同性戀自豪日）。

四種「自我意識」的相關情緒

將事件歸因於……	事件失敗	事件成功
自身	羞恥	高傲
行為	尷尬－罪惡感	自豪

受害者的羞恥

在眾多強姦或侵犯事件裡，為什麼受害者也常感到羞恥？

克雷兒曾遭陌生人輪奸。她在每天慣常的晨跑中被盯上；就在固定的跑步路線上，幾名男性將她拖進了一輛車中。

> 除了害怕外出、失眠、噩夢、怕染上愛滋病以外，我還覺得羞恥。我不敢跟朋友們說，只告訴了一個最好的朋友，當然還告訴了心理醫生。我的羞恥感讓我覺得很不可理喻，因為我明明什麼都沒有做錯，我也不是特別掉以輕心，那個地區也沒有什麼犯罪歷史，我就是碰上了倒楣事。但我真的羞恥，我感覺得到。我覺得自己很卑賤，被玷污了。我永遠不敢把這些告訴任何一個男人。

如果克雷兒生活在一個高度重視女性貞潔、會把受強暴的婦女逐出群體的文化中，那麼她的羞恥就很容易理解，因為一旦被強暴，她就不符合所屬社群的標準了。然而，事實並非如此。她所在的社會環境非常能同理被強暴的受害者，同時提供許多幫助，不斷在這方面努力進步著。

如果她在事發當時特別沒有判斷力，我們也會較容易理解她的羞恥，因為她可能會埋怨自己：這種羞恥（罪惡感）通常會折磨那些主動帶男子回家卻被強暴、或單獨搭便車的女性。

心理學家們提出了這樣的假設：我們每個人的內心都設定了自我要求的框架與行為標準，它們是我們的**尊嚴** 25 的一部份。當我們成為脆弱、恐懼、可憐的受害者時，會因而感到羞恥，即使沒有前提上的錯誤。

在眾多曾遭受暴力或性侵犯的兒童和青少年中，羞恥是他們最嚴重的心理後遺症之一。成人後，他們常常會感到羞恥，並且傾向於把所有遇到的失敗全部歸咎於己 26。

羞恥、疾病、殘疾

疾病與殘疾也極可能是引發羞恥的原因，因為它們和我們對於自主行動或身份的理想樣貌有關。不少病人都把自己的病形容為羞辱。

對一些能把病患和他們的家人聚集在一起的機構來說，除了其他諸多職責，讓病患重獲生命驕傲的責任也十分重要。這些機構致力於讓病人感覺在團體中被接受、得到充分歸屬感，同時也竭力為病人們爭取整個社會的承認，使病人免於被傷害、拒絕，因而感到恐懼。有許多人都如此為特定疾病的病人們開墾道路，如貝蒂·福特（Betty Ford），美國前總統吉羅德·福特（Gerald Ford）的夫人，就曾公開揭露了自己患有乳腺癌的事實。羅蘭·雷根（Ronald Reagan）則以自己罹患阿茲海默症（Alzheimer disease）的事實捍衛了眾多病人的尊嚴。

當病人宣稱要為尊嚴而死時，他們其實是在宣告對自主權和掌控權的渴望，而這些權利都被重病威脅。因此，為了維護他們的尊嚴、減輕他們的痛苦，要使其盡可能地保有生命的自主權，使他們避免可能造成羞辱感受的漫長等待、裸露和不衛生，並杜絕使用侮辱性的詞語指稱病症或殘疾 27。

讓人羞恥的疾病還存在嗎？

　　某些疾病之所以被人認為「羞恥」，不僅因為它發生在所謂羞恥的部位（西方解剖學中，有向生殖器官輸送血液的「羞恥血管」和「羞恥動脈」），還因為感染這些疾病代表了個體違反宗教所呼籲的潔身自好與對愛情的忠誠。當性開放不再被視為嚴重的罪時，這些醫學名稱也隨之消失，取而代之的是以愛神維納斯（Venus）的名字為詞根的一系列性病名詞。這些名詞看似帶著「愛」，但實際上性關係並不一定與愛相關，所以這種命名方式再一次被淘汰，只剩下性的元素。如今，性病在西方就直接被稱為「透過性進行傳播的疾病」（STD，sexually transmittable disease）。

羞恥與罪惡感

　　羞恥和罪惡感有時會被當作同義詞使用，然而，如表格所示，它們在許多方面都有差別。

　　羞恥會使人想要消失，或有時讓人產生攻擊性，但罪惡感會帶來對人對己都更具建設性的行為，即想辦法彌補或減弱他人受到的傷害或損失[28]。

羞恥與罪惡感的差別

羞恥	罪惡感
生理反應明顯，如臉紅	認知反應明顯，如折磨人的思想、反覆深思
關注自己是否在他人眼中低人一等	關注自己為他人帶來的損害
有旁觀者	不一定有旁觀者
對自身本身看法負面	對自己的行為看法負面（但可能演變為對自己看法負面）
想要消失、逃離現場，或在被羞辱時想要攻擊對方	想要道歉、坦白、彌補過失

但是，與羞恥一樣，罪惡感的程度也可能過於強烈，以至於引發沒有意義的痛苦，並「讓幸福白白溜走」。銀行管理人員伊蓮娜講述了她的經歷：

> 我極容易有罪惡感，但其實沒人要為任何事指責我。為什麼有罪惡感呢？實際上，這些「罪」就是我比他人好的地方。這樣說起來範圍就廣了：小時候，我比我姐姐的成績好；青春期，我很受男生歡迎；長大後嫁了一個很有魅力的男人，生了兩個漂亮的小孩，而姐姐卻離婚了；在事業上，我工作很好，但姐姐做什麼都失敗。對於我姐姐，我很早就有罪惡感，而且這種罪惡感一直延伸到我生活各方面。如今，我總是會隱隱約約地對我的同事們有罪惡感，因為她們的生活沒有我的好；我還會對那些夫妻感情不好、孩子不貼心的人有罪惡感，更別說那些無家可歸的流浪漢了。我從來都不會談及這些，但到頭來我的丈夫終於還是猜到了，並說我這樣是浪費生命。這麼說太誇張了，我的生活很幸福，但罪惡感確實總是像背景音樂一樣，一直存在著。我去看過心理醫生，但就算諮詢的時候，我也會產生罪惡感，覺得不應該請他來幫我進一步提高生活的舒適度，他更應該去幫助那些有嚴重心理疾病的人。他把我這個最新的罪惡感揭露了出來，我們立刻著手要處理它！

伊蓮娜的心理醫生使用了認知療法，即從目前她有罪惡感的情景出發，挖掘出引發罪惡感的想法和內在信念（即認知）。幾周的治療後，伊蓮娜認為，她的內在信念就是：「如果我顯得比別人好，別人就會拒絕親近我。」所以，之後的治療就會通過不同的問題來檢驗這個內在信念：

- ◆ 這一信念有基礎嗎？當你看起來比別人優秀，真的會讓你被拒絕嗎？伊蓮娜能否舉出對這一點有說服力的切身經歷？
- ◆ 如果別人的拒絕確實發生過，那麼這件事有那麼嚴重嗎？

這些探討會帶出第二個更深層的內在信念（「我應該被所有人愛並接受」）。檢驗這層信念，伊蓮娜意識到：從小，母親就對天資稍遜的姐姐付出了許多精力，讓她有了被拋棄的感覺，之後的生命裡她也同樣因出色表現而感到被拋棄。伊蓮娜也發現，原來自己被現今的職業束縛住了，雖然她比姐姐要成功許多，但這並不完全符合她自己的心願和能力。心理治療讓伊蓮娜走出了自己的罪惡感，並更好地接受了讓別人不快的可能性。

避開罪惡感

我們的罪惡感源於我們對自己的行為的負面看法，並且認為這樣的行為侵害了他人。與羞恥相比，我們可以看到它的幾大益處和弊病。

可以讓人有罪惡感，但不要羞辱他們！

如果有人為你帶來了困擾，或讓你失望，請讓他有罪惡感，但不要讓他感到被羞辱。

事實上，罪惡感會激發人彌補過錯，而羞恥感會讓人逃避，或者會反過來攻擊你（心理學家們提出的羞恥－憤怒的惡性循環螺旋體）。

這就是在職場和伴侶間要批評時所須遵循的規則：批評對方的行為（讓他／她有罪惡感），而不是指責他／她這個人（讓他／她感到羞恥）。再者，如果你已經讀過「憤怒」一章的話，你現在應該會記得，被羞辱了的下級是會報復的。

罪惡感的益處：

- 罪惡感是由我們對自己行為的負面評價引起，被貶低感並不像羞恥那麼全面性。
- 若我們去「彌補」這些行為造成的問題，我們就可以減輕或消除罪

惡感。但是，若我們因為自卑而感到羞恥，那些自卑是很難修正的。

　　此外，研究人員發現，易有罪惡感的傾向一般都與利他行為有關[29]。人們常常批評幫助他人的人只是「為了讓自己心安理得」，但是，不管怎麼說，這不正是一互利互助的社會的基本機制嗎？試想，若社會上充滿了毫無罪惡感的人，那會是怎樣的景象呢？

罪惡感的弊病：

* 罪惡感的激烈程度輕於羞恥等情緒，但常常是慢性的。它是一種**長期的感受**，可能會壓在我們的肩頭達幾個月、幾年，甚至一輩子之久。

* 羞恥是可以避免的，我們可以在交流範圍內只保留那些能夠接受我們弱點的人，或只接觸接受我們的環境。例如，如果我對自己的外貌、出身地位或性取向感到羞恥，我可以只選擇接受我、或與我有相同情況的人做朋友。

* 然而，若造成的錯誤再也無法彌補，那麼如何才能消除罪惡感？作為精神科醫生，我們經常會遇到罪惡感極為嚴重的人：活在親人自殺帶來的罪惡感之中。所有的自殺案件都是無數負面情形不斷疊加後的結果；可能是受未曾康復的心理舊疾、精神疾病、最近遭遇的失敗或損失、酗酒或吸毒等毒害健康的行為、家中留有自殺工具、家族有自殺史等等因素影響。不幸的是，這些活在罪惡感的親人常常只關注自己和逝者關係中最微小的風險，而忽略其他因素，不停自責，覺得沒有在他們生前給予足夠的關注和照顧。

* 雖然自己並不應該為他人的不幸負責，但也可能會有罪惡感。「倖存者症候群」（survivor syndrome），即某些從死傷無數的自然災害中存活下來的人所感受到的持續性罪惡感，但實際上他們面對受

害者的死亡根本無能為力。

然而，罪惡感比羞恥更容易表達，而將它向一位善良智慧的交談者傾訴（如傾聽告解的神父或心理醫生）始終是使自己釋放和減輕罪惡感的最佳方式。

所幸，大多數我們背負的罪惡感都沒有那麼悲劇性，我們通常可以用更簡單的方法避開它，即遵守我們所屬社會群體的行為準則，並關心我們所愛的人的需求。

尷尬、羞恥、罪惡感：一個故事的三個瞬間

為了更好地總結羞恥、罪惡感和尷尬之間的區別，我們來說說一個婚禮上發生的故事：

我和妻子一同受邀參加都彭兒子的婚禮。一到現場，我就很**尷尬**地發現自己打扮得不夠正式，因為這個婚禮比我想像的要奢華、高級許多。為了讓我放鬆下來，我喝了好幾杯香檳，同時滔滔不絕，認識了很多新朋友。但我的妻子走過來扔了一句話：「你別出醜了。」這下讓我**感到羞恥**，因為我知道我一喝酒就話多。因此，我開始走得離人群遠些，想一個人待著。可就在這時，在餐桌邊上，我看到了一位老朋友。我曾經瘋狂地愛著她，但自從我結婚後就再沒見過她了。我們一直在聊，聊著聊著，趁著情緒激盪，也為了找個安靜的地方，我們上了二樓。樓下還在繼續接待來賓，而我們則在樓上做愛。之後，我回到了妻子身邊，心中懷著深深的**罪惡感**。她後悔自己不該激怒我，並想要向我示好，但這讓我的罪惡感越發加重了。

在這個故事中，雖然妻子並不知道他出軌，但主角還是有很深的罪惡

感，不過他並沒有感到痛苦。當我們觸犯**道德規範**時，即使我們是唯一意識到自己犯了錯的人，我們還是會出現罪惡感。這種罪惡感的產生，往往是因為我們會設想萬一對方發現了我們的所作所為，他／她會遭受多大的痛苦，會如何譴責我們。宗教教義中很提倡對這些隱而未現的過錯有自覺的罪惡感，因為上帝是**無所不知的**。

羞恥、尷尬、罪惡感與精神障礙

羞恥、尷尬與罪惡感都是情緒，而非疾病。但是，這些情緒一旦氾濫或過於麻木，就很可能產生某些精神疾病或人格障礙。

尷尬與羞恥的相關疾病：社交恐懼症[30]
（social phobia）

社交恐懼症，即極度恐懼自己不恰當的情緒反應或不得體的行為舉止會被他人看作滑稽可笑。社交恐懼症使人遭受一種比害羞激烈許多的長期恐懼，害怕談話對象或其他旁觀者對其有負面評價。社交恐懼症是兩種基本情緒混合而成的精神疾病：**恐懼**（在社交情境發生之前及進行過程中）和**羞恥**（社交情境過程中及之後）。這兩種情緒都很激烈，會漸漸使病人逃離或避開日常生活中的各種社交場合。

以下是拉季法的敘述。她患有某種特殊的社交恐懼症，名為**赤面恐懼症**（由於恐懼和羞恥導致極易臉紅的病症）。

　　每次我在別人面前臉紅時，我都羞恥得無地自容。我沒辦法自在表現我自己：每次都以最快的速度離開，也無法和別人交談，因為我一

201

直臉紅。我還沒找到工作的時候曾經參加過一次就業培訓。第一天上午，每個人都要輪流介紹自己。那真是我的噩夢。我一直結結巴巴，顯得很可笑。隨後，一直到課間休息，我都低著頭不出聲，根本不敢抬頭看其他同學或老師。休息時間到了，我急忙把自己關進了廁所裡，直到上課；要不是我的東西還在教室裡，我早就逃回家了。中午的時候，我藉口家裡有事，避免和別人一起吃飯，拿了自己的東西偷偷地離開了，再也沒有回去上課。那天之後，我把自己關在家裡整整三天，既不敢出門也不敢接電話。我覺得，整個世界，包括我的鄰居、周圍商家……所有人都知道我做了什麼蠢事。

與害羞相反，社交恐懼症不會自己痊癒，需要特殊的治療。十多年來，在心理治療和藥物的幫助下，患者的整體狀況已經得到了很大的改善。

憂鬱症：罪惡感與羞恥主導的精神疾病

如前文所述，憂鬱症患者會表現出特殊的悲傷。但除此之外，它也會引起其他情緒。

憂鬱症中，有一種形式被精神科專家們稱為抑鬱型憂鬱症（Melancholic Depression），最大特徵就是罪惡感。病人們為行動錯誤而自責，把過去經歷中最小的過失無限放大，指責自己（有時到了近乎妄想的地步）犯下了各種罪過。此一病症伴有失眠和食欲不振。自殺的風險較高，為了避免其自殺，通常需要讓患者住院，使其接受治療。

抑鬱型憂鬱症

主要情緒	罪惡感
從所受教育習得的規範	人要履行自己的職責
觸犯規則的領域	互助互利行為 「我是個差勁的母親／妻子／員工……等等」
防衛機制	完美主義，無止境地自我苛責，禁止自己享受快樂

憂鬱症患者中，慢性的罪惡感通常都與自卑的羞恥感聯繫在一起。此外，某些專家認為，慢性罪惡感與羞恥情緒常常是相關的[31]。

如何管理羞恥情緒

我們從本章之初就已經瞭解到，羞恥是一種有用的情緒，會幫助我們預先避免觸犯社會準則，並減輕可能冒犯到的對象對我們的敵意。

然而，羞恥也可能使人寸步難行，若我們不願透露，就會讓這樣的痛苦更加強烈。事實上，羞恥具有可怕的自動維持功能，一旦再次想起讓自己羞恥的事，就會再度激發羞恥感，就這樣一直惡性循環下去。

不過，一概否認我們個性中的缺點或自卑可能導致的羞恥，也是沒有意義的。

所以，我們列出了四條基本建議：

說出你的羞恥

> 關於羞恥，最糟糕的是，
> 我們以為自己是唯一一個感受到它的人。
>
> ——安妮・埃爾諾

在《流動的盛宴》（Paris est une fête）中，海明威回憶了他於 1920 年代的巴黎度過的年輕時光：「那時候我們很窮，卻很幸福[32]。」一天，名聲大噪的史考特・費茲傑羅（Scott Fitzgerald）請還只是個小作家的海明威去教皇路的一間餐廳和他共進午餐，說有非常重要的事情要請教他，而且「此事的重要意義對他來說超過了世界上任何事情，因此我必須絕對誠實地回答」。午餐快要結束時，費茲傑羅終於把問題提了出來。他告訴海明威，除了妻子姍爾達之外，他從沒跟任何女人發生過性關係，但其實不少女人都對他饒有興趣。姍爾達說，性器官像他一樣的人永遠沒辦法「讓女人幸福」。「她和我說，問題在於尺寸。自從她說了這話，我的感覺截然不同了；我必須知道真實情況。」海明威被費茲傑羅的祕密弄得有些無言以對，於是建議一起去盥洗室看一下，好給出客觀的回答。接著，這兩位名垂青史的世界級大文豪就一塊兒擠到了米歇爾餐廳的盥洗室裡，進行了一番泌尿科檢查。仔細觀察之後，海明威告訴他的朋友：他的生理構造完全正常，根本不需要為那個地方的尺寸問題害羞，可費茲傑羅還是將信將疑。於是，海明威提議一起去盧浮宮看看人體雕像，但費茲傑羅質疑雕像的真實性（「那些雕像可能並不準確」）。最後，兩人的雕像之旅還是成行了。經過海明威的點撥（「你從上面往下看自己，就顯得縮短了」），費茲傑羅終於感覺好些了。

讓費茲傑羅痛苦的就是他的羞恥（被貶低的感覺：「我的感覺截然不同了」，他認為自己已經再也達不到所屬群體的標準，即「讓女人幸福」）。

我們可以說，將自己的羞恥告訴海明威，對費茲傑羅來說也是一種寬慰。他得到了朋友友善的傾聽，也正面面對了自己內在信念中的羞恥之源。

不幸的是，海明威的話並沒有給費茲傑羅帶來很大的效果：他繼續酗酒，並和姍爾達維持著糟糕的夫妻關係。姍爾達的人格很複雜：三十歲起就有了很嚴重的人格障礙，患有躁鬱症[33]。幸好費茲傑羅後來與真心愛慕他的女性希拉・格雷厄姆（Sheila Graham）發展了一段婚外情，他也為了她徹底地戒了酒。

這個事例證明，向信任的人說出自己的羞恥會有幾大益處：

◆ 釐清自己的羞恥：這是掌握羞恥的第一步，你可以通過組織語句和表達來與這種情緒拉開距離。

◆ 在友善的朋友面前描述自己的羞恥，這將使你明白：和自己的想像不同，你並不可笑，也不會被人鄙視。

不過，請注意，請像費茲傑羅那樣，在安全的狀態下分享你的秘密，也就是說，請選擇一位你夠熟悉，並確定他會友善相待的人作為傾訴對象。

或者，你也可以選擇向以傾聽為職業的人講述（如心理醫生、神父、互助機構的「關懷者」），但請你在分享這些內心深處最隱秘的事情之前先瞭解一下對方的傾聽能力。

即使你已經在進行心理治療，這項**說出羞恥**的建議仍然要送給你，因為許多病人都傾向於避免與心理醫生談論羞恥的問題，但這些問題很可能是心理疾病的真正癥結所在 [34]。

將羞恥轉變為尷尬

如果你經常感到羞恥，很可能是因為在許多更適合用尷尬來面對的情況下，你卻遭受羞恥的折磨。若你的情況是如此，很重要的一點是你需要重新判斷事件及其帶出的情緒的嚴重程度。二十八歲的記者西爾瓦妮分享了她的經歷：

最近，報社新來了一名記者，他很熱情隨和，舉止自然。一天，我們在開會的時候，他不小心把咖啡打翻了，灑在了主編的襯衫上。主編是個沒什麼幽默感又不太好相處的人，所以有那麼一兩秒，所有人都屏住呼吸，不知道他會有什麼反應。如果我是他的話，肯定會羞愧得要命。不過，還沒等他有反應，我的同事就帶著很真誠的歉意說：「啊呀，我本來還在慶幸自己沒做過這種蠢事呢！看來我其實很笨手笨腳的啊。」他馬上跑去接了水，幫主編稍稍擦拭了一下，然後沒有再多做什麼，而

是讓剛才的討論繼續下去。會議結束時，他再次走向主編，說道：「我真的非常抱歉……」最終，他把問題放在它該有的位置上：一起小事故。後來，我開始反思自己過於羞愧的原因，然後我從此也學會了開口說「對不起」，而不是一言不發地盯著地板，等著上天來懲罰我。

西爾瓦妮的同事表現出的就是尷尬——他試著彌補、挽救，而西爾瓦妮可能會表現出羞愧（目光低垂、一動不動）。

所以，請回想一下讓你感到羞恥的情景，思考在那些情況下，是否可以用更近似於尷尬的態度來作出反應。當你在精神上做好了「尷尬」的準備，你就會不那麼感到羞恥，即使還是有一點也比較不會被他人覺察出來。

反思你的內在信念

羞恥感通常來自於兩種面向的評估：

- ◆ 評估所屬群體或想要加入的群體的規範（即規則和目標）。
- ◆ 評估自己無法達到這些規範的嚴重性。
- ◆ 此外，對於從屬於群體的重視程度，將使你在無法達到標準時進一步加深你的羞恥感。

你可以在以下三個問題的幫助下審視三種可能導致羞恥的內在信念：

- ◆ 群體的規範是否如你想像的那樣嚴苛？
- ◆ 我是否真的失敗了、沒有達到這些標準？
- ◆ 歸屬於這一群體真有那麼重要嗎？

以西爾瓦妮的經歷為例，我們可以如此分析：

想要歸屬的群體	內在信念 1 想像規範：必須達到群體的要求方能被接納	內在信念 2 怕被發現失敗	內在信念 3 歸屬此群體的重要性
一支充滿動力的同事合作團隊	行為放鬆得當，充滿自信 問題： 團體中的每個成員確實個個都行為放鬆得當、充滿自信嗎？團體真的會拒絕做不到這兩點的人嗎？	別人都會注意到我的莽撞和笨拙 問題： 你在別人的眼中確實如此嗎？	如果我不被這個群體接納，我就低人一等 問題： 為什麼？（被一個團體拒絕確實很讓人痛苦，但它是否就標誌著你低人一等？）

我們可以想像一下，若西爾瓦妮所在的團隊有著非常激烈的競爭，一旦失敗就被嘲笑蔑視，那麼，被這樣的團隊排擠算不算災難？難道不應該在更友好的環境中建立不一樣的人際關係嗎？

這三個問題是我們建議的思考方式，它們不能永久地讓你避免羞恥，也無法幫助你減輕過於激烈或來由已久的羞恥感。在後者情況下，相信專業的心理醫生的協助，他們一般會具體詢問你感到羞恥時的想法。

回到「案發現場」

你也許記得，羞恥感會讓你逃避那些與羞恥情緒相關的人（「我在這個女孩面前臉紅還結巴，要是再見到她實在是太尷尬了」）或那些讓我們覺得自己不夠資格的環境（「我以前演講的時候那麼可笑，我再也不想公開發表演說了」）。事實上，這些事件就像在幫你的羞恥情緒撰寫編年史，且不斷地寫下去。除非回到「案發現場」，才可能永久地消除羞恥。

讓我們來聽聽菲力浦的分享。之前在被朋友邀請的場合中，他沒能控制住自己對朋友及帆船的羨慕，在後來關於波士尼亞戰局的交談中狠狠地損了朋友一把：

當妻子提醒我說得太過分的時候，我立刻感到深深的羞恥。我突然安靜了下來，其他朋友馬上把話題引向了另一件沒那麼有爭議的事上。但那時天色越來越晚，朋友們都開始回家了。我忽然意識到，這天的聚會停在一個很尷尬的情況，大家都沒時間把氣氛重新帶起來了。從此，羞恥感不停地折磨著我：一想到我那天的行為，朋友那張被我侮辱的話憋得緊繃的臉就會出現在我眼前，而我就會臉紅，開始想像其他人會怎麼看我。我想，那個時候，最自然的做法就是再也不要與那天晚上的任何人見面，但從另一個角度想，我又覺得這種做法很消極。於是，我打電話給朋友，請求他的原諒。他雖然接受了，但態度很冷淡。

後來，我的妻子建議我再辦一個聚會，邀請所有人來我家。那天晚上，我在等門鈴聲的時候特別焦慮。不過，最後一切都很順利，我想，他們都感覺到我的尷尬，也明白我想尋求諒解的願望。但我也明白，若沒有妻子的支持，我可能會為了躲避羞恥而從此與他們不相往來。

菲力浦成功地擺脫了羞恥的控制，沒有屈從、沒有永遠地躲開那些見證了他錯誤行為的朋友。他選擇了尷尬情形下的行動：尋求諒解、彌補過錯，而他的這些行動也被證實有利於消除他的羞恥，也有利於他和朋友之間的關係。

減少與習慣羞辱他人者的來往

激起他人的羞恥感是一種企圖控制他人、讓他人懼怕的行為（然而可能會導致某天面對對方時的暴怒）。出於某些複雜的原因（家庭教育模式，或曾遭受別人的羞辱性報復），有些人慣於對他人進行羞辱，並常常以玩笑的方式掩蓋他的羞辱目的。

在英國電視劇《好球手壞球手》中，中學生奈爾斯因為出生在非洲一直被同學叫成「wog」（英國俚語中的「軟蛋」，帶有很強的貶義）。他假裝置之不理，只把它當作一個玩笑，多年來始終忍受著這個綽號，直到有一天，

一個女孩在聽到以後驚詫不已。

　　即使羞辱披著玩笑的外衣，也請你清楚地將它辨別出來，不要讓他人隨意傷害你。根據你的能力範圍和事發背景，你可以進行反擊，讓對方知道得寸進尺對他們沒什麼好處；你也可以簡單地告訴他們，你不接受他們的言論；你還可以索性避免與他們接觸。

學會處理羞恥情緒

要	不要
說出你的羞恥	一個人默默地積壓在心
將羞恥轉變為尷尬	陷入羞恥中不可自拔
反思你的內在信念	認定你的羞恥有據可循
回到「案發現場」	永久逃離事發情境
減少與習慣性羞辱他人者的來往	任由他人視你為「冤大頭」

第七章

嫉妒
La jalousie

在嫉妒裡，愛自己比愛情還重要。

——拉羅西富科（La Rochefoucauld）

三十二歲的克洛迪娜前來就診，她描述的夫妻問題讓心理醫生不禁擔憂：

我剛認識杰爾曼時，很快就發現他容易嫉妒，但那時我覺得很放心：他嫉妒，說明他對我專一，也說明他覺得我對別人也有吸引力。所以從某種角度來說，這是對我的讚美。由於我一直對自己沒什麼自信，他的嫉妒讓我感覺好了起來，讓我覺得竟然也有男人會為我這個小女子瘋狂。不幸的是，他的嫉妒與日俱增，現在，我都不知道我在過什麼樣的日子。他開始勸我辭職，理由是他比我賺得多，我沒必要工作。但事實是他不能忍受我在他不知情的情況下接觸別人，男人更不行。自從我住進他家後，他一天會打好幾次電話來，表面上是說想關心我有沒有什麼新消息，但其實是要掌控我去了哪、見了誰。不論什麼時候，我都要告訴他我的時間安排，如果我改變一丁點就慘了。他曾經忽然出現在家門口，僅僅因為我漏接了他的一通電話。另外，他不想讓我用手機，也不讓我開車，因為他說，我既然不工作，要那些沒什麼用，但他其實就是想限制我的自由。還有，除了特殊場合外，他禁止我化妝，而且非經他的同意就不能買衣服。一天，我們一起出門和另一對夫婦吃飯，他整晚都在生氣，最後我才弄清楚，原來他是嫌我的裙子太性感了。在公共場合，一旦他發現有男人看我，就會用很挑釁的眼神兇狠地盯著別人，這時別人馬上會很害怕，因為我丈夫確實表現得挺誇張的。他逼我和好朋友們一個個疏遠，對她們每一個人的意見都很多，而且也受不了我和她們說心事。現在，我們兩個人根本沒有任何社交生活，平時只會去看雙方的父母，或者頂多我會陪他去參加職場上的晚宴（因為他帶我出去的時候顯得很得意），不過條件是我必須一直待在他身邊，不能和男人說話。可是即使是這樣，他也根本不放心。一回到家，他就指責我賣弄風情、穿得太性感。他不停地侮辱我，有時候我甚至都覺得他要打我了。但是，每次事情發生後，他都會內疚，第二天會給我買個禮物或送我一束花。可是他的好臉色從來都不會持續太久。每次我試著跟他談嫉妒的

問題，他立刻就會打斷我，說這證明他愛我，而且男人這樣是很正常的。他常常讓我覺得很害怕。另外，我不知道我來見你是否是對的，因為他只能接受我看病找女醫生。

當然，我們要回答克洛迪娜，來找我們確實不是個好主意，我們已經把她介紹給一位女醫生了。也許有人會說我們膽小，但我們要說，當一位丈夫善妒的女性前來諮詢時，我們對她最大的幫助就是不要激起她丈夫對其他男人的嫉恨，尤其當這個男人是在私密的氣氛下傾聽女方秘密的精神科醫生。

根據現今的標準，我們可以判斷，杰爾曼的嫉妒已經可以算是一種疾病。他使用的正是善妒的人擅長的三種策略：

◆ 密切監視：他每分鐘都在試圖掌控妻子的時間安排。
◆ 限制接觸：他費盡心思地將妻子孤立，把她與朋友們分開，限制一切可能讓她交到新朋友（不允許使用手機、開車）、認識其他男人（禁止化妝、限制穿衣自由）的途徑。
◆ 貶低對方：他使克洛迪娜感到自己脆弱無力，並羞辱她、威脅她。

事情後來的發展如何呢？克洛迪娜成功地離開了丈夫，不過她是偷偷離開的，搬去了另一座城市。在那之前，杰爾曼曾兩次毆打她，導致警方和檢方均出面干涉。克洛迪娜的謹慎是對的，因為大部分遭到殺害的女性都是被丈夫或戀人下毒手[1]，而嫉妒則是全球排名第一的謀殺動機[2]。

杰爾曼的行為似乎說明了嫉妒讓人感到哀傷的形象。1970 年代，它曾是最常被嘲笑的一種情緒——在性開放、政治動盪的社會背景下，嫉妒被視為舊時中產階級的產物、資本主義社會的禁錮、一種神經官能症，以及缺乏自信的表現。思想開放的人因性開放、自在的氛圍開心不已，也存在交換相關想法和性伴侶的團體。那時代，大家希望重新成為瑪格麗特·米德所描繪的薩摩亞（Samoa）島上「溫和的野蠻人」：他們不明白什麼是嫉妒；即使這個

人類學家試圖和他們解釋，他們也無法理解[3]。

四十八歲的呂克向我們講述了七〇年代初他青春期時的一段經歷：

> 朋友們帶我去一個希臘小島遊玩。當時那裡已經有很多年輕人，男女都有，大部分是德國人和北歐人。有些人一待就是一整年，但大部分都只是度假而已。那個地方像天堂一樣，我們每天都在樹蔭下談哲學，在海裡游泳或潛水，還吸各式各樣的毒品。至於性，那兒的規矩就是，誰都有權利與任何人提議發生關係（當然，對方可以拒絕）。起初，我覺得這個規矩非常好，不像在法國，女生都要考慮很久，但是，這只持續到我接近一個叫薩賓的美女為止，因為她的男友赫爾穆特接著就把我的鼻子打斷了。所有人都對他感到憤慨，這場面幾乎成了公訴案件一樣，但他泰然自若，因為他是左派的一個領袖，很會辯論。更糟糕的是，他之後還和其他女生發生了關係。男生們都氣瘋了，所以他不得不逃離這座島，以免被別人暴打。這個故事只有一群人覺得好笑，就是當地的希臘漁民。

呂克自己也意識到，事實上，人為消除嫉妒的想法本來就建立在錯誤的基礎上。許多事例都證明了這一點。雖然前蘇聯整整三代莫斯科人都免受「舊時中產階級規矩」的限制，但他們若犯下情殺罪依然無法被赦免。至於那些所謂不存在嫉妒的熱帶天堂，專家重新進行了實地考察，而事實正如研究嫉妒主題的心理學家大衛・巴斯（David Buss）所說：「這些天堂只存在於浪漫主義人類學家的想像中[4]。」簡言之，世界上所有國家、所有族群的人都知道什麼是因性而起的嫉妒，即便各文化背景的人對待出軌——尤其是女性出軌——有不同的方式（從立即扔石塊擊斃到離婚支付贍養費）。

薩摩亞人真的是「溫和的野蠻人」嗎？
——當人類學家開始創造神話

　　1925 年，二十四歲的瑪格麗特・米德歷經一年的薩摩亞島之旅後回到了美國。三年後，她出版了《薩摩亞人的成年》（Coming in Age of Samoa）[5] 一書，獲得極大的成功，在人類學界和教育界都產生了深遠的影響。她描繪了當地溫柔的土著形象，稱他們既沒有暴力又不知嫉妒為何物，從而得出結論：我們西方的教育是諸多惡行的罪魁禍首。

　　大約十五年後，澳大利亞心理學家德里克・弗里曼（Derek Freeman）在薩摩亞島度過更長的時間，學習了當地語言，最終得出截然不同的結論：薩摩亞人也瞭解因性而起的嫉妒，不僅如此，他們原本就有一個詞語特指這種情緒「fua」；而這種嫉妒正是大量暴力事件的源頭。至於西方文化的影響，和米德所說的恰恰相反，正由於西方傳教士的宣導，當地的家庭暴力和「破處儀式」才逐漸減少，在米德上一次旅行時已是如此。此外，弗里曼也指出，一些還記得米德的薩摩亞人向他坦白，他們在某種程度上利用了這位年輕的女人類學家的善意，誇大了他們風流韻事的數量[6]（這倒是全世界男性的通病）。

　　米德和弗里曼的研究竟有如此大的反差，這在人類學界引起了軒然大波，甚至導致意見的分裂。而比起對手，瑪格麗特・米德雖然至今對大眾而言仍有更高的知名度，但我們可以看到，她年輕時的衝勁與熱情很可能蒙蔽了她對科學研究的客觀態度[7]。

　　我們只需要讀她的《大洋洲諸國的風俗和性》（Moeurs et sexualité en Océanie）就可一窺端倪。在描寫薩摩亞人田園般的愜意生活時，米德還是提到了當地對高階級少女進行的公開破處儀式。她寫道：「過去，如果她在儀式前就已經失貞，她的父母就會撲到她身上用石頭打到她毀容。有時，一些讓家庭蒙羞的少女會被毆打至死。」

　　矛盾的是，在之後的幾頁，她斷言：「薩摩亞人並不瞭解我們所知的

浪漫愛情，即專一的、帶有嫉妒的、單一配偶、忠貞不渝的愛情。」隨後就告訴我們，如果一名首領的妻子與他人通姦，「通常她會被趕走」，並且，「在過去，當人心剛硬的時候」，丈夫不僅會用棍棒打死情敵，還會殺死情敵家中所有的男性，就算後者前來求饒也無濟於事。然而，米德在書末卻是這麼總結的：「正如我們已經瞭解到的，薩摩亞人的兩性習俗減少了神經官能症的發病率。」這下我們可知道治療病人時該說些什麼了！

嫉妒的形式

當我們感到關係被威脅，最初幾秒會自動爆發嫉妒反應，這種現象被心理學家稱為「嫉妒心突閃」。「突閃」所包含最常見的兩種情緒是憤怒和恐懼。

讓我們聽聽讓 - 皮埃爾某日去妻子的公司接她的經過：

我不認識妻子的同事，我們把私人生活和工作分得很清楚。但那天因為我要見的客戶正好在她公司附近，我結束後開車去接她很方便。當我到她的公司大樓時，看到她正站在人行道上和一個男子說話。那個男生一看就是她的同事。我漸漸開近時也意識到，她這位同事真的是個很有魅力的人，相貌英俊，舉止瀟灑，談吐自信，西裝筆挺，更重要的是，他看上去和我妻子關係很好，說說笑笑，感覺很親密。我的心情變得有點複雜，還沒開到就停下來了。這時她看到我了，立刻走過來上了車。我盡力裝出一切都很好的樣子，但她很快就察覺到我不對勁，明白了我在想什麼。我的內心有一股可怕的怒火，不僅針對她，也針對那個男人，但同時還有一種恐懼感。我先前幾乎都忘了，我的妻子也可能吸引別的

男人，她也會被別人吸引：這情景讓我瞬間想起這種可能性。

「嫉妒心突閃」也可被歸類為基本情緒，它出現後緊接著就會產生一系列的認知（即想法）。我們會重新評估該情況中的各個因素、危機在現實中發生的可能，進而決定要如何行動，如下面的事例所示。

你和配偶或情侶一起參加一個人數眾多的聚會；你和許多人都是第一次見面。聚會到了某個時間點，你和伴侶離得比較遠，但你發現他／她正在和一名異性交談。他們雙方都看似對對方的話很感興趣，而且他們彼此凝望著，時不時一起大笑。你的愛人看起來精力充沛，但他／她在來這兒之前是一副萎靡不振的樣子。

你的感受會如何呢？幾位受訪者設想自己在這樣的情景，分別給出以下回答：

瑪麗·克雷爾：「太讓人生氣了，我簡直會氣瘋，大概很難控制自己不衝上前去大鬧一番。但我想，我還會恐懼，懼怕阿德里安會離開我，怕他覺得這女生比我還有意思。最後，我覺得我會倒一大杯威士忌一飲而盡，然後去搭訕別的男人，把我男友的注意力吸引過來。」

喬斯琳：「一種可怕的被遺棄感，覺得我的生命可能會在那一刻停止。我想我會去找個好友尋求安慰和建議。但就連想像這種場景，對我來說都太痛苦了。我覺得，或許我打從心底害怕他會去找比我更有趣、更美的女孩。」

湯姆：「我想我馬上會先掂掂這個傢伙的分量，看看他是不是比我強，還是只是個來碰運氣的普通人。不過，就算他比我強，那也沒什麼了不起的。我會過去參與他們的談話，而且肯定會在某個方面表現得比他好。但，我就不告訴你回家路上我會對伊芙做什麼了。看到這次的事件

導致了怎樣的後果，我不覺得她下次敢再這樣。」

阿諾：「我會很難過。同時，我會對自己說，不管怎麼樣，要不她真的對那個人感興趣——也就是說她不愛我了，那麼我做什麼都是徒勞；要不就是整件事其實沒什麼大不了，我為什麼要表現出一副吃醋的樣子？我早就了解，嫉妒是卑微的，說明你對自己信心不足，也不相信你的另一半；所以我會竭盡所能不表現出嫉妒的樣子。」

從這四種回答中可以看出，嫉妒是一種複雜的情緒，它至少混合了三種情緒：恐懼、憤怒和悲傷，有時還會包含羞恥。除此之外，各種情緒的相關思想也會被帶入。

嫉妒包含的情緒類型	內在機制	相關的想法
憤怒	沮喪 地位受損	「他／她走著瞧！」 「竟敢這麼對我！」 「他／她以為自己是誰啊？」
恐懼	害怕缺失	「萬一他離開我怎麼辦？」 「我掌控不了局面了！」
悲傷	傷及自尊 感到被拋棄	「唉，他／她更喜歡別人，沒辦法。」 「我抓不住他／她的心了！」
羞恥	為嫉妒感到羞恥 為變成失敗者而感到羞恥	「這種情緒顯得自己很卑微！」 「我讓自己變得如此可笑。」

當然，我們每個人嫉妒的方式很不同，就像回答這個問題的四個人一樣，而且，我們被帶出的情緒可能會隨著時間一個接一個產生，或混雜在一起。

這幾位受訪者也讓我們看到，嫉妒的反應尤其取決於一個人的個性。但與此同時，我們的反應也與對手有著極大的關聯。

你會嫉妒怎樣的對手？

我們再來回顧一下剛才的實驗。在一次聚會中，你發現自己的愛人和一位陌生人相談正歡，看上去非常合拍，彼此都有好感。

為了讓你對這樣的情景有更清晰的概念，我們將給你看幾張潛在對手的「照片」，同時附有他們的個性描述。

外貌 A：很帥，很美。

外貌 B：外表一般。

個性 A：很有個性，不會拖泥帶水，有決斷力，對環境狀況的感受力強。

個性 B：普通平淡，自我懷疑，決斷力弱。

以上的形容一共有四種組合，請你選出最可能激起你嫉妒心的那位對手：

女士們，誰更會讓妳心懷嫉妒？

外貌 A，個性 A： 你的對手是個美麗而個性鮮明果決的女子	外貌 B，個性 A： 你的對手是個長相一般但個性鮮明果決的女子
外貌 A，個性 B： 你的對手是個美麗但個性普通平淡的女子	外貌 B，個性 B： 你的對手長相一般，且個性普通平淡

男士們，誰更會讓你心懷嫉妒？

外貌 A，個性 A： 你的對手是個英俊而個性鮮明果決的男子	外貌 B，個性 A： 你的對手是個長相一般但個性鮮明果決的男子
外貌 A，個性 B： 你的對手是個英俊但個性普通平淡的男子	外貌 B，個性 B： 你的對手長相一般，且個性普通平淡

你的對手的個性及最壞的局面

以上實驗是由荷蘭研究者進行的 [8]，結果可能沒有太大驚喜：

◆ 對男性而言，對手的個性是否突出、果決，將影響他們的嫉妒心
（最有決斷力的那一類型最讓他們不安），而外貌的重要性最弱。

◆ 對女性而言，對手的外貌是最有可能激起她們嫉妒心的（最美的一
個肯定最讓她們不安），而有「決斷力」與否影響不大。

這一結果證明了兩性的嫉妒心恰好印證雙方最主要的欲望：從我們的祖先
開始，女人都會被果斷、有領導氣質的男性吸引，而男性都會被美女吸引
（我們就不提那些既英俊又有領袖風範的男士了）。

對於演化論學者來說，兩性最主要的關注解釋了為何大多數男性將精力放
在嘗試提升自我地位或獲取象徵地位的物品（如此多的豪華名車說明了一
切），而女性則每年花費幾十億元購買讓自己變美的化妝品。

的確，隨著我們社會中兩性的差別越來越模糊，男性也開始關注自己的外
表，而女性也愈發重視事業，但這些都沒有改變我們對異性的首要渴望：男
士化妝或靠植髮掩蓋禿頭，或女士事業上野心勃勃都（還）不是充滿誘惑力
的理想型（你可以聽聽女士對化妝的男人的評價，或聽聽男士對女強人的看
法）。

如何弱化對手的優勢

一些學者進行了更深入的研究 [9]：我們是如何弱化潛在情敵在愛人心中的
優勢的呢？你會怎麼打消另一半對其他人的興趣？結論很簡單：如果妳是女
士，妳通常會把另一半的目光引到情敵的外表缺陷上（「你看到她的腿了
嗎？」）；如果你是男士，你則會否定情敵的才幹（「他看起來根本保不住
那份工作！」）。

二十七歲的薇克托瓦就曾被這種策略對付：

> 我新交的男友和我一起去度假。我們去了一座風景美得無與倫比的島上，一起度假的還有一些認識的人和他們的朋友。這些人當中，有一個超模，長得和雜誌封面、電視真人秀上一樣美。我立刻就感覺到她對我男朋友感興趣，她甚至都沒怎麼掩飾她的想法。一天，我和男友躺在沙灘上，左右各有一個游泳區。這時，她出現了，身上穿著一套盡可能暴露的泳衣，而且那套泳衣實在和她太搭了。我們開始聊了起來。突然，她說道：「噢，薇克托瓦，妳的身材真好啊！」然後轉向我的男友問道：「她長得超美，不是嗎？」我感覺自己簡直臉要紅到耳根了。她太有手段了：藉著讚美，她把我男友的注意力吸引到了她自己的優勢上。我知道我穿上泳衣後也不賴，但和她是完全不能比的……我們回去以後，她果真把我男友給搶了。

說到底，在熱情洋溢的海岸邊，最可怕的鯊魚有時不在水裡，而在地上……

回溯式嫉妒

嫉妒不僅僅針對即將發生的事，它也可能關於過去。**回溯式嫉妒**，指的是我們在隱約感覺到自己的另一半和前任曾經歷過的美好時，心中所感受的痛苦和折磨。情侶間有條不成文的規矩，就是不要提及過去。若對方已經知道以前的故事或認識前任，就必須以謹慎低調的方式提及，或者，更好的方法就是把過去描述為等待成功前的錯誤。

這是因為，我們絕不能低估回溯式嫉妒的破壞力。普魯斯特的《追憶逝水年華》第一部《在斯萬家那邊》就描寫了一個這樣的人物——斯萬。他不惜

一切地想要挖出深愛的妻子奧黛特·德·克雷西過去的情史[10]。

由於聽到了流言，雖然不是很相信，但斯萬還是質問奧黛特是不是跟別人曾經有過什麼關係。奧黛特氣惱地否認了，但斯萬還是繼續追問，一邊保證就算是真的，他也會大度地接受（其實只是暫時的說辭）。可讓他傷心的是，他發現奧黛特沒有說實話，這就證明她不明白斯萬究竟有多愛她、能理解她到什麼程度。奧黛特感到被嚴重地冒犯了，她憤怒地叫道：「我根本也不知道，也許很久很久以前，連我自己也沒察覺到發生什麼事的狀況下，是可能有這麼兩三次吧。」

普魯斯特告訴我們：「『兩三次』這幾個字確實像是一把尖刀在我們的心上畫了一個十字。」

普魯斯特也不無震驚地寫道，這幾個字對心理竟產生了難以想像的影響：「『兩三次』這幾個字，單單是這幾個字，在我們身體之外發出的這幾個字，居然能跟當真觸到我們的心一樣，把它撕碎，居然能跟毒藥一樣使我們病倒，真是一件怪事！」普魯斯特在這裡所說的與認知心理學家正好相通：我們的情緒源自思考。在某些時候，它更接近於威廉·詹姆士所說的：就是那一舉一動之間，瑪德琳蛋糕的味道，那不平整的石子路喚起了一種情緒，繼而又喚醒了與之相關的記憶（外婆家的下午茶或威尼斯的假期）。

說到底，請記住，不要嘗試挖掘你的愛人不願意說出的往事。

嫉妒的作用

我們已經瞭解嫉妒是一種普遍情緒，嫉妒能力存在於人類基因，也是遺傳性的。那麼，既然如演化論專家所說，我們的情緒被狩獵採集的祖先用以適應環境，嫉妒的作用究竟是什麼呢？

澄清三大誤讀和幾點注意事項

當我們提到演化論派關於嫉妒的理論時，人們可能會表示震驚、否認，甚至說這一觀點「大男人主義」或提出其他更糟的指責。透過研究，我們發現這樣的看法源於三種誤讀[11]。

第一種誤讀：「對演化論派而言，我們所有的行為都是被天生編排在基因裡的。」情況並非如此。即使是這一派系最嚴謹的專家也會承認，我們的行為雖源自先天傾向，存在於基因中、也有普遍性，但會隨著教育和所屬社會群體的改變而不斷發展，並表現為諸多形式。嫉妒就像憤怒、憂傷一樣，在不同文化背景，甚至在每個家庭中的表現方式都是不同的，會以不同方式被展現、強調、壓制。演化論派的專家通常是在文化主義過當詮釋時，才會有較為明顯的回應。（文化主義代表瑪格麗特・米德企圖創造一種人類心理模組，解釋所有心理現象全都是文化脈絡下的產物，同時聲稱嫉妒與羞恥是由西方文明創造出來的。）

第二種誤讀：「對演化論派而言，所有自然發生的事物均是道德上應留存下來的。」事實並非如此。演化論派專家早已告訴你，最初的天擇——即適者生存，與道德無關；有些東西會留下，但就像火山噴發和衰老一樣沒什麼道德上的理由。達爾文和佛洛伊德都認為，推動人類行為的是不道德的動物性衝動，但他們建議當代人、也以身作則地依循道德日。羅伯特・賴特（Robert Wright）的著作《道德動物》（The Moral Animal）[12]也支持了這一觀點。文明建立的要素，就是因為人類能克制內在本能的動物性衝動，如對陌生人的暴力攻擊或一夫多妻制等等。調整後，人類才得以建立更大、暴力程度更低、更平等的社群（人們常常忘記，一夫多妻制的後果之一，即社會地位較低的男性無法擁有配偶，而社會地位較高者則可以擁有數位，於是造成了緊張的關係和暴力，對民主價值觀極為不利）。這就解釋了為什麼在較為平等的（所有人必須參與尋找食物，保證集體的生存）狩獵採集部落中，一夫多妻雖然常見，但妻子的數量一般不會多於兩個，而且許多男性都只有

一個妻子。後期,由於農業和畜牧業的出現,人類得以累積資源和財富,於是,社會地位高的貴族當中才出現了「後宮三千」的現象 13。

第三種誤讀:「所有自然發生的事物不一定是道德的,但都讓人更幸福。」真相並非如此。羅伯特·賴特告訴我們,我們基因組成並不是要讓我們幸福,而是要我們繁衍眾多子嗣 14。對於男性而言,即便是一夫多妻制也只能產生更多的子嗣,而不能保證人的幸福:為了維持女人之間的秩序,或讓競爭對手知難而退,你不得不在高壓之下生活,如同所有掌握權勢、想保住地位的男性。

現在,我們一起來梳理演化論派對於嫉妒的解釋:

- 嫉妒如同基石一樣與生俱來,但教育背景和生活經歷使人以自己的方式表達這種情緒。
- 嫉妒的機制雖然是自然發生的,但並沒有什麼道德上的緣由。
- 嫉妒的機制是無意識的。

嫉妒的作用

首先,第一個作用顯而易見:嫉妒維護了我們在兩性關係中對彼此的獨特性。但為何如此?為什麼男性和女性沒有進化成性關係完全開放、任其配偶與他人交配的互動模式?(你可以想像一下之前提到的度假場景。)

回答很簡單:孩子。

從人類的起源直到如今,一切性交都很有可能在數月之後迎來新生命的誕生。若你現在在讀著這本書,那就意味著你本身就是人類進化過程中奇蹟般的一大成功。我們無數的祖先都在重複著這樣的過程:吸引配偶的注意—與其發生性關係—生下嬰孩—撫養並教育孩子直至他/她長大成人。這種重複無數次的迴圈中只要出了一點差錯,你和你祖先的基因可能就消失了。

請想像一下,在原始社會,我們的祖先在極其艱苦的環境下,以狩獵採集

的方式整整生活了八百萬年。當時，自然資源貧瘠且不穩定，四周危險重重（農業在距今一萬年左右才出現，且發展緩慢）。

作為男性，怎樣才能有更多的後代？鑒於你有著不計其數的精子，最有成效的辦法就是盡可能地將它們傳播出去，即與不同的女性發生盡可能多的性關係。我們每個人都是那些見異思遷的男性的後代，這也從一個角度解釋了男性為何會與只有一面之緣的女性發生關係，也解釋了一夫多妻制長期主導的局面（據人類學家統計，在從古至今共 1180 個人類群體中，有 954 個群體奉行一夫多妻制，而所有的狩獵採集社會均為一夫多妻制 [15]）。

作為女性，情況是完全不同的。你能夠生下的孩子數量非常有限。為了使你的基因得以傳承，你不僅要有生育能力，還要盡力讓孩子在依靠你的數年之中存活下來。所以，在選擇伴侶的時候，很重要的標準是看對方是否有持續照顧你的熱情，是否有足夠高的地位和足夠多的精力為你和孩子帶來溫飽、提供保護。這也就是為什麼全世界的女性在進入一段性關係之前，通常都會非常謹慎（我們會看到，這種遲疑中也存在一些特殊情況）。

請不要忘記，我們的祖先曾依靠狩獵採集生活，這種生存方式受肉食動物的威脅，食物也較為稀少，因此人類的壽命甚為短暫。

在這種情況下，男士們，如果你任由自己的妻子與部落的其他男性調笑，會發生什麼事呢？你很可能會發現，自己冒著生命危險、耗盡精力獲取的食物，養活的卻可能是別人的孩子。這樣一來，你繁衍後代、傳承基因的機率就大大降低了。

女士們，若你任由丈夫和妳的閨蜜交流心事，會發生什麼事呢？有一天，你可能會發現，別的女人和她們的孩子居然和你一起分享丈夫的獵物，因此，你該得的那一份資源就會減少，你的孩子的存活機率也會隨之降低。不幸的是，由於你沒有那麼強壯，也不善於使用暴力，你會一直忍受這種危機，甚至忍受幾千年（在極度崇尚一夫多妻制的社會中，對你而言唯一的好處是，你丈夫的地位一定很高，因為地位低的男性無法擁有配偶）。

所以，演化論派專家告訴我們，嫉妒這一情緒在驅使我們掌控、轄制配偶

的同時，保證了我們可以盡可能成功地繁衍後代，無論我們是什麼性別。正是因為嫉妒，我們的祖先才能夠將基因傳承至我們，讓今天的你閱讀這本書。

嫉妒是無意識的

對於演化論派的心理學家而言，嫉妒並不是人類有意識選擇的策略。它在人類還不知道性交與懷孕之間的關係時就已經存在了（況且大多數靈長類動物都有嫉妒情緒）。我們的祖先並沒有自忖：「我要管住我的配偶，不然後代的數量會減少，無法把我優秀的染色體傳下去了。」原理很簡單，嫉妒心不夠強的人的後代數量較少，因此，嫉妒心才得以一代代延續，直到如今。

這一事實說明，如今雖然我們已經可以避孕減少後代，讓可分配資源更加豐富，社會也讓單親媽媽得以獨力撫養孩子，但嫉妒——這項狩獵採集的祖先留給我們的遺產，仍然繼續帶給我們痛苦。

女性的嫉妒和男性的嫉妒：最嚴重的情形

為了更理解演化論派的理論以及男女之間嫉妒的差別，一個方法就是以「繁衍後代」最大可能性威脅雙方，從而觀察雙方的反應。

想像一下，你的現任配偶剛剛與他／她的前任之一重逢。但請注意，我們要讓你想像兩種可能性：

◆ 「性」：你的配偶和前任再次碰撞出了激情，但除了發生性關係以外並無其他牽扯。

◆ 「感情」：你的配偶和他／她的前任再次碰撞出了愛的火花，只是沒有發生性關係。

不論是男性還是女性，當他們想像這兩種情形時，覺得都很受打擊。

但是，令人驚訝的是，大多數男性都表示更加憎惡「性」的場景，而大多數女性則更難以接受「感情」的場景。這並不是單純的意見調查而已，（受訪者被問到的是：對你而言，這兩種情形哪一種更難以原諒？）研究者同時也觀察了人們的身體：男性與女性在想到這兩種情形時各自的心律及肌肉緊張度變化。與演化論派的說法相吻合的是，對於男性而言，最大的威脅是從外部到來的受孕情形，即與他人發生性關係；而對女性來說，最大的威脅是資源的分配，這種情形在感情發生時最容易產生。（不過，先生們，請不要以為這麼安慰妻子就萬事大吉了：「別擔心，親愛的，我跟她只是純粹的性關係。」因為女性很清楚地知道，肉體關係也會讓男人產生情感。）這一調查在許多國家（美國、荷蘭、瑞典、中國、韓國、日本）都曾進行，得到了類似的結果，進一步證明了男性和女性在「最讓人嫉妒的情況」看法上有普遍的差別 [16]。

在你被自己內在的動物性衝動不知不覺弄得情緒低落之前，我們還要告訴你演化論揭露的最後一項事實。在《魂斷日內瓦》（Belle du Seigneur）中，男主角索拉爾在向他的美人描述愛的法則時說道：「猩猩，像猩猩一樣！」

女人之所以偏愛那些意志堅定、果決的領袖型男人，原因就在於他們能夠為女人和將來可能出生的孩子提供更好的資源保障。

而男人之所以偏愛年輕的女人，就是因為她們更容易生育。（這比女人的需求更加初級！）

人類的進化史並非我們唯一的歷史

當然，這些與生俱來的因素影響著我們，但並無法完全決定我們的人生。我們的教育背景、父母的相處模式、最初的感情經歷和價值觀都決定了對伴侶的選擇。而我們與伴侶之間培養的依戀之情——我們將在後文談到——更

使我們的伴侶顯得獨一無二。一個女人會因此而忠於她溫柔的丈夫，無論同時追求她的是多麼自信、多麼高貴的男性；一個男人也會因此而忠誠不二，無論看上他的女性是否比他的妻子更加年輕漂亮。（最明智的做法當然是不要接近試探。達爾文認為，若要保持忠貞，最好的辦法就是生活在窮鄉僻壤！）

為何引起他人的嫉妒？

嫉妒有許多的負面影響，但同時也有它的益處：它會吸引你的伴侶對你專注，並能讓你瞭解（或者說你覺得可以藉此瞭解）他／她對你們的關係願意付出多少，同時還可以讓他明白，你對其他人也有吸引力。這就是為什麼三分之一的夫婦／情侶會嘗試故意引起伴侶的嫉妒。其中，女性比男性更常使用這種手法[17]。

小說《生命不能承受之輕》就為我們展現了一個貼切的例子。

湯瑪斯深愛特麗莎，兩人同居了，但湯瑪斯常常有肉體出軌的行為（雖然他盡力掩飾），特麗莎為此非常痛苦。不過，曾經有兩次，當兩人參加同事的派對時，湯瑪斯都嫉妒得快瘋了，因為他看到特麗莎在和別的男人跳舞。當然，他知道特麗莎是忠於他的。特麗莎發現湯瑪斯臉色陰沉，於是追問他為什麼，他最後好不容易承認，自己看到她和別人跳舞時很嫉妒。「『我真的讓你嫉妒了嗎？』特麗莎重複著這句話，重複了不下十遍，就好像他剛剛宣佈她獲了諾貝爾獎、而她難以置信一樣。她一把環繞住他的腰，在房間裡翩翩起舞[18]……」

從兩部經典電影看如何挑起嫉妒

《義大利之旅》（Journey to Italy, 1953）

《義大利之旅》中有一條非常精彩的故事線，講述夫婦之間不斷升級的嫉妒。在那不勒斯的一家飯店裡，凱薩琳看到丈夫亞歷克斯握著身邊金髮美女的手不放，於是感受到了「嫉妒心突閃」，同時也意識到，這個美女很可能是丈夫曾經的情人。回到家後，她嘗試著激起丈夫的妒忌，便提起了結婚前曾經對她十分著迷的查爾斯——那是個既年輕又浪漫的英國詩人。亞歷克斯裝出無所謂的樣子，嘲諷地回了幾句（他們的談話被窗外一對小夫妻的吵架聲打斷了，他們正在為嫉妒的問題大吵大鬧）。後來，凱薩琳把挑起嫉妒的等級升高了：在利波利伯爵家的雞尾酒會上，她被一群殷勤的義大利人圍著，享受著他們對她美貌的奉承，樂得哈哈大笑。亞歷克斯雖然有著英國人的自控能力，但也不禁沉下臉來。第二天一早，他立刻進行了報復，在凱薩琳還沒起床時就離開了家，只留下一行字，說他要「好好享受在那不勒斯的時光」。我們不再多透露情節了，想必你一定會喜愛這部電影的。

《大開眼戒》（Eyes Wide Shut, 1990）

在史丹利・庫柏力克生前導演的最後一部電影中，妮可・基嫚以更為當代的方式演繹嫉妒。

妮可・基嫚和湯姆・克魯斯在片中飾演一對夫婦。夫婦倆穿著內衣，躺在床上，評論著前晚紐約上流社會的聚會。

湯姆問妮可和她跳舞的紳士是誰。妮可笑著說，那是舞會主辦人的朋友，那人當時很想把她帶到一樓的臥室裡親熱一番。湯姆幽默地回應道：「這可以理解，你那麼漂亮。」妮可對他的平靜很不滿意，於是開始了一場關於嫉妒和出軌的激烈討論，還讓丈夫想像，萬一他的女病人（他的角色是個內科

醫生）想和他上床，他會怎麼辦。為了不讓討論變得太激烈，湯姆還是平靜地回答：女人不是那樣的，她們和男人相反，渴望的先是親密關係，然後才是性。妮可不同意他的這種有關男女區別的演化論派觀點，覺得湯姆很幼稚。氣氛緩和些以後，湯姆說，她就是想讓他嫉妒。「對啊，但你難道不會嫉妒嗎？嗯？」妮可用有點諷刺的語氣問道。丈夫很肯定地回答，他不是那種善妒的人，因為他很信任她。聽了這話，妮可笑彎了腰。笑了半天後，她定了定神，告訴了他一件過去的事：他們在鱈魚角度假時，有一個海軍軍官坐在他們鄰桌用餐。她瞄了他一眼後，忽然全身都像癱瘓了一樣，幾乎準備當場拋棄他和他們的幸福未來，投入軍官的懷抱。第二天早上，湯姆一邊和她做愛一邊談論著女兒的情況，但妮可的腦海裡全是那個軍官的身影。

這個場景恰恰表現了男女之間對嫉妒的誤讀。當妮可・基嫚第一次想挑起湯姆・克魯斯的嫉妒心時，湯姆表現得很平靜。這一舉止惹怒了妮可，於是她開始用其他事情進攻。而當他告訴妻子自己並不嫉妒時，她立刻以一段爆炸性的話回擊：她要讓他知道，她曾經非常想要和陌生人在一起。很顯然，兩人之間存有誤解：對湯姆來說，不表現自己的嫉妒，是他信任妻子、愛妻子的證明；但妮可卻因此心懷不滿，認為他對她缺乏熱情，也缺乏男子氣概。

從此以後，善良的湯姆腦中不斷出現一幅男性在嫉妒時想像出來的經典畫面：妮可熱切地脫去自己的內褲，而那個瀟灑的軍官則吻遍她的全身。

由於他被這幅畫面折磨得實在難以忍受，湯姆獨自到紐約大街小巷散步。就在那裡，他被一個美若天仙的妓女搭上了。（他可是湯姆・克魯斯啊！）

妮可・基嫚在片中經營的是一個邊緣、非常態的女性形象嗎？她是否有可能在和湯姆婚姻幸福同時，卻會對陌生人產生性幻想？反過來說，她攻擊演化論派所預言的主張：女性比男性在感情中更忠誠，究竟有無道理呢？我們只能說，她把演化論派針對忠誠的理論看得過於簡單了。

女性為何會出軌？

很少有不對她們的正派生活感到厭煩的正派女子。

——拉羅什富科

　　無論是否合乎法律或道德，每一個愛情故事都是特別的，無法一言以蔽之、用同一個普世原則來描述，對身在其中的每個人來說都是獨一無二的。

　　但從演化論派的角度來說，既然女性如此渴望守住孩子的父親對她的愛、如此希望他在嚴酷的環境中出於愛而保護他們並提供給他們食物，為何還會以這樣的安穩為代價，去追隨可能沒有明天的外遇呢？

　　對演化論派的心理學家來說，答案無情地是相同的道理：因為不忠有助於女性未來的繁育。

　　事實上，每位女性心中都不斷上演兩種欲求：第一種，被可能成為孩子父親的人所吸引，準備與其進入一段長期的關係；第二種，被強壯、優質的「英俊男子」吸引，期待透過優等基因保障後代延續。然而不幸的是，這兩種特質並不總是會集合在一個人身上，也並不一定真的像看起來那樣好。在前文提到的電影《大開眼戒》中，妮可·基嫚飾演的人物和許多女性一樣身處這樣的兩難：一邊是給她安全感、深愛她、條件穩定的男人，一邊是更有侵略性、征服力，擁有「好」基因的男人。對這部電影中的妮可·基嫚而言，穿著配有勳章制服的年輕海軍軍官就是第二種人，渾身上下散發著勇士般征服者的氣息，似乎召喚著她開始一段外遇。

　　要注意的是，這位軍官在現實的兩性關係中可能比湯姆更懶惰消極、多愁善感，但出軌這件事總是從某種程度的幻想開始的。對某人來說覺得很好掌握的對象，極有可能開啟另一人魂牽夢縈的情感冒險。正如《魂斷日內瓦》中索拉爾的宣告：「這可憐的丈夫，他無法永遠過如詩的生活。他不可能每天二十四小時都為她架設出小劇場來。當被她全天注視著，他被迫展現出真

實的自己，因而變得可悲。男人獨處的時候都是可悲的，不可悲的樣子都只是要演給那傻得出奇的女人看！每個人都很可悲，而我是最可悲的那個！」

在《大開眼戒》中，一場紐約高級派對，湯姆也成了兩位美女眼中極具魅力的男性。

針對女性「天生」的外遇傾向，演化論派還有一大論據：數千年來，如果女性向來都是忠誠的，那男性的嫉妒就沒有存在的意義，也就不會在進化中被天擇出來。男人之所以會嫉妒，是因為女性也會出軌，即使女性的出軌機率低於男性……

不過，若我們只是簡單地問出軌的女性為何她們會有外遇，那麼她們通常會告訴你兩個理由：第一，加強自尊；第二，追求更美好的性愛。事實上，這兩個理由是互相關聯的，因為它們都證明，當女性感到被需要、被男人渴望時，她們的自我形象就會提升 [19]。

嫉妒與個性

某些個性是否比其他個性更容易嫉妒？顯然是如此。善妒和個性的其他方面是否有關？有可能，但這不是個好回答的問題。善妒者通常都有自尊問題，但研究也顯示，自尊甚高的個性會有更強的嫉妒心。

嫉妒的研究之所以有難度，是因為以下幾個因素：

◆ 嫉妒是一種複雜的情緒，會摻雜其他情緒。

◆ 嫉妒的性質不只源於感受到嫉妒的人，也與嫉妒者的配偶和他們之間的關係平衡有關。這一方面的研究，主要集中在伴侶雙方分別在異性眼中的魅力的差別，及此差別的作用。

◆ 個人的過去經驗非常重要，但同時也難以深究。例如，在最善妒的男性中，有些人曾親眼目睹了母親的出軌，從此便在心中留下了極

深的創傷，認為女性都不可信任。

在兩性關係中，撇開情敵突然出現的可能，你的嫉妒趨勢取決於以下三個因素[20]：

◆ 你對這段關係的投入程度，特別是情感的依賴度和對未來的期待。

◆ 你是否缺乏安全感，伴侶的投入程度在你眼中究竟如何？他和你一樣投入嗎？

◆ 你的情緒感受力，意指是否能強烈地感受到情緒。

除了上述各種情形外，還有許多其他的可能模組[21]；而嫉妒也將一直是專家們追問的主題。

銀幕上的嫉妒

路易‧布紐爾（Luis Buñuel）的電影《痛苦》（Él，1952）可以說是病理性嫉妒最好的詮釋，令人心碎又不安。也許你還記得電影開始時頗有深意的一幕：新郎穿著優雅的浴袍，走進了新人的臥室，他的新娘身著純潔的睡衣等著他（這曾是墨西哥的習俗，新婚之夜具有極其重要的意義）。丈夫俯身親吻他的嬌妻。妻子閉上了雙眼，心潮澎湃。這時，新郎突然停了下來，緊張而僵硬地問道：「妳在想誰？」

在《痛苦》之後，克勞德‧沙布羅爾（Claude Chabrol）導演的《地獄》（L'Enfer，1994）可謂另一部以嫉妒為主題的傑作。由於佛朗索瓦‧克呂澤（François Cluzet）飾演的男主角越來越難以抑制滿腔的妒火，他對艾曼紐爾‧貝雅（Emmanuelle Béart）飾演的妻子進行了越發暴力、瘋狂的監控與威脅。片名的意思即為嫉妒對善妒者和受害者而言都是地獄。

馬丁‧史柯西斯的電影《蠻牛》（Raging Bull）中，勞勃‧狄尼洛飾演一位患有病理性嫉妒的拳擊冠軍。片中，他的妻子被他問了不下一百次是否和他哥哥睡過。厭煩至極的妻子回答了「是」，即使事實並非如此。盛怒之下，他狠狠地毆打妻子，之後也教訓了他哥哥。在這之前，妻子曾不經意間說起丈夫的某位對手「很帥」，他立刻讓她重複。恐懼不已的妻子拒絕，可是仍招致一頓毒打。事後在拳擊場上，他遇到這個對手，便竭盡全力地毀掉這張「很帥」的臉。

由山姆‧曼德斯（Sam Mendes）執導的電影《美國心玫瑰情》（American Beauty）告訴我們，嫉妒是愛情的致命毒藥。凱文‧史貝西飾演一位進入中年危機的一家之主。年屆四十的他被女兒美麗的朋友深深地迷住。與此同時，他的妻子正和英俊的房地產大亨打得火熱。當丈夫發現了妻子的私情後，妻子顯得非常羞恥，也恐懼萬分。她害怕自己的丈夫會用暴力報復，以至於她在回家面對丈夫之前配備了一把左輪手槍用以防身。不過她沒想到，丈夫正心心念念地戀著別人，對他來說，她愛和誰搞外遇都無所謂。

此外，這部電影也告訴我們，人類的道德有時可以抵住進化遺傳下來的衝動本能。的確，凱文‧史貝西飾演的人物被一個性感的青春期少女挑動了春心，但當他們就快發生性關係時，女孩承認自己並沒有他想像的那麼經驗豐富。隨即，他停止寬衣的動作，保住了一個負責任的男人的尊嚴。

不同文化中的嫉妒情緒

「嫉妒心突閃」無疑是人類共有的情緒，但觸發這一情緒的原因，以及這一情緒帶來的效果則隨不同的文化背景而改變。

穆納·阿尤布（Mouna Ayoub）在她的自傳《真相》（La Vérité）[22]中描述了她和一位沙烏地阿拉伯企業家的婚姻。這位企業家是在巴黎的一間黎巴嫩餐廳裡遇到當時正打工的穆納。起初，她認為他雖然是沙烏地阿拉伯人，但應該能開明地接受西方的價值觀（她是基督徒，但他仍娶了她）。但就在這對夫婦第一次在利雅德請朋友吃飯時，她開始覺得自己錯了：當時穆納正在與一名受邀的美國參議員熱切聊天，但身邊的賓客們漸漸安靜了下來。突然，她被一聲高亢的命令拉回現實：「穆納，閉嘴！」——是她的丈夫（書中後來的描寫證明他其實是愛她的）。這時，她才突然明白過來，沙烏地阿拉伯的女人公開地與丈夫以外的男子熱烈交談是傷風敗俗的行為。極端的伊斯蘭教教義強加給女性無數禁忌，實則是在用嚴厲的手段平息這個父權社會中男性的嫉妒心。這種形式與我們之前提到的西方「最善妒」人士常用的三種嫉妒方法恰恰吻合：

- ◆ 密切監視：禁止配偶外出或在無家人／僕人陪伴時外出；
- ◆ 限制接觸：禁止配偶駕車，在外必須佩戴面紗；
- ◆ 貶低對方：迫使對方只能以妻子和母親的角色生活。
- ◆ 通姦被發現後，懲罰可能是死亡。

但即便是在最為平等、性觀念最開放的國家，暴力與嫉妒也僅咫尺之遙。

在英格瑪·柏格曼（Ingmar Bergman）導演的電影《婚姻場景》（Scenes from a Marriage，1973）中，瑪麗安娜（麗芙·烏曼飾演），和約翰（厄蘭·約瑟夫森飾演）是一對夫妻。丈夫愛上了年輕的同事，並和對方同居，夫妻倆就此分手。然而，幾個月之後，當他們為簽署離婚協議而重聚時，瑪麗安娜告訴約翰，她已經走出痛苦，簽完字就會去和新男友約會。約翰聽了之後非常挫折，最終，這一幕以激烈的爭吵收場。（所有男性內心深處都有一夫多妻的渴望，連這位瑞典出生的基督徒兼社會民主派導演也不能免俗：他不斷追逐著新的女人，但也不放棄過去的伴侶們。在這兩千多年裡，女性

無論是擔當著妻子還是情人的角色，都在努力遏制著男人的這種天性。）

人類歷史上，女性出軌所受的懲罰足以寫成一本酷刑目錄：亂石擊斃（中東傳統）、開水燙身（日本）、石板擠壓（古代中國）、割鼻或割耳（北美部分印第安部落），以及稍顯仁慈的烙鐵刑罰。至於割陰禮，即切除女性部分生殖器官的習俗，至今仍然在非洲和阿拉伯半島的一些地區施行，它被看作確保女性貞節的手段之一。為了保證自己繁衍後代的資本，男性們可謂費盡了心思。

在這些瘋狂的大男人主義行為中，有人或許會浮現幸福的因紐特人形象——他們會主動獻出自己的妻子，作為給客人的禮物。不過，現實生活中可沒有那麼讓人愉快：這種習俗只針對寄住的陌生過客。如果有人只為利用這一習俗才造訪，單純從鄰近部落跑來想找樂子，一旦享受此待遇，就很可能和世界上其他地方一樣——有被殺的風險[23]。

此外，雖然女性行使暴力的權利較受限制，但她們有時也會訴諸暴力。大衛．巴斯（David Buss）引述了以下的例子：薩摩亞島上的土著婦女會毫不留情地撕咬情敵的鼻子；牙買加的土著女性則會向出軌女子的臉部潑酸性液體（這兩種復仇都是為了毀掉她們對男人的吸引力）。在西方社會，「嫉妒的悲劇」也日復一日地在新聞中上演，雖然女性的受害機率遠遠高於男性。

演化論中的謎團

唐．何塞（激動無比地）：

我的靈魂得救了嗎？

不，妳讓我失魂落魄，

就因為妳離開了我。

就在那傢伙的懷中嘲笑我吧！

哦不，即使流血，也不讓你去，

卡門，妳要跟著我走！

卡門：

不！不！絕不！

唐·何塞：

我已經懶得威脅妳了！

卡門（氣憤地）：

是嗎？那你打我好了，否則就讓我過去。

　　為什麼男人總想要在女人出軌時置她們於死地呢？如今，對出軌或試圖分手的妻子痛下殺手仍是最常見的男性犯罪案件。即使以演化論派的觀點來看，殺死自己孩子或未來孩子的母親也是反常。但我們似乎由於習慣了一夫一妻而忘記：從原始社會開始，我們的心理運作機制可說是在一夫多妻的環境中天擇留下的。在此情況下，殺死眾多妻子中的一個雖然極端，卻也是高效的行為，不但有著殺一儆百的震懾作用，也進一步改善繁育後代的資本。另外，此舉也防止競爭對手竊取自己的財產，從而在團體中保有男性不可撼動的優勢地位，同時也使其他人放棄對妻子們的垂涎。毛骨悚然，但的確在理。（道德上值得譴責！）

再觀伊底帕斯（戀母）情結 [24]

　　從佛洛伊德的理論來看，戀母情結所指的既是兒子對母親無意識的欲求，及他對其情敵——父親懷有的嫉妒之心。在演化論派的心理學家看來，兒子對母親並沒有性欲，所謂的「伊底帕斯式」反應，指的是另外三種機制：

- 與性無關的競爭關係：父親與兒子彼此競爭，以贏得母親的注意。
- 「半性欲」的嫉妒：幼年時的兒子對母親並沒有性的欲求，但很難接受父親對母親的性欲，因為他不願自己的母親太早懷孕，生下另一個對手瓜分母親提供的資源和注意力，損害他的利益。
- 當兒子成人後，競爭關係即與性相關。佛洛伊德和達爾文都認為，在「最早的人類部落」中，兒子成年後，他與父親便在征服女人這件事上變成敵對關係。

如何管理嫉妒情緒

承認你的嫉妒

希望你透過前文已經明白：嫉妒是一種正常、自然的情緒，並且，雖然它飽受貶抑，但仍是健全心理的一部分。

所以，請不要因曾經嫉妒而苦修心智，也不要指責自己神經過敏或自私自利，因為你同時代的人、你的祖先和史前人類都與你一樣，心懷嫉妒。我們甚至可以說，如果你的男性和女性祖先未曾有過嫉妒，那你今天就不會活在這世上，取代你的會是其他的人類後代。

當然，這並不意味著你應該就此放任自己，隨嫉妒破壞你或他人的生活，在它過度爆發時卻否認它的存在。

事實上，無視自己的嫉妒是不可能的。

在本章的第一個案例中，克洛迪娜的丈夫就是在漠視自己的嫉妒情緒，堅持認為自己的行為是「正常」的。此外，他也從來不直接告訴克洛迪娜自己多麼害怕遭到背叛。

阿諾的表現則是相反的。當他看到自己的女友和某個潛在對手親密交談時，他也會感到嫉妒，但他選擇一有嫉妒心就去壓制它，顯得「沒什麼大不了的」。然而，這種做法也不可取。這兩個例子實際上是在用不同的方式否認自己的嫉妒，導致兩人都無法好好管理這一情緒，使關係陷入僵局。

表達你的嫉妒

西爾維奧是阿爾貝托・莫拉維亞（Alberto Moravia）的小說《夫妻之愛》（L'Amour conjugal）的主角，身為家業豐厚的貴族，他從小就不需要主動爭取生存的機會。有一位理髮師會定期前來為他修剪鬍子。這是個很奇特的人，強壯魁梧，相貌醜陋，卻隱約有一種吸引力。一天，西爾維奧美麗的妻子萊達羞憤地跑來告訴他，這個人在給她理髮的時候曖昧地輕撫了她。西爾維奧十分不安，但他覺得若是表現出嫉妒會顯得羞恥，若是就這麼和經常上門的理髮師搞僵又不太恰當，所以他最終還是沒有辭退他。然而，幾個星期後，他卻發現妻子和理髮師成了情人。

與《大開眼戒》中的湯姆・克魯斯一樣，西爾維奧無疑認為疑心、嫉妒是卑賤的人格特質，也是缺乏信任的表現（再加上他本來就性格消極）。但他們錯了，這樣的冷漠會讓配偶覺得不被重視；若是男性，則會讓女方認為他們缺乏男子氣概。

但女性也會表現出嫉妒，如以下伊莎貝爾的事例所示：

> 我一直都覺得丈夫非常有魅力。這當然是一件好事，但同時也讓我很痛苦。其實，他不光讓女人趨之若鶩，他自己也對她們很友善，聊天時侃侃而談。在各種晚宴或聚會上，我經常會看到某些女人纏著他不放，而他每次都會迎合對方。這一方面是出於善意，一方面是喜歡聊天，有時候也是因為被對方恭維得沾沾自喜。我一直試圖說服自己，他並沒有勾引那些女人、他們不是在搞曖昧，他只是應答的時候流露出了自然的魅力等等。但我看著女人們一個個沉醉的神情，一個個想要吸引他的注

意，我實在是越來越受不了了。我不敢跟他說，因為我不想顯得心胸狹窄，而且我覺得（當然誰都不知道是不是真的）他是忠誠的。不過，某天的晚宴上，有兩個女人纏了他很久，於是我終於爆發了。我告訴他，這種事情真的讓我很痛苦，每當看著它發生的時候我都會很嫉妒，會覺得自己對他來說一文不值。我的這些話是哭著說完的，一邊說一邊覺得自己很可悲。他辯解說自己從沒出軌過，但我說我在乎的不是這個。最後，他理解了我，而且從此變得很注意。如果某個女人和他搭訕，他就會主動終止談話，回到我的身邊。

事實上，當你向配偶坦承自己的嫉妒時，你會瞭解到他／她在你眼中的重要性。表達嫉妒會幫助你：

◆ 告訴對方你的愛意（這並非徒然，因為有時對方會有意激起你的嫉妒，試探你對他／她的真情）。
◆ 提醒對方什麼會使你痛苦。
◆ 更能掌控自己的嫉妒心，讓自己釐清究竟是什麼引發了嫉妒。

當然，這些建議僅適用於伴侶雙方都想尋求穩定關係的情況。若你崇尚激情與控制欲，可能更傾向於漠視另一方的小挑釁，事後再進行報復，雖然這種策略的風險很大。

審視你的猜忌

每個人都有嫉妒心，但如果在同一文化環境下，你的嫉妒心比其他人都要來得強，那又是為什麼呢？

請注意，把自己的嫉妒歸咎於別人是容易的：你嫉妒是因為對方天生水性楊花、不懂得拒絕、愛賣弄風騷、是個花花公子……等等。

這當然是有可能的，尤其當你知道嫉妒向來並非你慣有、主導的性格，而

只是對特定的人的反應。就像《追憶逝水年華》裡斯萬面對奧黛特、費茲傑羅面對姍爾達一樣，或許你也在和某個刻意讓你嫉妒的人交往。

但如果你的嫉妒已經成為了個性的一部分，無論誰與你相戀，你都會嫉妒無比，那麼就請你問自己幾個問題：

你是否曾受過伴侶出軌的傷害？

如果你有過這樣的遭遇，請避免把傷痛帶到新的關係裡。你可以自問，在之前的關係中，你是否也做了可能導致前任出軌的行為？

你是否曾因父母出軌受到傷害？

若這是你的遭遇，你最好與專業的心理醫生一起回溯過去的創傷記憶。

你是否覺得自己欠缺吸引力，無法長期拴住一個人的心？

這種嫉妒可能是由自尊的問題引起的。人們大多會避免選擇看上去「無法高攀」的人做伴侶。但對某些人來說，由於自尊不夠穩定，他們無論和誰進入戀愛關係都會自卑，終日懼怕對方出軌、去找比他們更有吸引力的人。

這種自尊問題常會有比分手更戲劇化的風險。善妒的人不僅比一般人更易猜忌，而且也更依賴伴侶。心愛的人與自己分手的確是一件悲傷的事情，但大多數人都能夠正常生活，而非因此不可避免的風險不得安寧。

你是否對異性的忠誠度普遍存在偏見？這種偏見從何而來？

你可能和德尼類似，他現在已婚卻依然善妒：「我知道我為什麼善妒。我以前很會搭訕女生，就連已婚女人也不在話下。我一共差不多有過幾十個女朋友吧，自己都數不清楚。所以我非常清楚哪些女人面對有手段的男人時比較容易上鉤（當然有時我也會失手）。總之，這就導致我現在成了善妒的人。」我們注意到，德尼的過去這麼豐富多彩，他的妻子有足夠的理由成為和他一樣善妒的人，但她並沒有。

這幾個問題可以讓你做些思考，但你的嫉妒若已對你或伴侶構成了困擾，

我們的建議只有一個：諮詢專業人士。

留給對方空間

　　每年，數千人在車禍中死傷。那麼，你會否因此下定決心，從此開卡車、時速絕不超過六十，好把出事的機率降到最低？同樣，每年都會有數千遊客從熱帶國家度假回來，攜帶寄生蟲或感染各種病毒性疾病。如果你也要去那些地方，你是否會二十四小時戴著醫用手套和口罩，用餐時只吃自帶的食物？

　　這些行為看上去很驚人，但它們與善妒者的態度非常相似：他們想要用各種方法控制那些幾乎不可能完全排除的風險。接下來我們將看到與本章第一個實例相反的例子，它將告訴我們，過度或病理性的嫉妒不僅僅存在於男性身上。讓我們聽聽法蘭西斯噩夢般的夫妻關係：

　　　　隨著時間的推移，我妻子的嫉妒心越來越重。她一直都是個愛嫉妒的人，不過在結婚的最初幾年，我覺得那說明她特別在乎我。但當她四十歲之後，她的嫉妒心就變得很不正常了。

　　　　她無時無刻都在想像我和公司裡的女同事有不正當關係。我在一家大公司工作，大多數員工都是女的，所以不缺讓她借題發揮的機會。她一口咬定我和之前的女助理有過一腿，於是我就換了個助理，沒想到現在她又懷疑起了新助理。每當我們走在路上，不管是去飯店，還是去度假，她都不停地盯著那些有魅力的女性，萬一我看了一眼，她立刻就會指責我；但如果我不看，她就說我心裡有鬼。更糟糕的是，到了我公司附近，她就懷疑我明明認識走過去的那幾個女的，卻因為她在而裝作不認識。（這倒是真的！有時候我會遇見幾個公司裡長得不錯的女同事，我可不希望她開始想像我每天不停和她們聊天！）最可怕的是，我實在受不了的時候就會爆發，而她就會哭成個淚人，承認自己誇大事實，說自己錯了，說意識到這樣我會討厭她，但就是控制不了自己。我當然相信她所說的，但這些罪惡感、羞恥感根本維持不了多久，第二天我就發

現她又開始了。我鼓勵她去看心理醫生,她正在慢慢接受我的意見,可是有一天她突然說:「我在想,你是不是想趁我做心理治療時拋棄我!」我實在沒有辦法討厭她,因為我感覺得到她非常痛苦,而且我愛她,我自始至終都很愛她。但現在當別的女人在外面向我示好的時候,我確實會覺得很難把持,因為家裡簡直就像地獄一樣。再這樣下去,我妻子最害怕的事情可能真的會發生了。

很顯然,法蘭西斯的妻子需要專業醫生的幫助,簡單的忠告已經無法恢復這對夫婦的和諧關係了。在這個例子中,他們諮詢的那位心理醫生將焦點放在了對拋棄的恐懼上(他瞭解到,這位女士在最脆弱的年幼時代遭到父母拋棄,後來是被養父母帶大的),同時搭配藥物治療。後來,這位可憐的太太的嫉妒心終於降到了可以接受的正常程度。至於法蘭西斯,出於愛和信念,一直都非常忠於自己的太太。

如果你也是一位嫉妒心過強的人,這個例子可能會對你有所幫助。請你想像一下,你的另一半在你無盡的猜忌、監視和限制中過著什麼樣的生活。當然,有智慧的夫婦也應當避免讓自己暴露在外界的試探之下,不過前提是夫婦雙方都是出於自願,並且在這一點上有共識。當你剝奪對方的空間時,你原本以為會降低的風險可能反而會增加。

學會管理嫉妒情緒

要	不要
承認你的嫉妒	否認嫉妒的事實,或因此感到羞恥
表達嫉妒	盡力掩蓋嫉妒的情緒
審視你的猜忌	指責伴侶為一切問題的唯一根源
留給對方空間	在習慣性的猜忌中漸漸消沉

.

第八章

恐懼
La peur

恐懼、戰戰兢兢臨到我身，
使我百骨打戰。
一絲氣息從我面前拂過，
我身上寒毛直立。

——《約伯記》IV

讓，三十五歲：

　　有一天深夜，我搭了巴黎的區間快線，車廂裡幾乎沒什麼人了。某一站上來了幾個身材高大的少年，他們帶著一條狗，那是隻沒套嘴套的雜交鬥犬，在郊區很常見。車開了以後，這群少年開始大聲說笑、推推撞撞。那條鬥犬好像不太高興，朝一個乘客撲了過去，喉嚨裡發出很可怕的聲音。牠的主人猛地拽了一下狗鏈，把牠拉了回來。然後這群人又開始嬉鬧，但我看得出剛剛被狗攻擊的那個人非常害怕，雖然他在盡力掩飾。這時，他們注意到我在看他們，於是就來問我：「哎，就是你，你在不爽嗎？」我忽然意識到，從他們一上車我就開始害怕了。但我還是竭力表現鎮定，回答說：「不。你們的狗很漂亮。」這麼說顯然很蠢，他們立刻感覺到我在刻意討好。狗的主人冷笑一聲：「哦，是嗎？你喜歡狗啊？」他拉著狗走向我。我確實喜歡狗，我也不怕狗，但這種雜交鬥犬給我的感覺很不一樣……狗和牠的主人停在離我非常近的地方，緊盯著我，那條狗尤其專注。我身體裡有種要站起來的衝動，想逃跑，想動手，或者兩個都想，但我還是控制住了自己。就在這時，車停了，他們全都下了車。我發現，原來我一直在發抖，好一會兒我的心跳才恢復正常。我看了一眼車廂裡的其他乘客，覺得他們也非常害怕。

　　從讓的經歷中，我們可以看到鬥犬的社會功能——在不確定他人是否尊重自己的時候，先引起對方的恐懼。除此之外，它也點出了恐懼的幾大特徵：

◆ **恐懼是與危險相關的情緒，或可說是對危險的警訊。**讓因為自己身體安全而恐懼；他將這條鬥犬視為一大危險（更何況它剛剛已經表現出了攻擊的姿態），並將狗主人視為不負責任的人（沒有為狗套上嘴套）。

◆ **恐懼是一種身體反應激烈的情緒，**我們會心跳加快、呼吸急促、肌

肉收縮、雙手顫抖。所有的這些表徵都與體內被觸發的交感神經系統（交感神經系統與副交感神經系統組成了自主神經系統，是獨立於人類意志的神經系統）及在恐懼來到時對全身作用的兩種神經遞質：腎上腺素及去甲腎上腺素有關。因此，讓也應該會注意到自己的雙手變得冰涼、臉色發白，但肌肉和雙腿得到了更多的血液輸送。恐懼會讓我們「毛髮都豎起來了」，是從我們全身都覆蓋體毛的時期遺留下來的紀念品；那時若毛髮豎起，能讓外表看起來很有攻擊性（貓也是如此，狗表現得較不明顯，大部分有毛動物均保留了這一機能）。同樣，在大多數哺乳動物身上，一旦恐懼，它們的睾丸會上移。以上的這些劇烈的器官變化與體表徵兆都清楚地凸顯了恐懼時各種反應的首要功用：幫助我們逃跑或減少傷害。

◆ **恐懼為身體的下一步行動做準備**，尤其是逃跑這一動作。不過，讓同時也意識到他想動手打人。幸運的是，面對眼前的人類和犬，他成功地保持鎮靜，並將自己的攻擊性控制在最低程度。但是，恐懼激發的行動並非總能被我們的意志所控制，正如蒙田所說：「（恐懼）有時候會給我們的腳跟插上翅膀……有時候又會給我們的雙腳釘上釘子，使我們動彈不得。」如今我們瞭解到，恐懼讓人準備逃跑，卻也為其他策略留出了一條捷徑。這就是英國人所說的「3F」──攻擊（fight）、逃跑（flight）、動彈不得（freeze）。我們可以說，讓在面對危險時就是某種形式的「動彈不得」。著名的暢銷書作家邁克爾・克萊頓（Michael Crichton）──《侏羅紀公園》（Jurassic Park）、《旭日東昇》（Rising Sun）、《桃色機密》（Disclosure）的作者曾經也是一位醫生，出品過電視劇《急診室的春天》（ER）。他在一本書[1]中就舉過一個例子解釋了動彈不得的用處。那時，他在薩伊（Zaire）的山中觀察大猩猩。一天，因為實在太想拍到精彩照片，他不小心離某隻巨大的雄性大猩猩太近了：

之後的一切在轉瞬之間就發生了。我聽到了一聲嘶吼，就像地鐵呼嘯而至一般震耳欲聾。睜開眼睛，我看到一隻巨大無比的雄猩猩正朝我撲來……

我呻吟著，把頭埋在灌木叢中，努力讓自己看上去體積小些。一隻強有力的手抓住了我後背上的襯衫。這下徹底完了！這裡已經發生過猩猩攻擊遊客的事了，牠們抓著皮膚，撕咬，把遊客當成抹布隨意甩動，之後就是幾個月的住院治療。現在，輪到我了……

忽然，導遊馬克叫我別再閃躲、阻止我逃跑。

「別動！」他堅定地低聲說道。我的整個臉都埋在草叢裡，心快要跳到喉嚨。我不敢睜開眼睛，那隻猩猩就在我面前。我聽到牠在嗅我，然後牠狠狠地跺著腳，地都在震動。過了一會兒，我感覺到牠離開了……

馬克說：「牠剛才這麼做是為了提醒我們，牠才是這裡的主人。」

◆ **恐懼常常是無意識的。** 在之前的事例中，讓兩次提到他感覺到恐懼，第一次是恐懼變得越來越強烈、狗的主人對他說話的時候；第二次是在這群年輕人離開了之後，他突然意識到心跳劇烈無比。與車禍擦身而過的人在事後也有類似的描述：事情過去以後，他們才回過神來，發現自己是那麼恐懼，心跳異常激烈。而責罵孩子看都不看就跑著過馬路的母親則是用憤怒掩蓋了她們的恐懼。

◆ **和其他基本情緒一樣，恐懼有其代表的臉部表情**，讓的例子中並沒有提到這一點，因為當時周圍的人都在試圖控制自己的恐懼表情，包括遭狗襲擊的少年和車廂裡的其他乘客。但很有可能的是，若監視器恰好拍到了鬥犬襲擊少年的瞬間，我們就會在幾秒鐘的鏡頭裡觀察到恐懼的代表性臉部表情——「雙眼和嘴都大大張開，眉毛高高挑起」，如達爾文所言。不過，眼睛和嘴部的張開方式有別於喜

悅時的表情。眼輪匝肌和前額肌肉等細微的肌肉在激烈的恐懼刺激下收縮，產生了這些臉部變化，而我們自己幾乎完全意識不到這些肌肉的存在。

恐懼的表情是普遍的（達爾文在他那個時代已經觀察到了這一普遍性，他在錫蘭人、阿比尼西亞人、火地群島原住民和達雅克人身上都發現了恐懼的存在），但在人類學家保羅・艾克曼研究新幾內亞人之初，他發現比起其他情緒表情，當地的巴布亞人更難識別西方人臉上的恐懼表情；他們常常將它與驚訝的表情混淆。不過這並不稀奇，因為許多恐懼情緒的第一反應不正是驚訝嗎？況且，在純粹的自然環境中，身邊讓人驚訝的事物，也就是突然發生的或不尋常的事件，幾乎都是潛在的危險，預示著有肉食動物或敵人逼近。所以，弄錯恐懼對象總比太晚恐懼要好……另外，恐懼和憤怒一樣，都是嬰兒最早出現的外顯情緒之一。它伴隨著我們長大，永遠不會消失，有時會幫助我們，有時則讓我們束手無策。

恐懼、恐慌和恐懼症

恐懼 vs. 恐慌

當你走在大城裡出名的危險街區，你一定會格外地警惕：一絲微弱的聲音都可能讓你嚇一跳；你三步一回頭，不敢直視路人的目光。這些就叫作**恐慌反應**，因為你總覺得危險就要到來了。但當一個帶著棒球球棒的人遠遠地朝你飛奔而來，一邊對小嘍嘍指著你，情緒就會立馬轉變為**恐懼反應**，因為危險就在當下。

同樣，當年幼的孩子目睹父母大吵時，他會感到**恐懼**，而之後的他會因為不知父母是否會離婚而恐慌（現代兒童最大的恐懼之一就是父母離異，就像

學校中不計其數的其他同學一樣）。

恐懼與恐慌的（理論性）區別

恐懼	恐慌、焦慮
對眼下正在發生的危險的反應	對可能發生或想像中會發生的危險的反應
持續時間短	可以長期持續
對象明確（知道自己害怕什麼）	對象有時模糊不清（不知道要發生的危險會是什麼）
以身體反應為主（血壓飆升、顫抖等）	以心理反應為主（焦慮、擔憂等）
演變而成的精神疾病：恐懼症（對多種不同情景有無法控制的恐懼）	演變而成的精神疾病：一般性焦慮症（對日常生活無法控制的焦慮）

你是容易恐懼還是有恐懼症？

　　如何區分單純的恐懼和恐懼症？想像一下，你一直都很怕蜘蛛。你實在不喜歡去地下室，但由於你想用一瓶好酒招待朋友，還是克服了自己對蜘蛛網的厭惡，下樓去拿酒。同樣，你正打算去朋友的鄉間別墅過週末，但你不會因為那裡的櫥窗裡有幾隻蜘蛛而早早就開始怕得發抖。如果你真的看到一隻蜘蛛，你會毫不留情地殺死它。然而，如果你對蜘蛛有恐懼症的話，你會堅定地拒絕去閣樓上找家裡的舊相片，即使被脅迫也還是會拒絕。而你一想到要去一個有許多大蜘蛛的熱帶國家旅遊，你就會在幾個月前開始不停地擔憂。如果你真碰到一隻蜘蛛，你會恐懼到沒有能力把它殺掉，甚至有被恐慌襲擊的感覺，恐懼程度高到自己無法控制。

自然性恐懼

有幾種恐懼是可以被歸為「普遍性」的，它們在各時代、各個人類文明階段、大多數人當中都存在。流行病學研究顯示，每兩人中就有一個人會在此類型中因為至少一種過度恐懼而受折磨[2]。

成年人的主要恐懼[3]

恐懼類型	以該項為主要恐懼的人群占所有人口的比重
動物（特別是昆蟲、老鼠、蛇等）	22.2%
高處（陽臺、護欄、梯子、陡峭的路等）	20.4%
血（見血、打針或抽血等）	13.9%
密閉空間（電梯、用鑰匙鎖住的小房間、無窗的空間等）	11.9%
水（水淹過頭頂、腳踩不到底的游泳池等）	9.4%
暴風雨（打雷、閃電等）	8.7%

電影是如何製造恐懼的？

每一個偉大的電影導演都擅長掌握影迷們的情緒，尤其是恐懼。電影史上，有兩部以動物製造的恐怖為主題的經典影片，一部是希區考克的《鳥》（The Birds），另一部是史蒂芬・史匹柏的《大白鯊》（Jaws）。它們稱得上是電影藝術的教科書，示範如何把觀眾嚇出一身冷汗。在這兩部電影裡，觀眾一步步進入戲中，看到人類在動物面前漸漸失去安全的地位。最初，鳥群只攻擊建物外部，但牠們隨後開始攻入房子和車內；大白鯊一開始在夜間攻擊，但之後來到白天的沙灘上，掀翻碼頭、攻擊船隻，再沒有任何地方可以躲開牠們的襲擊。觀眾被引導，相信電影畫面就是現實、也相信和動物相關的危險可能會有多嚴重。電影的大量鏡頭都是用主觀鏡頭的手法拍攝（用

動物的眼睛看人類），人類就如同獵物一樣；電影中的動物也被賦予了想像
不到的能力（鯊魚有了智慧，鳥群秩序井然）；動物攻擊人類的目的被電影
再三強調（鯊魚是為了某起攻擊事件報仇，而鳥群，用電影中某個人物的說
法，「牠們的出現並非偶然，牠們就是來了」）；人類的傷亡直白殘忍（肢
體被撕裂、眼睛被挖）；威脅感被推到極限（鯊魚是「體型巨大的白鯊」，
鳥則是「不計其數」）。用主觀視角（即以動物的雙眼為主體）拍攝的畫面
進一步強調了人類只是獵物而已。從技術層面來看，那些讓人不安的鏡頭為
恐懼營造了真實的氛圍：這些片段很短，不至於讓觀眾太容易適應；但又不
會太久，可以讓觀眾的身體有時間放鬆，一直放鬆到下一次讓腎上腺素飆升
的時刻——那將會是一次更大的刺激。它們也與讓人不安的音效緊密相關，
把觀眾變成標準的「帕夫洛夫的狗」（一旦音樂響起，我們的內心就開始緊
張，同時搜索著銀幕上究竟哪裡會發生危險……）。另外，觀眾在恐怖場
面前完全處於被動，這樣一來更加提升了他們的恐懼敏感度。所有研究都顯
示，當恐懼產生之時卻無能為力，就最可能讓恐懼無限滋長。

　　以上的分析也同樣適用於雷利・史考特（Ridley Scott）的電影《異形》
（Alien）。導演在拍攝外星生物攻擊人類時用了很短的鏡頭，觀眾幾乎都沒
有時間反應。

恐懼的作用

　　大多數普遍的恐懼，都可對應到採集狩獵的祖先所面對（或曾經面對）的
日常環境威脅。這些恐懼可以說是有益的，因為它們使我們的祖先得以存活
下來，並將基因遺傳給了我們。比起我們謹慎的祖先，那些對野獸、高處、
黑夜、流血之爭不夠恐懼的原始人顯然沒什麼時間繁育後代。相反，過於恐
懼的人錯過了重要的狩獵或採集機會，也在戰爭中居劣勢，缺乏生育後代的
機會。在原始時期，人們征戰的主要目的之一就是為了劫持婦女。這種雙重
限制——恐懼不足置生命於高度危險、恐懼過度則減少了生存的機率，證明
了包括安德列・孔特 - 斯蓬威爾（André Comte-Sponville）在內的眾多哲學

家的觀點：恐懼的對立面並非勇敢，而是「關於該做和不該做的事的科學[4]」：謹慎。

不同的恐懼對人類生存的作用

引發恐懼的事物	在人類史上，該恐懼事物引發的危險
動物	被攻擊、撕咬、傷害（當人類還是動物的捕食目標時）
陌生人	其他部族的人的暴力攻擊
黑暗	迷路、被夜間食肉動物攻擊
高處	摔下並從此殘疾
血	受傷
水	被淹

文化性恐懼

這種恐懼與自然性恐懼的區別，在於會隨歷史變遷而改變。事實上，它們在人類歷史的各個階段時消時長：害怕世界末日、魔鬼、狼人，害怕違背宗教而變得不潔，害怕吸血鬼、女巫和各種形式的鬼魂。然而，從情緒的嚴格定義上來說，要將它們稱作「恐懼」還有待商榷。它們更接近於心理上的不安，其導致的生理變化比真正的恐懼要弱。與恐慌一樣，這種恐懼多來自預期即將發生的危險，而非真正發生的事，這就是為什麼文化性恐懼常指涉未來的可能（如社會改革、科技變遷），雖然它們在現代用語中也被簡稱為「恐懼」。有些文化性恐懼難抵時間和現實的考驗，會隨時代消失：想想某些所謂的專家曾預言，鐵路將是人類的悲劇。他們認為，人類的神經系統構造無法承受如此快的風景變化，身體也適應不了高速運行產生的問題。

文化性恐懼還連結了每個時代需面對的現實危險，比如對傳染病的恐懼：從舊時的瘟疫、梅毒、結核病，到今天的愛滋病，每個時代都有讓人聞之色變的疾病。而同樣有著時代意義的還包括食品問題，例如基因改造的動植

物、瘋牛病等，就可用以標誌二十一世紀。

「反射性」恐懼

當我們感到恐懼時，我們的思考通常會持續介入：「我很害怕，因為我察覺到危險。」（有時是把危險放大）。但有時，恐懼可能會在我們還沒進行有意識地評估前，就已經產生。一聲巨響，或某人悄無聲息地走近，然後把手默默地放在了你的肩上……這些都會引起劇烈的恐懼反應。這些恐懼無疑是最原始、最動物性的：它們針對那些對你的安全範圍構成潛在威脅、發生過程猛烈且不受控制的現象。需要注意的是，在較難承受恐懼的人身上有很高的機率會出現「驚跳反應」，讓心跳明顯加快。對他們來說刺激的事物包括突然出現的關門聲、電話鈴聲或門鈴聲、先前沒被注意到在現場的人突然發聲……

這種恐懼完全符合威廉・詹姆士及其支持者們（生理學派）的理論：「我恐懼，因為我在顫抖。」

從生物的角度來看，感官器官會向視丘發送信號，視丘就像中央處理器一樣處理感官神經衝動。面對某些危險情形，視丘會直接把信號發送至大腦最原始的某一部分——嗅腦。嗅腦會立即觸發生理反應，大腦皮層和意識思想部分皆無法介入。

進化的益處是顯而易見的：面對某些自然危難，最好連一秒都不要浪費在思考上。

文化性恐懼的作用

我們可以說，文化性恐懼有著規範社會的作用。長久以來，人們都以引發恐懼為調教他人的絕佳手段：孩子對父母恐懼，才會減少犯錯；僕人對主人恐懼，才會更有效率地工作；妻子對丈夫恐懼，才能安守本分等等。理論

上，它讓每一個人在社會中正確地履行自己的職責：學生由於恐懼懲罰而尊師重道；信徒由於恐懼地獄而按時前往教會並盡力不犯罪……

然而，恐懼僅僅屬於社會的「被支配者」，目的在於讓人就範、各司其職。但對於「支配者」來說，它是不該存在的。正如古羅馬詩人維吉爾（Virgil）所寫：「恐懼是出身低下的標誌[5]。」這無疑是因為，在大多數國家，貴族階級都出自戰將，對他們而言，恐懼就像殘疾。

自慰：巨大的社會恐懼[6]

今天我們很難想像十九世紀的人們對自慰有著怎樣的恐懼。當時的大部分醫生、倫理學家和保健醫生都將其視為對個人、社會無比巨大的危險。

1828 年出版的《論婚姻保健與生理學》（Traité d'hygiène et de physiologie du mariage）中這樣寫道：「自慰是於無聲處攻擊並摧殘人類的一大災禍。依我之見，瘟疫、戰爭、天花和其他類似的疾病，都不如自慰的習慣對人類有如此致命的毀滅性影響。這是文明社會的毀滅者，它將以越來越活躍的姿態蠶食一代又一代人的精神……」

另一本書則配以插圖，詳細地描繪了一個年輕的男子怎樣在自慰中漸漸衰弱：「他曾那樣年輕、英俊，他是母親的希望，卻墮落了！他很快就嘗到了這一惡習的苦果：提早衰老、背脊彎曲，他的臟腑被火殘忍地吞食，他的胃承受著可怕的痛楚。看哪，他的雙眼不久前還是那麼清澈、明亮，而今卻晦暗無光，周圍圍繞著一團邪火。他再也走不了了，雙腿已經無法伸直。恐怖的思想攪擾著他的睡夢，他再沒有睡得安穩過。他的牙齒鬆動、敗壞，一顆顆掉下。他的胸口在灼燒，吐出的痰都帶著血絲。他那漂亮的頭髮止不住地往下掉，和老人並無二致，頭頂也過早地開始脫皮。他的整個身體都長滿了膿皰，簡直不堪入目！長期的躁熱在消耗著日漸憔悴的他，他全身都在灼燒，全身都僵硬無比！他的

四肢動不了了,他口齒不清地發著囈語,強撐著抵抗死亡,可是死亡比他更強大。就這樣,十七歲的他消亡了,在難以想像的痛苦中消亡了⋯⋯」年輕的女孩也是被警告的對象,因此才有人發明了以鯨骨束起的睡衣,讓女孩們無法觸碰那些「罪惡」的部位。若是出現特別叛逆的現象,女孩的陰蒂就會被火灼烤[7]。這種噩夢般讓人擺脫不了的恐懼在西方國家裡一直持續到 1950 年代。一位六十多歲的患者告訴我們,青少年時期,有一天他突然再也不自慰了,因為他父親在撞見村裡的「低能兒」之後輕聲對他說:「他就是因為自慰變得那麼蠢的!」

文化性恐懼舉例

與宗教和超自然現象 有關的恐懼	與遠方的敵人 有關的恐懼	與知識和科技發明 有關的恐懼
恐懼世界末日、地獄、惡魔與魔鬼 恐懼死者的亡靈(如鬼魂、亡靈、幽靈和僵屍)	恐懼野人、殘暴的野蠻人、黃禍、外星人,等等	恐懼火車、污染、藥物、核彈、基改動植物、瘋牛病、愛滋病⋯⋯ 請注意,文化性恐懼不一定是不真實的。

尚武的社會向來都對戰爭裡的恐懼絕不寬容,正如十八世紀寫就的武士道修養書[8](以及當代作家三島由紀夫的著作)所寫:「在有馬宮殿倒塌後第二十八天,城堡邊突然出現了一個人——玄平光瀨,端端正正地坐在堤壩的中央。中野經過那裡,問他在那兒做什麼,光瀨回答:『我腹中疼痛難忍,一步都走不了了。我派了我的人前去突襲,而我現在請你對我作出判決吧!』這件事有目擊者為證。我們判定他就是個懦夫,因此判他切腹自盡。這種狀況由來已久,肚子痛被稱為『膽怯的藥草』。它會悄無聲息地來臨,使人無能為力。」

對於今天的軍人來說,引發問題的並不是恐懼,而是無法駕馭恐懼。即使

是在職業軍人中，對恐懼的承受力（也可以稱之為「面對恐懼的智慧」）也是最近才被重視的一項素質。面對敵人時臨陣脫逃（一般可以用恐懼來解釋）常常是一個士兵所能犯下的最嚴重的錯誤。第一次世界大戰中，不計其數的軍人都因是逃兵而被槍決[9]。後人發現了當時留下的醫療記錄，其中揭示，人們所指責的「怯懦」實際上是因為士兵在沒有準備好的情況下（他們是新兵或已筋疲力盡）直接面對極其暴力的戰況，心理受到衝擊。所幸之後的情況得到了很大的改善，軍隊裡配備了精神科醫生，他們負責及時診斷出士兵是否有我們今天說的「創傷後壓力症候群」或「戰後神經症」。第二次世界大戰期間，美國的巴頓將軍曾在走訪一間部隊醫院時打一名士兵巴掌，因為他身上沒有任何傷痕、住院原因是殘酷場面造成的心理創傷，巴頓將軍以為他是在故意逃兵。不過在這年代大眾已對恐懼有較全面的認知，巴頓將軍的上級也命令他向這名士兵公開道歉。

兒童的恐懼

我兒時最深刻的記憶都和恐懼有關：每天晚上我都很害怕上床睡覺。我的房間在樓上，和我父母晚上常待的客廳隔得非常遠（根據我當時的標準）；當他們叫我回房間睡覺，我一進房就害怕，感覺到床底下藏著一隻怪獸。我都用跳的上床，因為我怕怪獸趁我靠近時會一把抓住我的腿。當然，我真正閉眼睡去前都會把身體全部埋在被單下面，只留鼻孔呼吸。我也怕有鬼會突然出現，割我的喉嚨，就像童話故事《小拇指》（Le Petit Poucet）裡的妖精那樣（那個妖精以為殺掉了小拇指和他的六個哥哥，實際上卻殺死了自己的七個女兒）。更別提那個一直關不起來的壁櫥。我父母很早就打消了派我去地下室、閣樓的主意，也從不會讓我在天黑後做關上花園大門之類的事。記得有天晚上，我從好朋友家騎自行車回去卻被嚇得不行，從來沒騎那麼快過。當時我腦中不停地浮

現一群怪物和殺手猛追我的畫面，我一慢下來他們就會撲上來，把我分屍，喝我的血。然而，我感覺到，騎得越快，我的恐懼就越強烈。直到今天，我都害怕一個人在鄉間走夜路，或者一個人在沒人的公路或森林裡開車。這聽上去很蠢，因為這些地方可比我現在住的大城市安全多了，但我就是無法控制自己，那些兒時的恐懼一直糾纏著我。我沒有孩子，可我的朋友們總是對我百科全書似的童話知識驚訝不已。這根本沒什麼值得驕傲的，我爺爺在我的腦子裡塞滿了這些故事——我承認我確實很喜歡聽他講故事——過去它們都讓我瑟瑟發抖，以至於最小的細節都被深深印刻在我的記憶裡。

三十五歲的波利娜這段描述讓我們想起了兒時經常出現的恐懼，但也提醒了我們童話及其他故事會引發、滋養恐懼。這些所謂的「床邊故事」，其教育功能已得到史學家和社會學家的證實[10]：當孩子被故事情節中環境的危險元素（例如不要跟陌生人走、不要吃陌生人給的東西、不要遠離父母，等等）吸引時，這些故事就會讓他們從此銘記在心，不再輕易冒險。童話故事的教育意義究竟多麼有效仍待求證，但對某些天性焦慮的孩子來說，它們確實不易被消化。與電視節目不同，這些故事通過父母之口講出之後，可能會產生父母主觀希望帶來的效果。而時常被褓姆、忙碌的家長用來當作看小孩工具的電視節目，則常使用暴力或讓人焦慮的影像直擊兒童，即使在兒童節目中也會如此。

恐懼的科學研究

毫無疑問，恐懼是科學家最關注的情緒之一。如今累積的資料和訊息量已十分龐大，難以歸納為簡單的原則。但我們仍希望借助這些研究，先回答幾個人們經常向專家詢問的幾個問題：

恐懼會使人更有警覺心嗎？

當恐懼症患者坐在電腦螢幕前時，研究人員在他們的眼前放映許多替換速度快到看不清楚（但可被大腦下意識地「感知」到，或被意識本身捕捉到）的圖片。專家發現，這一實驗中，這些患者會出現某些身體表徵，說明他們的恐懼情緒非常強烈。例如，社交恐懼症患者參與實驗時[11]，他們被要求回答電腦上顯示的一系列問題；在問題之間，專家以快閃的方式穿插了一些飽含敵意或憤怒的人臉圖片。實驗結果顯示，這些圖片進入了患者的潛意識，引起了強烈的恐懼，使他們在回答問題時大受干擾。同樣的情形也出現在對蛇恐懼的人中[12]，爬行動物的照片間接性地快速閃現，旋即被花朵的圖片覆蓋，但前者還是觸發了患者與恐懼相關的身體反應……正如俄羅斯諺語所說：「恐懼有雙大眼睛。」我們越害怕某個事物，就越能迅速在周遭發現它的存在。

恐懼的壞處

一般來說，恐懼會讓人在看似中性的情境中感知到危險，如下例所示。研究人員請社交恐懼症患者、其他恐懼症患者和健康人闡釋幾個模糊的情境，也就是，讓研究對象以完全敞開、自由的方式重新描述社交情境（如邀請來家裡吃晚飯的朋友們比預計時間走得早、一位陌生人擦身而過時對你微笑）和非社交情境（如你收到一封掛號信、你的心跳得飛快）。不出所料，社交恐懼症患者皆會以負面的方式描述社交情境（「他們走得早，代表他們那天不高興」），但他們僅僅對「社交情境」作出了負面描述。而其他恐懼症患者則對「非社交情境」進行了負面闡釋（「我心跳得很快，我即將要被恐慌襲擊了[13]」）。另外，因恐懼過度警覺反而會使人無法分辨危險，杯弓蛇影，一切看來會讓人恐懼的事情都會立即觸發警報。例如，不只是齜牙咧嘴的惡狗讓你恐懼，所有的狗都讓你恐懼。

這種因恐懼而失去分辨能力的情況在柯波拉（Francis Ford Coppola）的電

影《現代啟示錄》（Apocalypse Now）中得到了很好的詮釋。一小隊海軍士兵乘坐一艘汽艇駛上了越南的一條河流，漸漸深入到這片充滿敵意的土地上。他們看到了一條居住著一家人的帆船後便慢慢靠近，想要控制那艘船上的貨物。由於擔心埋伏，他們越發緊張，而害怕至極的越南人則完全任他們調查。瞬間，一個小女孩突然的舉動觸發了一場慘劇：士兵們開始瘋狂地掃射貨船上所有的乘客……最後他們才發現，這個女孩只是想把一隻幼犬藏起來而已。

想像在恐懼裡的作用是什麼？

想像的作用非常明顯：對非常恐懼蜘蛛的人來說，「蜘蛛」這個詞比起一張毛茸茸又噁心的蜘蛛圖片，可以讓他們產生更劇烈的恐懼反應[14]。倫敦科學博物館中，有一塊專門為心理學設置的區域，其中主要關注的就是情緒，而情緒中最大的重點就是恐懼。那裡放置了各種互動實驗設備，讓參觀者們進行真實體驗。例如，有一個裝置四周有不少拳頭大小的洞，參觀者可以把自己的手伸到裡面。這些洞中，有一個洞的旁邊放了一塊佈滿大「蜘蛛」的玻璃，從機器裡還傳出陣陣窸窣聲。

大多數參觀者在把手伸入之前都有片刻的懼怕；我們的一位同遊的女性朋友甚至拒絕嘗試，她說道：「我很清楚這只是一個實驗，但誰能保證裡面會不會真的有一隻半夜偷跑進去的大蜘蛛或大老鼠呢？」

恐懼在大腦中的反應位置是哪裡？

神經生物學家已經告訴我們，大腦顳葉（即大腦皮層的側面）是恐懼情緒發生反應時的基本中轉站之一[15]。因此，如果切除靈長類動物的大腦顳葉，就會引起一系列症狀，其中之一就是恐懼反應幾近全失：一隻正常的猴子會對人類和蛇特別害怕，但被動手術的猴子則任由實驗人員接近、撫摸，並會毫不畏懼地把玩蛇類和其他爬行動物。若被蛇咬傷，它們還是會近距離地仔細觀察對方。因某些疾病而導致大腦顳葉受損的人同樣也會在情緒的反應上

表現變弱。

　　透過進一步的深入研究，專家們更細緻地將這些與情緒感受紊亂相關的區域定位出來：位於大腦顳葉內部的杏仁核。若將老鼠的這一部分切除，他們就會自動接近被麻醉的貓，並輕咬對方的耳朵；同樣，猞猁會變得和家貓一樣溫順。反之，若是刺激這一位置，動物的恐懼反應會放大。專家還發現，杏仁核受損的兔子再也無法對電擊產生恐懼。這些實驗使一些專家開始關注那些在恐懼情緒上特別脆弱的人：他們的杏仁核很可能比常人更容易受到刺激。

如何變得更勇敢？

　　即便是最有膽量的勇士也會有恐懼的時候，但他們懂得如何在無法消除恐懼的時候控制這一情緒。法國的歷史人物亨利・德・蒂雷納（Henri de Turenne）子爵以驍勇善戰出名，他便是用強大的心理成功控制生理恐懼的典範。在一場激戰中，他對自己說：「身體啊，你顫抖吧，但當你知道我要帶你去何處時，你會顫抖得更猛烈的 [16]。」這種對生理恐懼的自我控制能力非常重要，且已在一項對北愛爾蘭掃雷技術人員的研究中得到了證實 [17]：這些掃雷人員中，因勇氣和英勇事跡而得到最多嘉獎的人正是平常心跳頻率最低的人。他們的勇敢不僅僅是因為善於控制心理，也因為身體對恐懼的敏感度較低。這對我們當中沒什麼英雄氣概的人來說無疑是個不錯的藉口。

「恐懼學校」：我們如何學會恐懼？

　　「我的恐懼從何而來？」關於恐懼，這是患者們最常提出的問題之一。今日我們已經無法用簡單的方式回答這個問題。事實上，我們知道，我們會在心理受創或錯誤教育後「習得」某些恐懼，但並非所有恐懼皆如此，且有一些恐懼是更容易被習得的（你會在這一段落之後瞭解原委）。另外，我們當

中有些人就是比較不幸——是「恐懼學校」的「好學生」，似乎天生就擁有比常人更容易恐懼的個性。

恐懼的習得

我們當中的大多數人，都可能在重大或重複的創傷經驗後接觸到新的恐懼。

大致上，我們對某事物的恐懼可能透過三種經驗模式習得。第一種，**一次性創傷經驗**——親歷車禍後，受害者會對驅車出門有長期的恐懼。第二種，**重複性壓力片段經驗**，且自身無法掌控它重複發生的可能。例如，坐過數次驚險的航班後，當事人會產生對乘坐客機的恐懼，即使再次乘坐時完全沒有故障或迫降的情況。第三種，**事後回顧**——在某起事件發生之後，你才意識到自己與危險擦身而過，而事發時你尚無危險意識。例如一起持械搶劫事件的受害者第一時間並不覺得危險，但在事發之後才瞭解到，就在那個下午，匪徒殺死了另一個人。

除此之外，還有一些習得恐懼的方式，其中，兒童會因為看到親近的成人對某件事物恐懼而變得同樣恐懼。埃洛迪是我們的一位患者，她對狗有恐懼症。她告訴我們，自幼她就目睹母親一見到狗就渾身發抖。當一條狗接近時，母親會把她一把拉入懷中，嚴實地保護起來，並且會在她想去撫摸小狗時驚慌失措。

演化賦予人類的恐懼：天性與習得的調和

> 獅子和羊將睡在一個被窩裡，
> 但羊應該不怎麼睡得著。

—— 伍迪・艾倫

某些動物的恐懼並非後天習得，而是天性使然。老鼠即使從沒見過貓，仍會在第一次看到貓時恐懼萬分。同樣出於天性，老鼠也不喜歡攀爬高處，或

祖露在光亮處。這些顯然源自於它們的基因：作為它們的祖先，小型齧齒類動物主要在夜間出沒，貼地爬行。相反，人類卻容易在黑暗處而非光明處產生恐懼，多數大型肉食動物都會在夜間捕食獵物。

雛鴨即便從未見過成年鳥類，卻還是會不由自主地害怕食肉猛禽，而不怕候鳥。

鳥類天生的恐懼 [18]

如果我們讓上圖形狀的物體飛過雛鴨的頭上，那麼只有當物體朝 A 方向飛時（形狀類似猛禽的形體）才會引起鴨群的恐懼（它們會站立不動）；朝 B 方向飛時（形狀類似鴨或鵝的形體）不會引起恐懼。

天生的恐懼也表現在嬰兒身上，所有的嬰幼兒都會在某個時刻開始顯露出過度的恐懼，這些恐懼會因為教育和群體生活而被變得模糊或得到控制。例如，對空曠、陌生環境的恐懼，就只在移動狀況下出現 [19]；當置身於以玻璃架設的高處平面時，八歲以下的孩子完全沒有懼怕的跡象。只有在幼兒「需要」恐懼時，恐懼才會出現，避免讓他直接面對太大的風險。父母的教育將使他克服過度恐懼，從而形成他面對恐懼時的反應；比如只在空曠或無依靠的情形達到一定的嚴重程度時才開始恐懼，又比如，只在家人都不出現的情況下才對陌生成人產生畏懼，等等。

幼兒的正常恐懼 [20]

年齡	恐懼項目
小於六個月	失去依賴、嘈雜的聲音
七個月至一歲	陌生的臉、突然出現的物品
一歲至兩歲	與父母分離、洗澡、陌生人
兩歲至四歲	動物、黑暗、面具、夜間的聲響
五歲至八歲	超自然生物、打雷、「壞人」、身體受傷
九歲至十二歲	媒體播報的大事件、死亡

　　至於人類本身，演化論派的心理學家們作出了一個假設，認為天擇對恐懼的存在和持續具有影響：對於我們的祖先來說，大多數恐懼都是針對危險的事物或情境，如動物、黑暗、高處和水。這些危險在當今的高科技環境中已經幾乎不存在了。不過，我們仍在生物性的潛意識裡保留著對某些危險的記憶。

　　因此，人類的恐懼很有可能是出自「基因庫」，這些恐懼可能曾經提醒人類避開危險情境（至少是在某些時期 [21]）進而幫助了人類的生存。我們稱這些恐懼為「（被演化）預備性恐懼」、「先科技性恐懼」，或「系統發育性（即與物種的發展有關）恐懼」。這些恐懼在大部分人中都很容易被觸發，並且一旦出現就不會隨著物種的發展而滅絕。

　　與之相對應的恐懼就如電源插頭或武器一樣，被稱為「非預備性恐懼」、「科技性恐懼」或「個體發育性（即與個體發展有關的）恐懼」。它們通常都是（透過創傷經驗）習得的，並且比前一種恐懼易變。在這些科技性恐懼中，只有極少數是許多人共有的，它們都與自然恐懼有著間接的關聯，如對乘坐飛機的恐懼同時結合了對空曠和對密閉的恐懼。

　　這種演化論派的理論較難用實驗證明，但一系列動物研究似乎都證實了此關聯性 [22]。例如，在實驗室中長大的猴子原本一直不怕蛇，但在接觸了成長於野外的猴子後便開始懼怕蛇，因為它們觀察到，同類始終堅定地拒絕接近放置在蛇身旁的食物，於是它們自己就發展出了對蛇越發強烈且持久的恐

懼。請注意，這種對恐懼的社會習得行為並非適用於所有事物。專家曾用放映其他猴子受爬行動物驚嚇的影片，讓實驗室中長大的猴子習得對蛇的恐懼。然而，當專家把影片中的把蛇換成花，放映猴子害怕花朵的影像時，猴子也不會發展出對花的恐懼。

容易恐懼的個性

德爾菲娜：

> 我有三個兒子，老大和老三很好鬥，橫衝直撞的，渾身都是刺，隨時隨地都能打起架來。不過，我二兒子的個性則完全不同。他比他們敏感許多，也很容易害怕。只要有很大的聲響，他就會嚇得跳起來，而且他睡眠很淺，還常常做噩夢。然而，這三個孩子接受的是幾乎一模一樣的教育。我丈夫曾帶他們三個一起去看橄欖球比賽，也帶他們報了社區的柔道班，但只有老大和老三表示要繼續學。老二總是一副很不情願的樣子，最後終於向他父親承認，他更喜歡待在家裡看書。

是否確實有人比其他人更容易感到害怕呢？應該是有的。美國哈佛大學的心理學家傑羅姆・卡岡（Jerome Kagan）的研究裡，花了多年持續觀察那些早年被他悉心研究過心理特質的幼兒[23]。他發現，自孩子四個月大起，即教育與社會存續還未產生影響時，有些人就已經對新的或未知的事物顯示出比其他人更大的恐懼。這些孩子的比例不容忽視，每五個當中就有一個如此。之後，卡岡的研究表明，這種脆弱敏感的氣質與大腦杏仁核的過度活躍及其他生理表徵有關，比如說較快、但不會因環境而發生明顯變動的心跳率。他隨後也發現，在三歲時特別敏感的孩子常常會在成年後變得焦慮。目前的研究告訴我們，不能再將孩子所有的恐懼理所當然地看作正常、溫和、某個年

齡必經的現象了。事實上，將近 23% 的恐懼裡都藏了一種焦慮病症，且這些病症最好儘早治療 [24]。與我們一貫認為的恰恰相反，父母經常會低估孩子們的恐懼，忽視他們白日 [25] 或黑夜裡以噩夢形式 [26] 展現的恐懼。

我的孩子很恐懼：我應該擔憂嗎？

（Garber, op. cit.）

正常恐懼	非正常恐懼
同齡兒童都有類似恐懼 （可以詢問孩子朋友的家長）	這些恐懼與孩子的年齡不符（例如在十二歲時害怕怪獸，或在兩歲時害怕死亡）
這些恐懼僅在有事件觸發時才會發生	孩子即使在令人擔憂的情境之外仍然提及或思索這些恐懼
孩子在安心、被幫助或被陪伴時可以自己直接面對這些恐懼	不論任何人、任何事都無法讓孩子安心平靜
孩子承認自己的恐懼是不理智或過度的	孩子堅信他的恐懼源自真實存在的危險

四大情緒理論流派如何理解恐懼？

理論流派	對恐懼的觀點
演化論派 （我們的情緒與生俱來）	恐懼是一種有用的情緒，由演化遺傳而來，目的是為了讓我們對所有威脅生存及身體安全的危險產生懼怕。
生理學派 （我們的情緒源自身體的反應）	恐懼的身體反應是我們無法控制的，它代表著一種警報信號，為了引起我們自己的注意。
認知派 （我們的情緒源自思考）	為了尋求更多的安全感，我們常常預期感受並誇大恐懼，遠遠超過了它當下可見且可被感知的程度。
文化主義 （我們的情緒源自文化）	我們被灌輸了許多恐懼意識，目的就是讓我們的行為在我們個人所處的文化環境中顯得恰如其分。

恐懼的病症

恐懼症：過度恐懼

恐懼症是一種常見的心理疾病（大約占總人口的 12%），主要表現為突然出現特別強烈的恐懼，發生情景通常被同一文化背景下的其他人視為無重大危險，會迫使恐懼者避開觸發恐懼的事物。最常見的恐懼症有三大類別：特殊恐懼症（動物及自然界其他元素）、社交恐懼症和廣場恐懼症。有些恐懼症可能會讓其他人感覺不太出來有什麼不對勁的地方。事實上，若恐懼症是針對動物、現代生活中鮮少遇到的情景（蛇、昆蟲、黑暗等），那麼它就不算一種致人於完全無力的嚴重病症。但是，三種恐懼症中的另兩種——社交恐懼症和廣場恐懼症，則是潛在高度危險性的疾病。

恐懼症的主要類型

恐懼症類型	定義	恐懼的情景
特殊恐懼症	強烈的恐懼，但僅限於某些特定情境或特定動物	動物、空曠、黑暗、血、暴風雨、水……
社交恐懼症	對他人眼光和評價的強烈恐懼；害怕成為笑柄或表現得不合時宜	當眾講話、結識陌生人、不得不與人交心、被觀察時……
廣場恐懼症及恐慌	擔心突如其來的恐慌危機，尤其是身處封閉的空間卻離救援甚遠時，會產生強烈的恐懼	電梯、公路、飛機、排隊、擁擠且過熱的商店、電影院一排排座位的中間、禮貌性餐會……

對恐懼本身的恐懼：廣場恐懼症及恐慌

拉謝爾，三十一歲：

　　我清楚地記得恐慌第一次襲來的場景：那是六月一個週六的早晨，我在超市的收銀台等候，突然之間覺得不舒服起來，真的以為自己快要死了。人們立刻打電話叫來急救人員，把我送進醫院。我心想，這次肯定是要查出我有什麼疑難雜症了，也許我得了心肌梗塞，也可能是腦出血。但是，醫生們告訴我什麼問題都沒有，只是有點痙攣。我把身體檢查一項一項都做遍了，但結果都是陰性：我什麼問題都沒有。但我非常肯定自己有問題，因為我曾發生過兩三次這樣的情況。而從這時起，我再也不敢一個人出門，就算母親或丈夫陪著我，我也很害怕。一旦我覺得自己有什麼不對勁，心跳快了點或有點頭暈氣短，我就覺得可能快死了。為了讓自己不那麼恐懼，我拼命地服用鎮靜劑，平時也一直隨身帶著。

　　拉謝爾的病症就是人們所說的「恐慌及廣場恐懼症」。

　　一開始，她表現出了恐慌：極為強烈、突然、無法控制的恐懼，伴有數個生理症狀導致她以為自己逼近死亡，或感受到一種和現實解離、接近瘋狂的感覺。這些恐慌非常驚人，使人害怕它會復發，讓人產生「對恐懼本身的恐懼」：只需要一絲與恐懼相關的身體徵兆，就會被當作一場巨大恐慌的前兆，因而導致真正的恐懼。這一現象被稱作「螺旋式恐慌」（panic spiral），因為它會不斷升級、不斷放大，直到引發一場新的恐慌。按照邏輯來說，因感受到恐慌而產生的恐懼會促使人們避開最容易發生恐慌的地方，即人群密集、過熱、缺乏空間感的地方，等等。這就是廣場恐懼症的由來（該詞的詞源意為「對公共場所的過度恐懼」）。

　　長久以來，心理專家都致力於探索針對這種恐懼症的精神分析，直到認知行為療法的出現。事實上，這種療法在治療廣場恐懼症時非常有效，因此在今天已經成為了最受推崇的治療方法。而在恐慌症出現時，經常需要配以藥物的治療[27]。

對他人的恐懼：社交恐懼症

弗雷德里克，四十七歲：

> 我小時候是個很害羞的孩子，但我適應能力挺好的。到了青春期，一切都變得越來越糟，我開始對高中、對團體生活產生很誇張的恐懼，變得對人很過敏，只有在一個人的時候才放鬆下來。在班上，我再也無法當眾講話，到黑板前答題更是讓我噩夢連連；然而，更糟的是下課時間。我很常把自己關在廁所裡，或是窩在休息室的角落裡裝作看書。在其他場所，也是一樣。漸漸地，我開始拒絕去商店購物，因為我一想到商家要和我說話就恐慌無比，我根本不知道回答什麼。在路上，我一直低頭走路，生怕與人有眼神交流，因為我覺得自己看起來會像個絕望的瘋子。每一天，我都生活在恐懼裡：害怕被注視、被批評、被攻擊、被嘲笑。我的父母曾帶我去看熟悉的家庭醫生，那位老醫生想安慰他們，也想勸我，就說我只是膽怯、害羞而已。可我很清楚這不是害羞，我知道害羞的學生是什麼樣的：他們會在熟悉到某個程度以後和其他人成為朋友，或可以在小組中公開發言。我也知道這根本不是膽怯。去台上回答問題時，我並不是內心裡有什麼東西在打鼓，而是被恐懼徹底吞噬了。

弗雷德里克的病症其實是嚴重的社交恐懼症，主要表現為對他人眼中可笑、不合適的行為有無法擺脫且非常強烈的恐懼。這種恐懼症直到近年來才被定義。對該病症的患者而言，所有的社交情境都成了評估（認為對方在觀察、評判）和威脅（害怕對方嘲笑或施以口頭攻擊）。另一種基本情緒——即因感到自己既可笑又不合時宜而引發的羞恥——會使整個人的情緒變得更加複雜。

社交恐懼症也需要特別的治療。最好的治療效果均出自認知行為療法，在

病症嚴重時需同時配合藥物治療[28]。

不斷重複的恐懼：創傷後壓力症後群

希爾薇，四十二歲：

　　那一年，我還在上大學。一天晚上，我參加完一個親友聚會後返回家中。男友不想參加，所以沒有去，而我結束後是被好友開車送回來的。我在一條單行道上下了車，只需走幾公尺就能到家。走到我家樓下的大門時，我開始掏鑰匙準備開門，可就在這時，我突然被人猛地一推，然後被按到了牆上：一個眼睛很亮的男人用刀抵住我的喉嚨，威脅我。他的臉離我只有幾公分，我能感覺到他的呼吸、氣味，甚至看得到他皮膚上的所有細節。他一把扯下我的包，開始把手放在我的胸部和大腿上，要掀我的衣服。我被嚇得目瞪口呆，一個字都說不出來，也完全沒辦法喊叫求救。我的腦中一片空白，雖然對整個情景的每一個細節都有意識，但一點思考和反應的能力都沒有了。我感覺到死亡、強姦、毀容的威脅，但我已經害怕到動彈不得。我不知道這樣究竟持續了多久。忽然，那個人拿刀劃了我的下巴幾下（我當時根本就沒意識到），拿著我的包跑了，因為有一輛車開進那條街找停車位，微弱的車燈照到我們。過了好幾秒，我才反應過來剛才發生的一切，然後我把自己緊緊鎖在房間裡，像瘋了似的洗澡（我覺得像被他強姦一樣，被玷污了）。很快，我就打電話給我父母：我怕那人再次出現。自那天起，我就開始做噩夢，常常在夢中斷斷續續地重現這件事情。而每當夜幕降臨，我都會想起那次侵犯的情景：無論我在哪裡，當時的畫面都會侵入我的腦中。但最嚴重的是，那次被侵犯以後，我晚上再也不敢一個人出門了。一到樓下的大門前，恐懼就會條件反射般地襲來，讓我直冒冷汗、渾身發抖。我太害怕了，就算上了雙重保險仍然很害怕，所以我還是搬出了這套我很喜歡的房子。有一天，在公車上，一位男士上了車，站在我旁邊。這

時，我的心突然跳得很快，整個人就像樹葉般瑟瑟發抖，並開始出冷汗。過了好一會兒，我才明白過來，這個人身上用的香水和那天的歹徒是一樣的……一直這麼恐懼讓我覺得很羞恥，但和親近的人說這些也會讓我羞恥；之後過了好多年我才去諮詢心理醫生，讓他幫助我最終走出了這個陰影。

希爾薇遭受的就是「創後壓力」，或稱「外傷性神經症」。在經歷了某起讓人感到具有死亡或重傷威脅的事件後，受創者就會感到極其強烈的恐懼，即使在事件過後也還持續有感覺。患有此症的人包括士兵、自然災害倖存者、被營救的人質、侵害案件受害者、強姦案受害者、事故倖存者等。這些創後心理壓力表現為多種恐懼症：受創者再也無法面對會讓他／她回憶起事發場面的情景。除此之外，還有其他症狀：反覆做噩夢、重新經歷過去，以及「閃回」（flash-backs），人們稱這些症狀為「反覆症狀」。借助各種不同的日常生活片段，創傷會再次折磨受創者。《現代啟示錄》的片頭：有一段文字可謂是電影關於此主題的經典例子。一位在電風扇下睡著的美國軍官被夢中越南叢林裡的熊熊大火驚醒，他正上方旋轉著的風扇讓他想起了在森林上方執行任務的美國直升機的螺旋翼……受創者的恐懼已經深深根植於他心中，這種禁錮創傷的狀態實際上比想像中更為常見。人們總是建議受創者「忘記這一切」，但今天，人們終於明白，受創者更應該在事後儘快地在他能接受並安全感十足（例如諮詢心理醫生）的環境中說出事實。並非所有的人都會在遭遇創傷性事件後留下後遺症，但一般來說，那些在經歷創傷時有過精神解離（即感到大腦一片空白，如希爾薇經歷的一樣）的人出現這些症狀的可能性更大。

創後精神障礙的治療必須由接受過特別訓練的護理人員協助完成。治療的一般原則是重新喚起創傷場景，但這樣的場景重現需要把握恰當，應該由經驗豐富的人來完成，因為它可能會刺激精神障礙的復發。至於在悲劇事件後是否會留下創傷，取決於以下幾個因素：

◆ 是否準備好面對這一事件。訓練有素的成熟戰士比剛剛入伍的年輕士兵出現精神障礙的可能性弱許多。飽受折磨的政治家也比「無辜」的受害者所承受的後遺症要少。

◆ 行動的積極性。在自然災害中，營救人員和不斷以行動謀求存活的人，比消極等候的受害者遭受創傷的機率小。

◆ 創傷的客觀嚴重性。地震後，離震央的距離越近，創後心理壓力的發生機率越大；同樣，交通事故中，受傷情況越嚴重，創後壓力發生的機率越大。

◆ 個人的創傷經驗有時也會加大創後心理壓力的發生機率[29]。

追逐恐懼

「高盧人，來嚇我們啊！」

在漫畫《高盧英雄歷險記：阿斯泰利克斯與諾曼第人》（Astérix et les Normands）[i]中，讓人聞風喪膽的維京人漸漸逼近高盧，試圖尋找一個他們從來沒聽說過的東西：恐懼。他們聽說這種東西讓人「如同插上翅膀一般」，而他們只會航海，所以急不可耐地想要體驗它到底是什麼東西。漫畫中描繪了一些滑稽的場景——身材高大壯碩的北歐人命令瘦弱的高盧人：「來嚇我吧！」隨後，奧貝利克斯（Obélix）就承擔起了這個重任，負責讓他們體驗這種幾乎不存在於維京人文化中的感覺。

那麼，是否真的有人不知恐懼為何物？有些被稱為「精神病患者」的人的

---

i 編註：法國受歡迎的漫畫，是以 Astérix 和他的朋友 Obélix 為主角的高盧人冒險故事，連載超過五十年、共發行三十六冊。高盧為古羅馬代稱今天法、比、北義、南荷區域的凱爾特人居住區，現代常以「高盧人」代稱法國人。

確是這樣。精神病人格的定義，即難以適應社會準則，對他人的損害冷漠以待（道德感缺乏），較為衝動，嚴重無視自身和他人的安全。實驗中，這些患者在看到暴力畫面時發生的身體反應非常有限[30]。他們缺乏恐懼，而這又與其他心理特質相關（像是吸毒的頻率），這也解釋了為何這些患者的死亡率會高得驚人。

從恐懼症到追逐恐懼

近來許多研究紛紛聚焦在「感官體驗追求者」（sensation seekers）。這些人透過不斷進行高危險性運動、高速駕駛大型機車等活動來尋求極端刺激。這些追求刺激的人可被看作與恐懼症患者相反，總是努力靠近那些同時代的人儘量避開的環境或動物（養狼蛛、蛇，熱愛洞穴探險或高空彈跳）。

簡單來說，誰不曾在玩遊樂設施後感到其樂無窮？誰沒有看過恐怖片？事實上，大部分文化背景中的人都會在一定條件下追求這種恐懼（「來嚇我吧！」）。諸如萬聖節之類的節日便是人類想要把自己暴露於恐懼中的一大範例，似乎就是為了告訴自己：我們可以掌握自己的恐懼。這種現象存在於所有年齡層的人群中，即使是年幼的兒童也喜歡玩驚嚇遊戲。但是，這樣的追求不能過於現實化，否則便會使人真的感到恐懼，就像讓 - 呂克如下的分享：

> 我很喜歡和女兒埃洛迪一起玩扮演獅子的遊戲。我們兩個都趴在客廳的地毯上，對著學獅子吼，模擬兩隻獅子打架的樣子。有次，我完全忘了她只有兩歲，演得太入戲了：我皺起鼻子和額頭，做出可怕的眼神，然後發出巨大的吼叫聲。我看到她的臉色一下子變了，立刻示意我停下遊戲，然後躲進了我的懷裡。顯然，我扮得太像了。我妻子目睹了整個過程，告訴我說如果女兒做惡夢，我必須要負責哄她。

如何理解我們時代裡這種「恐懼的吸引力」現象呢？也許，這些在人們掌

控範圍內的恐懼經歷在用小小的刺激提醒我們，讓我們保留自己感受恐懼的能力。事實上，我們感受到的大多只是焦慮，極少是如同我們的祖先那樣的巨大恐懼。

如何管理恐懼情緒

承認你的恐懼

塞德里克描述：

　　有很長一段時間，我都不敢承認我的恐懼。我以前是個很敏感的男孩，有時候會有人把我叫做膽小鬼，我後來乾脆都不說出我的恐懼了。如果我坐別人的車，那人開得太快，那我就算再難受也什麼都不說。更糟的是，當司機問我：「你會怕嗎？」的時候，我都會回答：「不，一切都很好。」每次公開講話，我都絕對不會承認自己怯場。一天，我和一群朋友去度假，我們打算穿著連身防水衣徒步穿過一大片峽谷，途中會經過冰冷的激流，還會有無數次深潭跳水、滑繩索等等。當然，理論上都不會有什麼危險，但不管怎樣，還是很驚險。和往常一樣，朋友們想到要去玩的時候我都不敢出聲。他們問我：「塞德里克，你一起來嗎？」我也像往常一樣回答：「當然。」但其實前一晚我睡得非常差。第二天的徒步，一開始就像噩夢一樣恐怖，每經過一個險坡，我都在防水衣裡面瑟瑟發抖；當然，我都解釋成我冷得發抖。不過，我後來被一個朋友救了。到了某個地方，我們看到一段非常險峻的路。他很平靜地對嚮導說：「不行，這個地方實在太危險了，我很害怕。我覺得就這麼走的話一點意思都沒有。你有別的建議嗎？」嚮導並沒有不高興，而是指給他另一條步行下去的路。我毫不遲疑地跟了上去。我能感覺到，我

們當中好幾個人看著我們安全地往旁邊走的時候，都有些羨慕。

在面對恐懼的時候，我們有兩項重要的建議：不要感到羞恥，也不要用盡辦法完全排除恐懼。如果你感到恐懼，這沒什麼值得羞恥的。就連經常要直接面對危險的專業人士都會毫無異議地接納恐懼的存在。法國的國家憲兵特勤隊專門負責處理人質事件等最危險的案件；如果在兩次任務之間，團隊中有個成員聲稱自己「覺得無法繼續了」，沒有人會因此苛責他，他可以有尊嚴地離開。正常的恐懼有預警作用，警告我們有危險，或提醒我們看到自己的脆弱。所以，在行動之前，請傾聽你的恐懼。

另外，我們知道要完全消除恐懼是不實際的，必須要調整面對恐懼的心態、然後和恐懼一起行動。當我們在治療恐懼症患者時會事先向他們解釋：治療的目的並不是根除恐慌的情緒，而是一點一點減輕程度到可接受的程度，讓患者適應正常和自主的生活。所以我們應該學習的是：當眼前的危險評估並非過於嚴重時，如何在調整後的恐懼影響下繼續行動。

學習掌控恐懼

大多數人坐飛機旅行的恐懼遠高於驅車旅行，這一現象該如何解釋？飛機是迄今為止最安全的交通工具，每年的傷亡人數遠低於車禍。但在駕駛汽車時，我們感覺自己對狀況有更大的掌控力：我們自己決定路線、速度、停車或不停車，因此也較不害怕。事實上，我們的恐懼常常源於無法控制眼前的情況。

為了加強我們對可能引起恐懼的事物的掌控，有一個很好的方法，就是掌握資訊。如果你害怕乘坐飛機，那麼可以讓空姐或飛行員介紹飛機是如何運行的，並讓他們帶你參觀飛行控制室，詢問有時我們在機艙裡聽到的指示音是什麼意思，那些諸如「PNC（即乘務員）就位」等訊息又是什麼意思。如果你害怕某些動物，你可以調查它們的習性。大多數時候，你都會發現自己對它們的恐懼是沒有依據的。如果你覺得被關在故障電梯裡會讓你窒息的

話，你可以向醫生朋友詢問人體對氧氣的具體需求量。

其他掌控恐懼的方法包括：學習自我放鬆，在恐懼來臨時使用。

最後，面對恐懼，請採取積極的態度，這將是最有效的應對方法之一。我們來聽聽法布里斯的分享。他曾在加利福尼亞州的洛杉磯讀了三年大學：

> 我在那裡讀書的時候，曾遇到好幾次地震，那裡是地震好發區。第一次發生的時候是在半夜，我被一種無法言喻的焦慮感驚醒。過了好一會兒，我才意識到整個地板都在晃動。我像瘋子一樣從床上躍起，跑到走廊，直到與我同住一棟樓的朋友讓我跟著他們去樓群中間的大草坪上站著。他們開始向我解釋，在類似情況發生時應該怎麼做：若振幅不大，就出門走去草坪上坐著，或者待在門框下面，因為如果來不及出門的話，門框是地震當中最不容易被天花板壓塌的。他們還教給了我一個小竅門，可以幫助我在一有震感的時候就醒來——用空的易開罐搭一座金字塔。一開始搖晃，它們就會倒下，這樣就能及時迅速地逃出來。這些聽上去都很微不足道，但從此以後，我再也不怕地震了，因為我感覺到，我再也不是束手無策的受害者了。

與恐懼對峙

然而，若要永久地擺脫某種恐懼的侵擾，最好的方法就是與它對峙。這樣做需要遵循一些行為治療專家熟知的規則 [31]。

以下就是四項基本規則：

1. 與恐懼的對峙必須在你**自己的掌控下執行**。只有當你確實想要或必須要克服恐懼的時候，它才會有效。強迫一個沒有需求的人面對恐懼是毫無意義的。任何人若是被強行按入水中或關進雞籠裡，也都不會從被淹或對雞的恐懼中恢復過來。

2. 以**漸進的方式**與恐懼對峙，從程度最輕的開始。若你害怕雞，你可以先從看照片開始，然後可以看動物影片，再參觀養雞場，最後才自己去農場挑選你的雞。

3. 將對峙的時間**延長**。若要讓你對某事物的焦慮程度減半，你需要在引起這種焦慮的環境中待比較長的時間。下面的曲線圖將告訴你，你的恐懼的激烈程度會在迅速上升後趨於穩定，然後再逐步減弱。

焦慮程度變化圖
（根據一延長時間的治療）

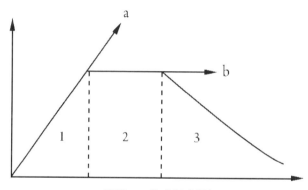

階段 1：焦慮程度增加
階段 2：焦慮程度穩定
階段 3：焦慮程度減弱

a. 預計焦慮將無限期加重（災難性局面）
b. 預計焦慮將無限期保持在其最高程度

4. **定期面對**引起恐懼的情境。考慮到大多數恐懼都具有很深的淵源，一次性面對一般是不夠的。另外，你可能在某些恐懼上非常脆弱，那麼就像有些人越來越豐腴、必須開始注意改變生活方式（節食、運動）一樣，你也必須要定期有規律地讓自己有能力面對恐懼。我們剛才曾說到尋求刺激感的人們，也許他們在無意識之中真正尋求的就是這個，即心理學家所說的一種「反恐懼症」的態度。

　　克雷爾是我們的一個朋友，她一直對空曠處和高處有特別的恐懼。她在讀大學時來尋求我們的幫助，而我們那時還在一個精神病院工作。她說，自己從兒時起就對空曠和高處有強烈的恐懼，最害怕爬梯子，靠近陽臺邊、窗邊，走陡峭的山路等。她並沒有到恐懼症的地步（她還是可以面對這些情境），但這種恐懼還是給她帶來了困擾，因為一旦再次出現恐懼，她會變得很緊張。這一次，克雷爾交了一個可能會成為丈夫的男友。他們兩個在所有方面都很匹配，除了一件小事——這位男生熱愛登山，他剛剛向克雷爾提議夏天的時候一起去爬山，在那裡待十五天。為此，克雷爾來向我們諮詢。於是，我們向她推薦了一個漸進式的療程。首先，每天都爬一次梯子，爬到頂端，一點點養成在最高處站起來的習慣，漸漸把緊抓的雙手放開，試著往下看；然後，有規律地靠著陽臺（她還未曾走到陽臺上）的扶手向外傾身，每次至少五到十分鐘。同時，開始養成在步行橋的欄杆邊走路的習慣，眼睛儘量遠眺高塔和高樓的最高層（她說這麼做會頭暈，所以沒有照做）等等。幾周以後，她覺得自己準備好了。最後，十五天的旅程如夢如幻。值得一提的是，正如我們向她建議的那樣，她提前告訴了男友自己有暈眩的問題，而男友出於甜蜜的愛意，全程都很照顧她，沒有走太快。

讓布魯斯・威利幫你克服對鬼魂的恐懼

　　在電影《靈異第六感》（The Sixth Sense）中，布魯斯・威利飾演一名兒童心理醫生。他負責治療一個會看到恐怖畫面的男孩：無論這個男孩走到哪裡，他都會看到在那個地方慘死的人的鬼魂，孩子非常痛苦，尤其是因為他不敢向任何人吐露秘密。善良的威利醫生成功地讓孩子開口，並想到一個解決辦法：他帶孩子來到一間壯麗的教堂裡，在教堂的中殿，他說服男孩不再逃避鬼魂的出現，而選擇直視它們。過了一會兒，又有一個恐怖的場景出現（一個被毒死的小女孩），男孩非常害怕。一開始，他本能地逃跑，但他忽然想起心理醫生的建議，就改變了

主意，走向鬼魂，跟她說話。自此，電影的情節開始有了變化：小男孩漸漸不再受到鬼魂的驚嚇了，但威利卻遇到了越來越多的麻煩，直到最後令人震驚的一幕發生時，一切便真相大白了；不過這與之前的治療沒有直接關係。

電影傳達出的「心理治療」的訊息（雖然並未停留在此）非常清楚：逃避永遠不會讓恐懼消失，只會適得其反。而不管困難有多大，選擇面對才是制服恐懼的唯一方法。

審視你的恐懼

每天清晨，我們要用冥想來迎接太陽升起，思索生命的最後一刻會以怎樣的方式來到：箭射、炮彈、劍刺、水淹、火燒、雷劈、地震、墜崖、疾病、猝死。每一天都以思考死亡開始。正如一位老者所云：「家門以外，便是死亡之國了[32]。」

這些寫給日本武士的忠告，在你受到恐懼折磨時是否有幫助？諸多研究均指向一個普遍的現象：我們傾向在遇到恐懼時轉身，逃避讓我們不安的想法。當你感到自己被恐懼糾纏的時候，這是你的第一反應嗎？請仔細地想一想：你是否曾與自己的恐懼抗爭到底？你有否讓「災難性的局面」一直進行到最後？以下是安妮的敘述，她正在進行對鴿子恐懼症的治療：

我一直都非常害怕鴿子，害怕到了恐懼症的程度：我會恐慌，而且幾乎無法面對牠。我搬家後，沒料到新的社區居然被這些可惡的東西佔領了，讓我不得不去諮詢心理醫生。醫生告訴我許多種克服恐懼的技巧，其中包括一步一步面對在地上走的鴿子。不過，除此以外，心理醫生還教我要盡量讓恐懼發生到底。我知道，每當我看到一隻鴿子，我就會閉起雙眼，轉向別處，然後拔腿就跑。心理醫生說，其實我腦袋裡也在做

著同樣的事情：一旦我想到這些討厭的鳥，我心裡的不適感——包括恐懼和噁心——就會越來越強烈，以至於打斷我腦中的圖像和思路，把牠們趕出我的思考。但是，他向我解釋道，我在這麼做的同時，就是在讓我的恐懼維持在它原有的狀態，毫髮無損。他說：「我明白你的反應，但是，你到底在害怕什麼呢？」一聽到這句話，我啞口無言了。過了一會兒，我才回答道：「我怕牠們朝我飛過來，碰到我的身體。」接著，醫生問了我許多越來越細緻的問題，問鴿子萬一真的碰到我，又會怎樣？可是，我從來沒有想到過這一層。我發現，自己只是有一些非常模糊的恐懼，像是它們會啄我的眼睛、讓我染上傳染病之類的，畢竟它們老是在地上踱步走來走去。但當我說出這些的時候，連我自己都意識到，這些都不現實。醫生建議去找做獸醫的朋友談談我的恐懼，看看鴿子究竟有沒有我預想的危險。這還是第一次有人鼓勵我審視自己的恐懼，而非讓我不要去想、不要把它當回事。這一切都使接下來的治療越來越順利，最終讓我痊癒了。現在，我還是不喜歡鴿子，但我不怕它們了。而且，我現在已經學會了如何控制自己的其他恐懼。我覺得自己越來越堅強、健康了。

從精神分析的角度來看，這種鴿子恐懼症只是潛意識衝突帶來的症狀，若不深究真正的病因，將它獨立地治療，會像堵住一隻壓力已經過大的熱水壺一樣，讓其他地方有新的洩漏，意即症狀的轉移。這種假設運用了熱力學的比喻，但尚未得到證實。近年來，一系列研究始終在觀察接受行為診療[33]的恐懼症患者，而他們並沒有出現「替換症狀」。至今，用精神分析的方法治療某些心理問題，這種做法也未受到質疑。但要注意的是，對於大多數恐懼症來說，簡短乾脆的治療方法更為合宜。

為了更好地瞭解兩種治療方法的相似點和不同點，請參考如下表格。表格中概括了精神分析師和行為診療專家對焦慮問題的不同立場。

精神分析師和行為診療專家對焦慮問題的不同看法

	精神分析	行為診療
焦慮問題是從過去的經歷中「習得」的	是	是
焦慮具有先天的生理因素	是	是
患者目前身處的環境會加重其心理疾病，或反過來幫助其康復	是	是
心理疾病意味著潛意識衝突，其根源常常與性有關	是	否
治療的主要目標是解決其衝突，復原會隨之自然到來	是	否
治療的主要目標是讓心理疾病消失	否	是
有效的治療需要通過有規律且循序漸進的方式讓患者直接面對讓他／她焦慮的情景或思想	有幫助，但並不重要	是，非常重要
有效的治療需要通過患者與診療師之間的互動	是，非常重要	有幫助，但並不重要
治療是否有效由患者和精神分析師評估；心理治療的有效性是無法通過科學方式評估的	是	否
透過對大量患有同樣心理疾病的患者進行結果分析，各種心理治療的有效性都可以得到評估（與其他醫學領域的方法類似）	否	是

學會管理恐懼情緒

要	不要
承認你的恐懼	為恐懼而羞恥，或否認恐懼
學習掌控恐懼的方式（掌握資訊、放鬆、採取積極的態度……）	認為面對恐懼無計可施
學習承受一定程度的恐懼	不想有一絲恐懼感
遵循有效的方式與恐懼對峙（漸進式、時間延長、定期面對……）	通過條件反射式的逃跑、躲避，使恐懼加重或維持原有程度
審視你的恐懼：真正的危機究竟是什麼？	從不審視自己的恐懼，因其讓人不安

第九章

愛？
Et l'amour?

愛情？

它是血的瘋狂，卻贏得靈魂的讚賞。

威廉‧莎士比亞（William Shakespeare）

　　最有雄心壯志的作家也會在如此龐大的主題前望而卻步。即使是佛洛伊德在描寫愛的時候，也使用了「愛情心理學」這樣的標題，以表示自己無法描繪這一主題的全貌[1]。

　　面對這樣的難題，我們曾想過淺談即止；既然我們已經談論了嫉妒、憤怒、恐懼和悲傷，而它們又都是愛的主要組成，那麼我們還有什麼可說的呢？但有人說，愛也會帶來喜悅，甚至可能是最大的喜悅。這樣的感覺，不應該只被看做另一種基本情緒。

　　因此，我們決定談一談愛。但愛是一種情緒嗎？我們很想肯定這一敘述，甚至認為它是最強烈的一種情緒。不過，心理學家們會告訴你，如果它是一種情緒，就應該有標誌性的臉部表情。

愛的表情

> 我看到他，就臉紅了，他看過來，我又變得蒼白；
>
> 我的心七上八下，亂成一團；
>
> 我的眼睛再也看不見了，我也說不出話來；
>
> 全身麻木，如火灼燒。
>
> ——讓・拉辛（Jean Racine）《費德爾》（Phèrdre）

　　在電影《賭城風雲》（Casino）中，勞勃・狄尼洛飾演拉斯維加斯一間大型賭場的老闆。一天，他在監視器裡看到了光彩照人的莎朗・史東正在輪盤賭局中出老千。勞勃・狄尼洛的目光停住了，他的臉就像突然感到了一陣疼痛般倏地繃緊，而他的雙眼繼續專注地盯著這位陌生美人的一舉一動。看過電影的人都知道，他在這一剎那愛上了莎朗・史東，劇情是如此設定的，但如果你僅憑他的表情判斷，你可能會認為他是遭遇了突如其來的痛苦，或者他猛地想起自己忘記繳稅了。

心理學家至今尚未發現愛——或者說熱戀期的愛情——特有的臉部表情。如果有人讓你模仿生氣或恐懼時的表情，你會毫不費力地做到，但模仿陷入愛河時的表情非常困難。當專家請心理系大學生協助實驗、模仿愛情的表情時，同學們都會覺得看上去很滑稽。不過，這些並不證明愛情沒有獨特的臉部表情，只能說，很難故意假裝出來。

達爾文曾提及愛情的表情，但他是拿來和宗教性崇拜表情比較。他這樣描寫表達愛情的姿勢：謙恭地跪下、雙手相合、雙眼心醉神迷地望向高處——這既是聖人禱告時的姿勢，又是浪漫的求愛者在美人腳前的姿勢[2]。不過，這種愛的表情似乎並不普遍，並且在今天已經很少見了（但我們也可以考慮讓它重新流行起來）。

然而，我們成功地找到了一種似乎很普遍的表情，那就是人在面對幼兒時溫柔的表情：輕輕地微笑，其他臉部肌肉全部放鬆，配以注視著孩子的低垂的目光，有時頭還會偏向一邊[3]。但面對我們心愛的成年人，這個表情就會弱化許多。（有人甚至提出愛到濃烈時的情人會出現「翻白眼」的表情。也許我們也可以朝這個方向研究？）

還有一些學者試圖區分人在表達情欲和柔情時的聲音，發現我們表達柔情的聲音與對孩子說話時的聲音是相似的[4]。許多情侶都有過與伴侶「像對孩子說話一樣」表達的經驗。

不過，我們有時似乎也可以簡單地透過觀察眼神來判斷某人愛上了另一個人，就像托爾斯泰在《安娜·卡列尼娜》中描寫的那樣。列文是一個情感豐富的男子，他深愛著貴族家的千金凱蒂，想向她求婚。但是，在一次宴會上，他看到了凱蒂望著軍官渥倫斯基時的眼神：「單憑她那情不自禁地大放光彩的眼睛的這一瞥，列文就明白了，她愛的是這個人，清清楚楚，明明白白，就像她親口對他說的一樣。」

然而，沒過多久，同樣心痛的情景也發生在了凱蒂身上。在舞會上，她親眼目睹了渥倫斯基與美麗的安娜·卡列尼娜邂逅：「每一次他和安娜說話，安娜的眼睛裡就迸射出喜悅的光芒，朱唇上也浮起幸福的微笑。她好像是在

竭力克制自己，儘量不露出喜悅的神氣，可是那神氣自然就出現在她的臉上。『那他呢？』凱蒂朝他看了看，大吃一驚。渥倫斯基的臉就像鏡子一般，映照出安娜的熱情。」

這些片段印證了美國心理學家卡羅爾・伊澤德（Carroll Izard）[5]的假設。他認為，愛情可能是兩種基本情緒——興奮與衝動的結合。這與斯賓諾莎（Spinoza）對愛情的定義不謀而合：「愛情是外因伴隨的喜悅。」

但是，凱蒂之所以能看出兩位主角之間的愛意，與其說是因為兩人各自的表情，不如說是兩人的眼神和舉止之間的**互動**。也許，某些眼神的交流比單獨的臉部表情要更有標誌性。

鑑於難以為愛找到特有的臉部表情，同時其持續時間也波動較大，我們無法將愛歸入基本情緒。不過，沒有這個名號，並不代表它不重要，而是為了凸顯愛和憤怒、悲傷、喜悅、恐懼等基本情緒相較之下還要複雜得多。愛不是一種情緒，但它是多種情緒的綜合體，再加上獨特的思考模式，以及想要靠近被愛之人的願望。

最後，伊澤德以「情感－認知性的導向」（affective-cognitive orientation）來定義愛。這個定義雖然正確，但對於如此美妙或傷痛的經歷，它未免有些生硬。許多文豪都注意到，隨著愛來到的，還有一些獨特的想法。這些想法傾向過高評價對方、竭力為對方著想，將一切好處獻給他／她。司湯達（Stendhal）將這種一連串的思想和情緒稱作「結晶」（crystalization）：「這是一場心靈手術，將眼前所見有關愛慕對象的一切當中，不斷地拉出新的完美之處。」

當愛情消失時，則會出現相反的情況。安娜愛上渥倫斯基後，有一日和高貴嚴肅的丈夫卡列寧見面，第一次不悅地注意到他耳朵竟然那麼尖。

但是否存在多種不同的愛呢？母親對孩子的愛、剛剛相戀的情人之間的愛、八十多歲老夫婦的愛——這三種愛有什麼共同點呢？

就從愛的初體驗談起。畢竟，我們的早期經驗可能會影響之後其他愛的體驗。

依戀

我們可以觀察一下幾個月大的嬰兒在母親身邊的模樣：他微笑、發出咿呀聲，隨意地做著手勢。如果一切正常，母親會回應他的叫喚，稱呼他「寶貝」，對他微笑、主動摟他在懷中。

想像一下，現在，母親離開了房間。這時，嬰兒開始喊叫，不停哭泣，眼神不停地尋找著母親，甚至朝母親離開的方向爬，並當別人想要撫慰他時竭力地哭喊（表示抗議）。如果這樣的分離持續較久，比如嬰兒需要住院數天，那麼他就會漸漸平靜下來，但是他會變得沮喪、靜默，漠視身邊圍繞的人，拒絕一切玩具和食物（表示絕望）。經過精心照料，嬰兒在冷漠中恢復了健康，然而，在母親重新現身時，由於驚訝，嬰兒會有如下幾種表現：或完全漠視母親的示意、呼喚，不理不睬；或顯出憤怒的情緒，拍打母親；或感情迸發，但同時伴有數下踢打。這時母親則會向醫生抱怨，說孩子「不一樣」了，對她的回應變少了（去依戀的表現）。

這項兒童心理學界人人皆知的觀察結果看似簡單，卻直到五〇年代才引起兒科界的重視。當時，兒科專家、貴族出身的約翰・鮑爾比（John Bowlby）與社工、蘇格蘭工人之子詹姆斯・羅伯遜（James Robertson）合作，在英國皇家藥學會放映了一部由羅伯遜拍攝的紀錄片。在這部名為《兩歲小女孩去看病》（A Two Year-old Goes to Hospital）的片子中，可愛的小女孩蘿拉經歷了幾個階段：抗議、絕望、去依戀，最終與父母重聚。

該片引起了兒科醫生和護士們的強烈不滿，認為片子在指責他們虐待兒童。當年父母對孩子的探視權非常有限，醫院普遍認為父母的探視有礙正常治療[6]。

包含上述實例，還有數十個案例都標誌出這一人類情感發展的基本機制，為世人所重視。而「依戀」（attached）一詞正是出自該學界之父——約翰・鮑爾比[7]。

依戀機制研究大事記 [8]

1936 年，時為負責犯罪兒童事務的兒科專家兼心理學家約翰·鮑爾比發現，犯罪兒童與任何人都沒有依戀關係。他認為，這一特質源自這些兒童早期就醫時的經歷。

1940 年，倫敦遭轟炸期間，鮑爾比公開反對將倫敦市內的嬰兒從父母身邊帶走、送往鄉下。

1947 年，移民美國的心理分析專家勒內·施皮茨（René Spitz）在紐約州拍攝了一部影片，紀錄孩子與母親分離後的慘狀（這些母親都是女囚）：沮喪、冷漠，其中一些孩子迅速瘦下來。「依賴性憂鬱症」（hospitalism）一詞出現，專指因住院而與父母分離的兒童產生的生理及心理疾病。

1958 年，威斯康辛大學研究員哈利·哈洛（Harry Harlow）專門對年幼獼猴進行分離體驗實驗。那些成長過程中未曾見過母猴的獼猴出現了諸多問題，其中，哈洛發現了與施皮茨實驗中的孩子們類似的絕望和惡病質（cachexy）。若在這些年幼獼猴面前放置兩個假的「母猴」——其中一個用鐵絲做成，有奶瓶；另一個沒有奶瓶，但用長毛絨做成，小獼猴對長毛絨做的「母親」產生了強烈的依戀，其生理和心理狀態也大有改觀。

1954 年至 1956 年，鮑爾比的學生瑪麗·安斯沃思（Mary Ainsworth）與丈夫前往烏干達。她在坎帕拉觀察了嬰兒的成長和他們與雙親的互動，然後又在巴爾的摩展開同樣的實驗。為了測試依戀現象，她採用了一套基本實驗步驟，名為「陌生情景」。具體步驟如下：嬰兒獨自與母親和玩具共處一室 → 一位陌生人來到室內 → 母親離開房間 → 母親回房間 → 陌生人離開房間 → 母親再次離開房間，留下嬰兒與玩具 → 母親回房間 → 快樂大結局（其實沒有那麼完美，一些嬰兒會拍打他們的母親）。

1970 年至 1990 年，明尼蘇達大學教授史路夫（Sroufe）及其團隊展開一項實驗。該實驗證明，十歲兒童的社會行為與他們在嬰兒時與父母的依戀關係有直接的延續性。

1985 年，辛蒂・海茲曼（Cyndy Hazman）和菲力浦・謝弗（Philip Shaver）得出結論，指出成人的親密關係中有三種依戀類型（安全型、焦慮型、雙重型），與瑪麗・安斯沃思在嬰兒中觀察到的結果相似。

縱觀五十年來的研究成果，依戀是一種與生俱來的機制，在嬰兒與母親之間形成鏈結。它的表現形式包括眼神交流、手勢及形體交流、愛撫和吸吮。依戀的模式與效果對嬰兒的成長發育都有重要的影響。

值得一提的是，依戀品質會影響嬰兒探索周圍環境的能力，以及他與其他兒童建立的關係。以下是三種專家經常引述的母嬰依戀模式，其中所指嬰兒年齡約為一歲[9]。

安全型依戀

嬰兒自主地探索新環境，一旦有所顧慮，立刻注意母親是否在場，母親對他而言是「安全感的基礎」。他對母親較順服，主動尋求與母親的肢體接觸，主動要求被擁抱，但一旦被放下，也能夠承受。

在陌生情景實驗中，他因母親的消失而哭泣，但當母親回來之後，他能夠很容易地接受安撫。

迴避型依戀

嬰兒不主動尋求與母親的肢體接觸，且會在預料不到的情況下對母親發怒。他看來並不喜歡被擁抱，但一旦被放下卻會大聲喊叫。在陌生情景實驗中，母親的消失會讓他有一小段時間的反應，但很快就會專注於玩具上。母親回來後，他表現出半漠視的態度（但並不會踢打母親）。

矛盾型依戀

嬰兒黏在母親身上，不主動探索新環境，忍受不了片刻分離，並經常發怒、尖叫。在陌生情景實驗中，母親消失後，他完全無法接受安撫。母親回來後，他如饑似渴地要與母親接觸，同時對她發怒。

當然，我們傾向以母親的行為來解釋嬰兒的行為舉止，研究者也因此進行了大量實驗。他們發現，安全型依戀關係中的母親最為理想，她們對嬰兒態度熱情、專注，能夠理解並適應嬰兒的反應，並會很快地回應嬰兒的哭喊。迴避型依戀關係中的母親則有拒絕他人的傾向，經常沒有空閒，且難以忍受嬰兒的需求，希望他自行解決。矛盾型依戀關係中的母親可能經常表現得非常專注而焦慮，但無法配合嬰兒的期望，也不會解讀嬰兒的反應[10]。

請注意，這些研究結果需要謹慎解讀，因為：

- ◆ 即使母親狀態不變，孩子的依戀模式也有可能在強度、類型上發生變化。
- ◆ 母親的依戀模式與孩子的依戀模式並沒有清楚的關聯。
- ◆ 母嬰的關係問題也可能是因為他們難以調整固有個性[11]。
- ◆ 父親也可以成為被依戀的對象，從而減少母親的影響力。

如今，仍有許多專家在探究母嬰兩人依戀模式之間的關係，同時也在研究嬰兒的行為與他們長大成人後行為的關係。

一切源自母親

我們在長大成人後感受到的愛，從廣義上來說，很大一部分都源自我們幼時對母親（和父親）發展出的依戀。

我們再來聽一下曾在〈悲傷〉一章中出現過，被舊愛拋棄的薇若妮克如何敘述她的分手經歷：

最初那幾周，我一直在哭。我的腦中全是他，經常一想到他就怒火中燒。我知道這麼做毫無意義，但我還是打給他好多通電話，想把他約出來。我甚至去了他每天必經的地方，想「偶遇」他。

隨後，我經歷了一段可怕的低潮期。就算我和朋友們在一起，我都不見起色。一切都變得一點意思都沒有了。在工作中，我無法集中注意力，閒暇時，也對別人提出的活動不感興趣：什麼都引不起我的興趣了。一個好友想把我「搖醒」，對我說，如果我再這樣下去的話，誰都不想再看到我了。

慢慢地，我覺得生活的趣味回來了。我又開始過正常的生活：正常工作，正常見朋友。我有一次偶然遇到了他，但我已經像麻木了一樣，一點感覺都沒有了。幸好和他相遇的時間很短，因為事後我想，要是他再跟我聊久一點，說不定我就醒了。另一方面，目前我覺得自己還沒有辦法和另一個男人建立親密關係。

細心的讀者們，在這段描述中，不知你有沒有發現，這些被拋棄的戀人和前文所說的嬰兒的依戀有著相同的三大階段：抗議（薇若妮克既憤怒又焦慮，她想盡辦法和前男友再見面）、絕望（她變得冷漠，退縮）、去依戀（她不再愛那個人了，同時也無法與別人建立關係）。

當然，這些階段的持續時間和所指涉的內容並非一成不變：每個悲慘的戀人都會有不同的反應，而他們的反應既受感情的深度和長度影響，也由當時的依戀模式決定。那麼，你的模式是哪種呢？

你的依戀模式

在以下三句話中選出最符合你的描述：

1. 我覺得相對來說，我挺容易和別人建立關係的，讓我依靠他們或者他們依靠我，都沒有什麼關係。我不太擔憂會不會被拋棄，也不在乎別人是不是和我走得太近。

這句話顯示此人既享受親密關係，同時又會在戀愛關係中保持一定的獨立性。

2. 我有點難接受和人建立親密關係，我覺得很難完全信任他們。一旦有人顯得和我很親近，我會緊張起來，而且，我的戀人都曾經希望和我有更親密的關係，可是我不想這樣。

說這段話的人非常喜歡獨立，過分親密或親近的關係會讓他們不悅。他人可能會認為這是冷漠和故意保持距離感的表現。

3. 我覺得別人都比較抗拒和我親密，不會像我希望的那樣親近我。我經常會擔憂我的伴侶是不是真的愛我，是不是真的想和我在一起。我想和戀人融為一體，但這慾望常常會嚇跑對方。

相對於前例，這個人希望有最大程度的親密，對方一旦有獨立的信號，就會引起此人極大的擔憂。如果對方不夠寬容，很可能把這個人歸類為「煩人精」。

如果你 1985 年時曾在科羅拉多州的丹佛市住過，你可以在當地的《洛磯山新聞報》（Rocky Mountain News）上看到以上的三句話測試；回答了這些問題，便是參與了辛蒂・海茲曼和菲力浦・謝弗的實驗 [12]。但若對你的第一次作答結果不滿意，可以接受長時間的採訪。研究人員會探詢和童年、父母的情緒風格有關的記憶，及最刻骨銘心的戀愛經驗。

研究顯示，測試結果接近於安全型依戀（1）的人總的來說更加幸福，最少離婚。他們信任配偶，就算對方有缺點仍接受他們，同時自己的職場生活也較成功。這一類型的嬰兒也同時具有依賴他人與自主自立的能力。

潛意識中更接近於迴避型依戀（2）的人常常在職場上非常出色，但看來

並不以此為樂。他們的注意力集中在工作上，人格孤獨，認為愛的需求是多餘的，結果只會是失望。他們自立自強，但很難與人建立互相聯結的關係。

至於隸屬矛盾型依戀（3）的人，他們的感情生活坎坷跌宕，其中有熱烈的激情，也有深深的失望。他們害怕被拋棄，很難集中精力專注於事業。

自問屬於何種依戀模式可能會得到一些答案，但也會讓我們察覺更多問題。不過我們也可以看到，現在我們所經歷的戀愛關係是從最初那讓我們撲向母親的衝動本能慢慢建立起來的。

然而，即使有些學者認為嬰兒時期的依戀模式決定了其長大成人後的依戀模式，但也有學者認為並不存在這種延續性（某些反對者甚至提出了「依戀之謎[13]」的說法）。依戀並不是既定的教條，它至今仍是研究人員關注的一大辯論主題，建立在現仍持續進行的研究，而非單就鮑爾比的理論作出的文字分析[14]。

佛洛伊德怎麼說？

佛洛伊德和他在兒童心理學上的追隨者，如他的女兒安娜和梅蘭妮‧克萊恩（Melanie Klein），都曾假設兒時的依戀情結與成年時的愛情有延續關係。他們的觀點裡，新生兒首先對母親的乳房產生依戀。乳房帶給嬰兒近乎情色的強烈的愉悅感，從這種愉悅感才發展出他對母親的愛。對母親，嬰兒抱有極大的幻想，根本無法懷疑這些幻想的真實性。鮑爾比的立場則與這一傳統的精神分析觀點完全不同，其中的區別主要在兩個根本點上：

◆ 依戀與母親的乳房並無關聯。

與佛洛伊德的觀點（嬰兒在依戀乳房後才發現乳房來自母親）相反，依戀是一種與情感需求相關的機制，與果腹需求並無關係。哈洛實驗中的幼年獼猴依戀的是長毛絨製成的母猴，而非握有奶瓶的鐵絲母猴。伯里斯‧西呂尼克（Boris Cyrulnik）著作《情感食糧》（Les Nourritures affectives）就是這一

觀點最好的概括。

◆ 鮑爾比認為，母親的實際行為比嬰兒所想像的要重要得多。他甚至在診療時同時接待嬰兒與母親，而梅蘭妮‧克萊恩曾極力反對這一方式。

鮑爾比雖然是一名精神分析學家，但他視自己為演化論派的支持者：對他而言，依戀是一種本能，是與生俱來的天性，哺乳動物經過天擇而具有的特質。哺乳動物的幼崽在獨立之前需要母親長時間的陪伴。依戀可以讓孩子與母親之間建立更緊密的聯繫，以此增加孩子的存活機率。鮑爾比對演化論的重視也在他的最後一部作品中展現——那是一本達爾文的傳記！在書中，他還提出了一個假設：達爾文一生中遭受的許多精神與身體的疾病，都和他幼年時期情感經驗被剝奪有關。

總的來說，依戀既是嬰兒與生俱來的心理機制，也是我們在成長過程中建立自己愛的方式的一大基石。

愛與情欲

在《追憶逝水年華》中，主角受邀參加二十世紀初巴黎一場盛大的晚宴。在晚宴上，他遇到了在上流社會交際、有學問的朋友斯萬。不久後，有人向他們介紹德‧絮希夫人（Madame de Surgis），她是蓋爾芒特公爵的情婦，美豔無比。她魅力無邊，尤其有著傲人美妙的胸部。「斯萬與侯爵夫人握手時貼得極近，從上往下看到了她的酥胸，便無所顧忌地向緊身胸衣深處投去專心、嚴肅、全神貫注又焦躁不安的目光，因女性的芬芳而陶醉的鼻孔抽動起來，宛若一隻粉蝶剛發現一朵鮮花，正準備飛落上去。突然，他猛地從心醉神迷的狀態中掙脫出來，而德‧絮希夫人雖然感到尷尬，但欲望的感染力有

時極為強烈，她一時也深深屏住了呼吸 [15]。」

在談論愛的時候，我們不可避免地會提到情欲。它在社交場合有時會讓人有點尷尬，正如上面的例子所提到的。

我們已經提到，愛並不符合情緒的嚴格定義，但相比之下，情欲卻更為接近：它通常是突然發生的，激發讓我們欲蓋彌彰的生理反應。不過，要找出情欲獨有的臉部表情確實是一件難事。

但在德克斯·埃弗里（Tex Avery）導演的動畫片中，我們看到了一系列有趣的表情。一頭穿著西裝的狼去夜總會。當他看見舞臺上光彩照人的女舞者後，這頭擬人化的狼表現出了我們都能識別的舉動，流露出他的滿腔情欲：雙眼瞪得快要彈出一般，舌頭伸出，跳上凳子，全然無視周圍的環境（他不小心吞下了盤子和香煙），最後給了自己一拳，好讓自己平靜下來。這幽默的一幕是否有一部分真實性呢？不管怎麼說，這頭狼以誇張的方式表達了喜悅、興奮和情欲，活脫脫就是渥倫斯基見到安娜·卡列尼娜的樣子。

情欲的作用

在談論嫉妒時，我們已經用了很大的篇幅來解釋情欲，所以在此我們將重提演化論派的心理學家們幾條讓人清醒的理論 [16]：

無論男性還是女性，我們都會對更有利於傳承基因的人產生欲望（當然，我們並不會意識到這種與繁殖後代有關的衝動）。

所以，女性的情欲一方面會被優秀的基因賦予者的吸引力挑起（有支配力、俊美、強壯的，也可以是流氓），同時也會傾向於能成為好父親、保持持久關係的男人（有專注力、適應社會生活、可信的）。總之，作為男士，如果你在外可以叱吒風雲、呼風喚雨，在家是溫柔可親的好父親，那麼你一定很容易找到另一半。

文學及影視作品中的女性情欲

> 強壯、英俊、敗壞、下流——他深得我心。
>
> ——利維婭，《戰國妖姬》（Senso）女主角

演化論派專家們對女性情欲的雙面理論在大量文學作品中也能看到。在大部分以女性為目標讀者的言情小說中，如全球知名的言情小說出版商禾林出版公司（Harlequin）的作品，女主角吸引的都是「霸道」的男人，通常是集團總裁、貴族、冒險家，有時是公認的「白馬王子」，獨立堅毅。這些男人最終都因為女主角而變得「溫柔」起來，並以她為心頭時刻牽掛的唯一愛人。

歷史上偉大的作家也不遺餘力地在作品中描寫著女性的情欲：他們的女主角已經有了「沉穩可靠」的丈夫，之後卻為「不安分的冒險家」神魂顛倒，譜寫了另一場戀曲。這樣的例子包括愛瑪·包法利（Emma Bovary）[i]和魯道夫（Rodolphe）、安娜·卡列尼娜和渥倫斯基、德·都爾范勒夫人和德·范爾蒙子爵、摩莉·布盧姆（Molly Bloom）和博伊蘭（Boylan）、伯爵夫人利維婭和中尉雷米希奧（Remigio）、阿里亞娜·多姆（Ariane Deume）和索拉爾（Solal），以及其他小說中無數痛苦、卻同時抱著希望的女主角。

所以，最理想的是在千挑萬選之後，找到一個結合這兩種特質於一身的男人。這種情形在電影中甚是常見，並且，讓人驚訝的是，這些電影都取得了

---

i 編註：依序來自福樓拜《包法利夫人》（Madame Bovary）、托爾斯泰《安娜·卡列尼娜》（Anna Karenina）、普魯斯特《追憶似水年華》（A la recherché du temps perdu）、喬伊斯《尤里西斯》（Ulysses）、柏依圖（Camillo Boito）《戰國妖姬》（Senso）、柯恩（Albert Cohen）《魂斷日內瓦》（Belle du Seigneur）。

優秀的票房成績。

在《輕聲細語》中，勞勃・瑞福（Robert Redford）自導自演了一個粗獷而果決，同時懷有憐憫心和幽默感的馴馬師。而在《麥迪遜之橋》中，克林特・伊斯伍德（Clint Eastwood）飾演一名四海為家的《國家地理雜誌》攝影師。這兩部電影中的男主角都完美地結合了兩種特質——冒險犯難、獨立的職業賦予了他們剛毅勇敢的一面，但他們同時也有著成為好父親的潛質（雖然年齡有點大）：親切溫柔、善解人意、富有幽默感。由此我們便可以理解女主角們為何會暫時忘記自己的丈夫，傾心於他們了。

女性對男性展現出力量、獨立的敏感，也被許多重要作家細膩（有時甚至有些尖銳）地分析過。在《生命不能承受之輕》中，米蘭・昆德拉精彩地勾勒弗朗茨——一名有智慧、親切的大學教授，還天生就有一副水手般的好身材[17]。一天，他與情人薩賓娜在說笑時，用一條腿鉤住一把很重的橡木椅子，輕輕地把它挑到空中。薩賓娜說：「知道你這麼強壯，真好。」薩賓娜這麼說是真心的。但是，一個悲傷的念頭很快佔據了她的心：弗朗茨確實強壯，也對她很好，但他有這麼多的人要愛，她只是其中一個。他是那麼脆弱，比起之前的情人湯瑪斯，他帶給她的刺激遠遠不夠。湯瑪斯不僅在生活中更具掌控力，在性愛上也更有情趣。（之後，書中寫道，湯瑪斯曾有過大約兩百位性伴侶。）薩賓娜繼續想道：「若是碰上一個要對我發號施令的男人會怎樣？一個想控制我的男人，我能忍受多久？五分鐘都不行！」於是她得出結論：沒有一個男人適合她，強弱都不行。

如果佛洛伊德看到這段文字，他無疑會非常欣賞，因為他在畢生的研究之中，始終沒能明白女人究竟要的是什麼。

阿爾貝托・莫拉維亞（Alberto Moravia）的小說《輕蔑》（Le Mépris）描寫了年輕的劇作家里卡爾多（Riccardo）躊躇滿志，和美麗單純的嬌妻艾蜜莉亞（Emilia）過著幸福的生活。然而，在介紹新片時，艾蜜莉亞目睹了丈夫在年輕有為的製作人巴蒂斯塔面前點頭哈腰的樣子。里卡爾多這方面的缺陷在後來發展到讓妻子難以忍受的地步。

　　一天，製作人邀請艾蜜莉亞坐上他的跑車去兜兜風，卻讓她的丈夫叫一輛計程車在後面跟著。艾蜜莉亞對這提議非常反感，但里卡爾多完全沒有顧及自己是否會因此被妻子看不起，反而鼓勵妻子接受邀請，說反正只是短途兜風，他會在後面跟著。事後，他意識到，妻子已經不再愛他了。當他問出這個問題時，妻子悲傷地看著他說：「我不愛你了，因為你不是個男人。」

　　類似的情景也發生在《魂斷日內瓦》的阿德里安‧多姆的身上，他是美人阿里亞娜的丈夫。作為野心勃勃的外交官，他多次在妻子面前表現出奉承不成的苦惱。妻子最終離開了他，投入了索拉爾的懷抱。索拉爾是一個不願遵守規則卻凡事遊刃有餘、性格不羈的人。

　　後來，阿德里安身著睡衣，在廚房裡思考自己為何落到如此下場：「有些人確實運氣不錯，一直很優秀，不需要努力，輕輕鬆鬆就能成功。但另外的一些人會被威脅，怕不能取悅別人，邊微笑邊聽上司說話，難道就錯了嗎[18]？」

　　索拉爾自己也蒙受其害，見女人總是被炫耀力量的男人吸引，自己就不得不耍手段去博得她們的歡心。他因而絕望、憤怒地大吼起來：「那些勾引女人的人滿口蠢話，但他們只要用堅定的語氣、富有磁性的低沉嗓音說話，女人就會睜大眼睛，眼淚汪汪地看著他，就好像這個男人剛剛提出了更加廣義的相對論一樣……除此之外，為了取悅女人，我還得去控制、羞辱她的丈夫，其實我為此很羞恥，我也是有同情心的[19]。」

　　在電影中，我們還注意到，如果影片主角是警察或軍人，他們都會在上級面前表現叛逆、絕不服從。對於亨佛利‧鮑嘉、哈里遜‧福特、梅爾‧吉勃遜、尼可拉斯‧凱吉和喬治‧克魯尼經常演繹的角色來說，「給上司留下好印象」這種普遍被接受的合理考量卻完全成了耳邊風。這毫無疑問是因為馴服的表現會使他們在女性影迷面前失去魅力（並在男性影迷面前失去威望）。

男性情欲

男人對女人產生欲望時，究竟愛她嗎？這個問題從古至今一直困擾著女人們，並引起了無數愛情相關的討論，苦甜摻雜。

事實上，男人並沒有大家想像的那樣原始。以達爾文的眼光來看，男性潛意識裡也有兩種欲望，目的同樣是為了促進「後代的繁衍[20]」：

◆ 首先，當然是通過使性伴侶數量最大化來增加誕育後代的機會。如果男性地位很高，這一欲求就會輕易地得到滿足。迄今為止，世界上子女數量最多的人仍是摩洛哥君主穆萊·伊斯美爾（Moulay Ismail）。他生前後宮管理得當，一共為他誕下 342 個女孩和 525 個男孩。不過，據稱印加古國的國王和祖魯的族長都比他更「多產」。

◆ 男人也必須保證後代的生存，由此便決定了他必須要與一位忠貞的女性結合，這位女性將成為他孩子們的母親，而他也必須幫助、保護她。這就是演化論派人士所說的「長期交配策略」，最終迫使男人尋找一位穩定的配偶（在一夫多妻制社會中可能為兩位以上）。

在一項關於愛情的研究中，受訪的男性也透露了這樣的雙重吸引力法則：當他們被問到欣賞女性的標準時，按照關係的不同（僅僅是一次浪漫邂逅，還是以結婚為目的的交往），答案有很大區別。若是短暫邂逅，他們更看重女性在性方面是否開放、自由；若以婚姻為目的，則恰好相反，會被在性方面更保守、更羞怯的女性所吸引。這無疑是因為這樣的態度在男性的潛意識裡成為了忠貞的保證[21]。

不過，依戀和情欲的結合並不能完全解釋我們平日裡在愛上某人時的感受。此外，愛情也可能和一個重要決定緊密相關：即對長期關係的承諾。

愛的三角習題

這裡我們所說的不是著名的丈夫—妻子—情人的三角關係，而是自古至今許多人都提過的愛的三個組成元素。

一直以來，無論是詩人還是心理學家都將激情之愛（帶有情慾的激烈情緒）與伴侶之愛（充滿溫柔和情感）進行區別。

這兩種形式的愛有著不同的根源[22]：

◆ **激情之愛**是從嬰兒對母親的依戀發展而成的，兩者有些共同點：嬰兒和戀人都強烈希望對方在自己身邊，無法忍受對方的遠離，並且對競爭者懷有強烈的嫉妒。

◆ **伴侶之愛**則與父母對孩子的依戀相類似：希望有溫柔的表達，並願意為對方的幸福付出一切。

聖托馬斯·阿奎那（Saint Thomas d'Aquinas）提出過色慾之愛與仁愛之間的區別，被笛卡爾在《論靈魂的激情》（Traité des passions de l'âme）引用，也和此概念相同。

最後，三角形的第三要素便是**承諾**，即一種維持長期關係、無論任何障礙或外部試探都盡其所能保護關係的決定。

愛的三角[23]

激情之愛—欲望	伴侶之愛	承諾
強烈的情緒，伴有激烈的生理反應。一種類似於嬰兒對母親的依戀，以其成人形式與性欲相結合。	情緒較平靜，溫柔，為對方著想。與父母對孩子的依戀類似。	與對方相守並共度未來的決定。

實例分析

根據這一模型，我們可以依照三大要素中缺少的項目來分析各種形式的愛。為了更好地解釋這種分析方法，我們將用伍迪・艾倫既風趣又沉重的電影《丈夫、太太與情人》（Husbands and Wives）作為範例。

若你還沒有看過這部電影，那麼我們來為你簡單介紹一下。電影從兩對紐約夫婦的聚餐開始。蓋比（伍迪・艾倫飾演）和裘蒂（米亞・法羅飾演）是一對夫妻，他們接待了另一對夫妻傑克（西德尼・波拉克飾演）和莎莉（裘蒂・大衛斯飾演）。傑克和莎莉宣佈了一個讓人震驚又傷心的消息：在共度二十年的風雨後，他們協議分居。

這一巨變隨後引起了其他的關係變化，同時也刺激出好幾段多方參與的激情之愛，最終則歸於平靜。

傑克開始與女健身教練薩姆談戀愛（「至少和她做愛的時候她會叫出聲」），而裘蒂則提醒蓋比他們已經不再相愛了。裘蒂對氣質憂鬱的單身同事邁克爾產生強烈的好感，但後者卻愛上了莎莉，即傑克名義上的妻子。邁克爾和莎莉保持著肉體關係，但莎莉並沒有真正愛上他。和她分居的丈夫傑克在發現妻子已經有了別人時非常痛苦；同時他也意識到，除了肉體的激情以外，他和漂亮的薩姆並沒有什麼共同話題。與此同時，蓋比與愛慕他的女大學生雷恩越走越近，最後在雷恩二十歲生日那天在雷恩父母家的廚房裡發生了關係。最後，傑克和莎莉重歸於好。

在這些分分合合的關係中，嫉妒扮演著重要的角色。雖然傑克為健身教練拋棄了妻子，但當他發現英俊的邁克爾和妻子在一起時，心中的妒火瞬間爆發（也就是我們提過的一夫多妻心態）。

	激情之愛	伴侶之愛、感情	承諾	片中人物
理想的愛情 幸福的蜜月期	+	+	+	新婚的蓋比與裘蒂。
人生伴侶	−	+	+	傑克和莎莉在影片結束時重歸於好，雖然曾企圖分手。
激起承諾欲望的激情之愛	+	−	+	傑克剛遇到性感的健身教練薩姆時。
單純的激情關係（其中一方無法與對方結婚）	+	+	−	蓋比與小三十歲的美女大學生雷恩。 邁克爾對莎莉的愛，但莎莉對他並沒有同樣的感情。
無愛（兩人為了孩子或害怕孤單而在一起）	−	−	+	電影開始時蓋比與裘蒂看似穩定卻名存實亡的關係。
片面之愛（兩人沒有共同話題，但互相滿足肉體欲望）	+	−	−	傑克和薩姆交往一段時間後的關係。傑克發現兩人之間的差異實在太大。

兒童也會墜入愛河

據調查，絕大多數兒童在三歲至八歲期間就已經有過屬於激情之愛的依戀，這中間並不包含情欲。

我們來聽聽一位父親描述五歲女兒克拉拉的故事：

當我們成年之後，常常會忘記年幼時那些青澀的感情。我的二女兒克拉拉的經歷讓我不禁大開眼界。自從她兩歲上托兒所開始，就和一個同齡的小男孩保羅建立起了很深的感情。他們兩個當中，只要其中一個到

了托兒所，就會馬上問另一個有沒有來，還會站在窗前等對方出現。他們一直手牽著手，永遠都緊挨著彼此坐，一起玩遊戲，對彼此有無法克制的需要。他們升到幼稚園後，進了同一個班級，這下兩人的聯結就更緊密了：整個學校都把他們看成「小情侶」。起初，他們還是比較低調，但後來，他們的感情成了眾人皆知的事。他們會對所有人說長大了要跟對方結婚，有時候還會笨拙地接吻。可是有一天，保羅的父親由於工作需要（他是地理學家）攜全家搬去海外。這對克拉拉來說簡直就是災難（但我不知道這對保羅有什麼影響）。她非常傷心，就像成年人失戀一樣，消沉了下來。她經常對我們說起他，想給他寫信、打電話，甚至想去見他（可他現在住在南美洲）。這樣的情形持續了整整一年，直到現在，她仍然會不時提起這位兒時的真愛——保羅。自從保羅走後，她再也沒有找過「新戀人」。

有一部電影叫《禁忌的遊戲》（Jeux interdits），描述戰爭、逃難背景下一對男女孩：波萊特和蜜雪兒的愛情故事。這兩個孩子在墓地的高牆下建造了小小樂園，卻沒能抵擋住成年人試圖要「標準化」所有人的意志。電影最終以令人心碎的分離結束，讓許多觀眾都難以忘懷。

小說《蘿莉塔》（Lolita）中，作者納博科夫（Vladimir Nabokov）描繪了四十多歲的亨伯特對十三歲性感少女蘿莉塔熾熱的愛。（「我的生命之光，我的欲念之火，我的罪惡，我的靈魂。」）不過，他這種為世人所不齒的愛戀實際上只是一種投射，是他此生唯一一次最深最熱烈的激情之愛的重現：他年少時愛上了同齡的安娜貝爾，但後者在希臘科孚死於傷寒。當蘿莉塔出現時，他看到安娜貝爾在這個女孩身上重生了，為此，他已經等候了太久。

愛是一種疾病嗎？

> 耶路撒冷的眾女子啊，我囑咐你們，
>
> 若遇見我的良人，
>
> 要告訴他，
>
> 我因思愛成病。
>
> ——《雅歌》

與疾病的研究類似，一些專家也分析了激情之愛所存在的危機。以下幾大因素最可能讓你在情感冒險中遭遇危險：

危機因素 [24]

自尊較低

低自尊會通過不同的機制顯露出來：它使我們將自己與對方進行比較，然後把我們自認為缺乏的優點加在對方身上，以此認為對方對我們具有強烈的吸引力。同時，它也使我們一心想要吸引出類拔萃、可信可靠的人來補足自身的缺點。實驗證明，當故意讓年輕女性的自尊降低時（告知她們在某場測試中失敗了），這些女性接下來會更容易接受前來獻殷勤的魅力男子。這種機制對某些情場高手來說幾乎如同天生的直覺一樣。一開始，他們會故意讓他們的「獵物」覺得有自卑感，然後在「獵物」感到難過時迫不及待地前來安慰她們。請記住，正如《魂斷日內瓦》中男主角的手段一樣，「提前輕視」是情場高手的第一步策略，但請注意，這種輕視絕不能以直接的方式表達。

依賴他人、缺乏安全感

當你覺得自己無法堅強到能夠獨自面對世界，你就更傾向於被強烈而持久的依戀吸引，並且希望從中獲得安慰和保護。

焦慮

諸多研究都表明，無論是短暫的焦慮還是個性中固有的焦慮，一個焦慮的人更容易進入激情之愛。例如，在動盪的戰爭和革命時期，這樣的激情之愛常常出現。

在青春期的「搭訕」中，少男們常常會使用這一方式（也許是無心之舉）：他們會帶女孩去看恐怖片，以便電影結束後更容易獲得她的吻。

此外，這一方式也很好地闡釋了威廉‧詹姆士的理論：「我們的情緒源自身體的反應。」在一項著名的心理學實驗中，一群參與實驗的學生被要求到一處驚險的山林吊橋中央去見一位非常漂亮的女子。實驗之前，學生們被告知是為了去填寫問卷，瞭解風景對創造力的影響。測試過後，研究人員向學生們一一提問，而這位女子對前往吊橋的學生的吸引力，遠大於對只待在辦公室的學生。經恐懼刺激後的生理衝動竟可以轉化成如此強烈的正面情緒 [25]。

在威廉‧詹姆士之前，許多情場高手就已經注意到了這一方式。古羅馬詩人奧維德（Ovid）在《愛的藝術》（The Art of Love）中就建議男士們趁鬥士比武時去競技場的階梯座位上尋找心儀的姑娘：「他柔聲細語地與她漫談，他撫摸她的纖手，他詢問她的賽卡，掏出錢來為她看中的東西下注，他徵詢她贏取的賭注。哦，在他還沒有弄明白一切是怎麼一回事的時候，一支利箭就咻地飛來，將他的心射個正著。哦，在這塊戰場上，沒有人能夠成為局外的觀眾 [26]。」

從這些危機因素中可以看出，青少年比其他年齡層的人更傾向於產生激情之愛：在這個不穩定的年紀，較為脆弱的自尊和面對世界時的焦慮是共同

點，而且在豐富的荷爾蒙刺激下，他們的身體也更容易被激動。

綜觀《追憶逝水年華》一書，年輕的主角在成長過程中先後愛上過年輕的吉伯特、蓋爾芒特公爵夫人和阿爾貝蒂娜。這三段愛慕之情體現了以下所述的所有特徵：

- 他懷疑自己的能力，自認過於懶惰，認為他做任何事都將一事無成（這也是普魯斯特的親友們長期擔心的）。
- 自幼時起，他就對母親特別依賴，正如書中寫的，他一直在絕望地等母親來吻他，否則沒法睡著。他幾乎不出家門，就算出門也只去近處，並且不能忍受搬到任何新的地方或去別處暫住（就連卡布林奢華的大酒店都不行）。
- 我們可以說氣喘是焦慮情緒的生理反應，但他的焦慮也透過其他方面表現出來，包括害怕使人不悅、始終揣摩不了他人的感受、懼怕被人拋棄或背叛，和對情敵的嫉妒（情敵也包含女子）。

併發症

與一般的疾病類似，激情之愛有時會導致或輕或重的併發症：

- 對社會和家庭義務漠不關心。激情之愛可能會使人忽視自己的學業、朋友，甚至是配偶，或是工作。就像伍迪‧艾倫的臺詞：「我是那樣地深陷愛河，以至於在計程車上都忘了看跳表。」
- 當對方沒有以我們期待的方式回應我們的欲求時，我們便會被諸如恐懼、嫉妒等負面情緒籠罩。這種缺失的痛苦，類似於吸毒者有癮卻無法吸食[27]。
- 自尊受損，感到自卑、有壓力，甚至產生抑鬱情緒，免疫力也隨之下降[28]。
- 自殺。大部分我們援引的愛情小說均以伴侶中一方或雙方的死亡結

尾，有的是自殺，有的是相思成病。現實生活並沒有那麼戲劇化，但我們還是需要瞭解，如今青年人的自殺起因中，情傷的比例非常高。令人痛心的是，因情傷而自殺的青年人幾乎與交通事故中死亡的數量相同 [29]。

◆ 讓人意想不到的最後一種併發症：貪污。根據經濟分析專家的調查，全世界各地官員的貪污案件中，有一個鮮少被提及但常見的犯罪動機，就是這些官員想要以奢侈的生活方式留住他們的情人。每年，全世界的貪污總額約為八百億美元 [30]。

用醫學疾病的眼光去看待愛，忽略了太多美好的事物，也可能會讓人忘記科學家們曾認真列出愛的好處：愛可以讓人經歷激動、甚至出神狂喜的時刻，會讓人覺得被人理解、接納，有安全感。有時，愛還能夠幫助人超越自己的極限，從而保護自己的配偶或接納對方的弱點。

最後，愛也有利於人體的免疫系統。丹麥的一項研究表示，戀愛中的人們得傳染病的機率更小；體檢結果顯示他們的免疫系統反應優於其他人 [31]。

愛是文化的產物嗎？

試問，如今西方國家中我們所認知的愛是否就像德尼・德・魯熱蒙（Denis de Rougemont）[32] 所說的那樣，是中世紀的吟遊詩人和純潔派（Cathares）教徒的發明？或者是人類歷史從古至今，所有男人和女人都能感受的情緒？

如果我們同意第一種觀點，那麼我們便只能去尋找今天人們的愛與羅馬人、薩摩亞人那時的愛有什麼分別了。反之，第二種觀點相當於肯定了所有時期、所有人類文明都有著永恆且相似的愛的行為。支持這一觀點的人還會告訴我們，在人類的所有文明中，都可以找到愛的詩篇或讚歌，而它們的主題都驚人地相似：尋找愛人的渴望、為美貌或其他品格傾倒的興奮感、情人

分離的痛苦，或被拋棄的苦楚。

若激情之愛是依戀和情欲的結合，那麼它只能是普世的。這兩大要素都對人類的生存至關重要，是人類與生俱來的。

即便聲稱薩摩亞人不知我們西方專一、帶有嫉妒性質的愛為何物，瑪格麗特·米德依然寫到我們也提及的男性嫉妒，同時描繪被拋棄或面對情敵時反應暴力的青春期少女[33]。若還有人懷疑某些情緒的普遍性，那就請他們讀一讀瑪格麗特·米德紀錄的一番場景。這段話講述了與我們相隔甚遠的文化背景中，人們從幼年成長到青少年的過程：「女孩們不再冷漠。她們嬉笑、臉紅、爭吵、逃跑。男孩們則變得笨拙、侷促、寡言，白天和滿月的夜晚都躲著女孩們。」

即使愛的基礎是天生且普遍的，人類社會的每個文明也都會給予它不同的價值。有些將它視為擾亂秩序的危險因素，有些則認為是值得付出任何代價、最為美妙的體驗，可以透過因愛結合的婚姻更真切了解——這也是二十世紀西方社會的理想之一。同時，不同文化在愛的表達上有著一定的規範：在瑪格麗特·米德描繪的薩摩亞青少年中，戀愛中的男方通常不會自己去向未婚妻求愛，而是讓雙方共同的一位男性朋友代勞（有時朋友會趁機背叛男方）；十六世紀年輕的高盧男子則會更直接地向所愛的美人坦白心跡，不過他們求愛的方式很特別：在戀人的裙子上撒尿。

簡而言之，我們可以說，除了近幾個世紀的西方文化以外，激情之愛幾乎在所有文化中都被視為特別可疑的情感，因為它很可能會導致地位相差懸殊的婚姻、婚外生子、不忠，以及潛在的激烈衝突。對男性而言，因激情之愛懷有依戀是一種缺乏男子氣概的現象（從古羅馬至維多利亞時代的英國都是如此）；對女性而言，這象徵著道德的敗壞。在基督教文化中，肉體情欲被認為會導致人遠離神的愛，即使是在婚姻關係中也是如此。正如聖哲羅姆（Saint Jérôme）所說：「男子若是對妻子有過於熱烈的肉體欲望，便是犯了姦淫。」但反過來說，我們也瞭解到，這些神學家、先人和現代的性學家都認同：男人應當照顧妻子的感受，使她與自己同時達到愉悅的狀態（為了保

證後代繁衍的品質，這句話在情在理）。他們同時也對因愛結合的自由婚姻表示認同。自由婚姻自十八世紀起逐漸被接受，直到二十世紀時完全普及，甚至被寫在傾聽告解的神父的手冊裡。

古羅馬人與中國人

奧維德的《愛的藝術》可謂是一本花花公子手冊，因為詩人通篇都在描寫如何吸引異性、獲取愛情以帶來最大愉悅，但從未提及承諾或忠貞。這部著作的第一卷和第二卷完全是為男女寫就的戀愛指導，但在第三卷《愛藥》中則描寫至今仍折磨著我們的感受——墜入愛河的男男女女成了最脆弱的人 34。於是，奧維德列出了一張「藥方」：「不斷回想情人的缺點……裝出冷淡的樣子……如果做不到，就在厭煩中讓愛終結……回想所有痛苦的時光，才能儘快忘了她……避開任何會重燃愛火的東西……把她與其他更美的女人相比……」如果接下來便是分手，那麼，「避開一切引起回憶的東西……不要再去讀你們以前的情書，因為即使是最堅定的人也會不能自持。把那些全都扔進火堆吧！」

在讀這段文字的時候，我們便不會再認為激情之愛是人類最近才有、或是與猶太教和基督教有關的產物。就在那與我們相距甚遠的古羅馬文化，在西元前一世紀，年輕的男子對他熱愛的美人懷有如此強烈的情欲和依戀。當然，他的文化背景影響了他對自己所處狀態的評價。他認為自己是浪漫的。他為他激烈的愛而興奮，同時，作為羅馬人，他也懷疑這份愛。

而在這位羅馬人寫就詩篇的十個世紀之前，在離我們更遙遠的中國，一位年輕女孩寫下了這樣的詩歌：

遵大路兮，摻執子之袪兮！
無我惡兮，不寁故也 35 ！

　　對於西方社會舊時的愛和性，我們的瞭解也甚為片面，並且由於我們的文化偏見而有一定偏差。《性與西方社會》（Le Sexe et l'Occident）一書告訴我們，在法國的旺代省（Vendée）或香檳地區村莊古老的地方習俗：準新郎可以在婚禮之前隨意進行情色活動（但這一習俗自十六世紀起就被制止了）。除此之外，歷史學家發現，舊時的私生子和未婚先孕的比例非常高——這不禁使我們懷疑古時的道德究竟是否有人們想像的那麼高尚。

　　走過漫長而複雜的愛的歷史，如今我們身處的社會無疑比任何時候都更加推崇激情之愛，認為它是正面、值得一試、幾乎完全符合道德的體驗。當人們遇到夫妻關係危機或事業不振時，它甚至成為了人們繼續尋求愛慕和寬容的方式。

　　我們曾考慮以一系列建議來總結這一章，但是，單純地提供一般的愛的忠告反而會顯得自以為是、過於簡單，因為愛的主題存在於無數情境中：熱戀開始時、已婚夫婦之間、愛侶爭吵中、分手時、同居生活裡，還有性的交流。若要全部提及，恐怕一本書的篇幅都不足以寫完。你也可以參考其他著作，更深地瞭解這一主題。

　　我們的解釋是否已經面面俱到？愛在你眼中是否已經無比透徹？想必還遠遠不足，因為：

　　　　在愛中，一切皆是奧秘：
　　　　它的利箭、它的箭袋、它的火把、它的誕生，
　　　　一日之際能讀完的書籍
　　　　是無法解釋這門學問的。

　　　　　　　　　　　　　　　　——拉方丹（La Fontaine）

第十章

如何和情緒共處
Comment vivre avec ses émotions

你得含糊其辭，這是關鍵！

請你相信我，我是精神科醫生。

——《老大靠邊閃》（Analyze This）

在電影《老大靠邊閃》中，勞勃‧狄尼洛飾演紐約某黑幫家族的領袖，人人聞風喪膽。他脅迫比利‧克裡斯特爾（Bill Cristal）飾演的精神科醫生幫他解決一些心理問題。在某次治療中，勞勃‧狄尼洛告訴醫生他快要被生意夥伴的愚蠢和可惡氣瘋了（夥伴才剛嘗試暗殺他）。看到病人因憤怒變得那麼緊張，比利建議他對著沙發靠枕發洩負面情緒。他告訴勞勃：「我一生氣就會拼命捅靠枕，捅完了我就會好很多。你也試試吧！去捅一下靠枕！」一邊說，他一邊向勞勃示意靠枕的位置。

在給出這個建議的時候，比利運用了心理學的傳統原則：我們可以透過盡可能大聲、大動作的敲打、叫喊和哭泣排解負面的情緒，借此達到立刻舒緩的目的。這一原則在七〇年代發展的諸多治療方法中都被採用。那時，參與者們穿著襪子，有些人邊大吼邊猛擊軟墊，把積累許久的憤怒排解出去；有些人拼命地哭泣，平復兒時所受的傷害。參與者們在釋放情緒時，團體中其他人也都保持善意地在他們身旁陪伴。

電影裡，聽了醫生的建議後，黑幫老大一個轉身，迅速拔出自己的手槍，朝著沙發連射數槍。過後，他對著目瞪口呆的醫生說，他感覺好多了，心理治療真是個好東西。與此同時，漫天飛舞的羽毛慢慢落在地毯上。

你可能無法三不五時就摧毀一些傢俱，但你可以做的是：當某種情緒湧現，尤其是憤怒或悲傷的情緒時，用強烈的方式立刻把它表達出來。不過，由於我們被教育成難以就地釋放壓力，更合理的方式便是參與以上所說的「發洩治療」。在治療中，其他參與者會與你一起釋放長久以來累積在心頭的情緒，一起嘶吼，或號啕大哭。

然而，這一心理治療原則——完全不受限制地立即釋放情緒、盡情發洩，到底是如何作用的？似乎仍是個謎。

表達情緒：「情緒空白」之謎

事實上，心理學家們已經對徹底釋放情緒的效果進行了科學研究，但研究結果令人甚為驚訝。

會自我成長的憤怒

當專家要求受試者盡可能激烈地表達自己的憤怒時，他們卻在發洩之後變得更加易怒，一遇到挫折便會更快地用憤怒進行回應。表達憤怒似乎非但沒有讓他們平靜下來，反而使他們習慣於憤怒，發怒的頻率比原先更高[1]。

受試者被要求帶著憤怒講述一起讓人沮喪的事件時，他們在講述結束後的血壓和心跳均比未被特別要求用憤怒講述的人更高、更雜亂。

當專家要求他們再次回憶這起講過的事件時，他們變得比實驗前更為憤怒。

（這一切並不能說明七〇年代的「發洩療法」毫無用處。這一療法確實使某些參與者得到了幫助，但它產生的益處更多是因為其他因素，包括在一個團體中的歸屬感、在友善的氣氛下進行的自我表露、心理治療師身負的「典範」角色等等。）

總之，若你在憤怒的時候在家猛打靠墊或摔東西（這些物品並不能為你的憤怒負責），若你在高速公路上猛按喇叭或出言侮辱其他司機（客觀上你根本不可能與這些人解決衝突），你的行為將只會使你的憤怒更加嚴重，你的血壓將會飆升而非下降，而且，更糟的是，你會形成習慣，越來越頻繁地以憤怒回應當下的沮喪。

眼淚只會讓你更加悲傷

專家的研究結果同樣不建議你過於放任自己流淚。哭泣會加深悲傷感，也會使心跳變快、血壓上升[2]。然而，每個人都曾經歷過「號啕大哭之後」感

覺變好的情況。事實上，專家指出，哭泣的釋放作用是要當它吸引了另一個頗具善意的人前來表達同情和勸慰之後才發揮出來的。若非如此，一個人獨自哭泣，或哭泣時面對幾位顯得尷尬或有敵意的人士，那麼你就會在悲傷裡越陷越深。

青少年暴力與媒體的影響力

根據情感宣洩理論，觀察他人的暴力行為可以排解自己的暴力傾向。人們長期以為，觀看暴力場面（體育節目、電影等）或參與其中，會讓人釋放「攻擊的衝動」。事實上，所有研究都指向了完全相反的結論[3]。

1998 年，美國精神醫學學會公佈了一份超長的研究報告，聚焦媒體對少年兒童暴力的影響。這份通報的簡介部分有一句話：「爭論已經結束。」作者認為，爭論之所以結束，是因為數百項以人或動物為主體的實驗均一致表明：觀看暴力情景會在觀看之後的幾小時內增加兒童和青少年的侵犯行為、甚至有長期影響。1995 年，美國兒童醫學學會在大量嚴謹的實驗後也得出了同樣的結論。這兩份報告的末尾都為父母、政治人士和媒體工作者提供了建議。

在這樣的結果面前，我們卻驚訝地看到，媒體始終否認其暴力內容對青少年的影響，他們的說法是：「不是電視或電影讓人暴力，而是因為社會本就是暴力的；媒體只是把這樣的社會真實地反映出來。」聽好了，青少年暴力是一個複雜的現象，要找到唯一、真正的成因是不可能的。但事實上，經常觀看暴力的情節對觀眾確實造成影響。即使不是最主要的因素，但這些暴力因子會與每個人的社會教育背景、人格和對「幫派」概念的理解相加乘，進而影響個體。專家認為，觀看暴力情節會激發幾個機制：透過無意識的模仿把暴力人物當成榜樣（已知最有成效的學習方式）；對暴力和價值觀的扭曲習以為常、不再敏感：暴力被

表現為好處多多的解決方法，但它的負面效果（受害者的痛苦、殘廢、死亡）很少被提及。如今，影像和音效越做越真實的格鬥遊戲使這一現象達到高峰：遊戲中，玩家要讓對方流血，或要將對方敲打多下直至死亡，才能贏得更多的點數。所有研究都一致顯示，在玩過這些遊戲之後，人們會對突如其來的沮喪事件（即使事件的嚴重性極低）更加難以承受[4]。

即使這些研究結果已經將事實擺在眾人面前，卻幾乎沒有在公眾中引起任何迴響。我們確實需要考慮到，類似的情況也曾發生過：研究發現煙草和肺癌之間的關聯後，整整過了二十多年，包含這一資訊的禁煙廣告才得以出現在公眾場合[5]。類似的延遲效應也發生在安全帶的例子上。經過拉爾夫・納德（Ralph Nader）的推動，六〇年代的美國汽車製造商們終於在轎車中統一裝上了安全帶（製造商起初拒絕安裝的原因是他們不願讓大眾把汽車與車禍隨時會發生的可能性聯繫起來）。

你也可能不認為媒體對我們的行為有影響，那麼我們就要問一個問題：如果電視對我們的行為沒有影響，為何全球的電視廣告預算每年會高達到數十億美元呢？

哭還是不哭

回到電影《老大靠邊閃》。勞勃・狄尼洛還為我們表演了不同情境下眼淚的效果：

- 我們曾在前文提到過這一幕：當他獨自一人坐在電視機前，看到一個廣告（這則廣告喚起了他痛苦的回憶——父親的死），瞬間淚流滿面。這個孤獨時刻的經歷對他的影響甚鉅，以至於他無法參加黑幫會議，雖然這次會議對他而言有著重大的意義。

- 我們能夠理解他的謹慎，因為在另一幕中，他坦承，如果自己在黑

幫同夥面前流露出一丁點情緒，這些人就會把它視為脆弱的信號，想立刻與他了結關係。比起黑幫，其他社會環境並不會如此冷酷無情，但在衝突或競爭的背景下表達悲傷的確會被視為脆弱的，尤其當表達者為男士時。

◆ 不過，在另一段情節中，比利‧克裡斯特爾使勞勃回憶起了自己父親的死，並意識到自己一直壓抑著內心對此事的罪惡感（當他還是孩子的時候，小勞勃有次對著父親發脾氣，而就在下一秒，他眼睜睜地看著父親被人殺死）。在這些回憶的作用下，勞勃‧狄尼洛號啕大哭起來，不過這一次他是倒在比利的懷中哭的，比利則在一旁安慰他，直到他停止哭泣。這一經歷對勞勃而言有很好的醫治功效，但可能有些過頭。以非常情緒化的方式喚起患者的記憶——這種診療方式有很強的電影色彩，現已變成了電影中心理醫生們最常見的治療手法，包括電影《豔賊》（Marnie）、《美人計》（Notorious）、《凡夫俗子》（Ordinary People）和《潮浪王子》（The Prince of Tides）等。美國心理醫生格蘭‧加巴爾（Glen Gabard）就注意到了這一點，他說：「不知道為什麼，這樣治療、康復的病例在我的診所從來沒發生過，也許是因為旁邊沒有小提琴配樂吧[6]。」

結論：不發洩、不壓抑

以「發洩」的方式激烈地表達情緒，會在幾個層面同時產生負面後果：

◆ 你的心情：發洩使原本你想要平息的情緒反而增強。

◆ 你的健康：發洩會加劇你的生理反應。

◆ 你與他人的關係：例如，若你過於自在地表達喜悅，完全不顧及周圍的情況，可能會激起他人的羨慕或嫉妒。

我們不鼓勵「情緒空白」，同時也不推薦你在任何情境中都「咬緊牙關、不露聲色」，正如我們最喜歡的一則故事：在熱帶叢林裡，一位英國探險家掉進了當地兇殘的土著設下的陷阱。同行的人立刻衝過去營救，發現他平躺著，全身多處被箭刺穿。他們驚叫道：「天哪，詹姆斯，你還好嗎？」他面無表情地回答道：「只有笑的時候很痛。」

對「發洩」稍加批評後，我們必須承認，眼淚在某些條件下確實有平息悲傷的作用：眼淚必須要能幫助你釐清、組織、和別人表達自己悲傷的原因。尤其當親友在場，若他／她表現出同理心，理解並尊重你的情緒，就可以幫助你。

在善意的人面前表達「悲傷的情緒」正是各類心理治療的共同機制。同樣地，表達你的憤怒也會平息你的憤怒情緒，但必須遵守以下三個條件：

◆ 你的憤怒應當指向對事件有責任的人。

◆ 事件責任人未以憤怒或攻擊性舉動、言語反擊你。因為若他／她進行這樣的反擊，雙方的情緒將會升級，以至於混亂到無法控制。

◆ 憤怒最終指向的結果，應以道歉或協商來解決。另外，若憤怒沒有以羞辱他人的方式表達出來，那麼衝突就更有機會得到解決。

再次強調，這裡所提的方法並不是完全不考慮他人反應的「發洩」，也不是「壓抑」，將負面情緒掩飾起來並不會有絲毫幫助。

情緒與健康

　　支持任意發洩情緒的人，通常都會說這樣才不傷身、對身體好，但根據人體「水迴圈」的原理，過分抑制情緒也會導致不適，甚至引起疾病。心身醫學（psychosomatic medicine）最初甚至做了個假設，認為每當一種情緒被壓抑，就會導致一種身體疾病（如：分離的焦慮會引起氣喘、壓抑憤怒會引起腹部疾病等）。這一假設恰好呼應了一項大眾認同的共識：當我們生病時，傾向於將突如其來的病症與造成壓力、憂慮的事件相聯繫。

疾病是由情緒引起的嗎？

　　目前為止的研究並無法證實此一猜測。事實上，所有的醫生都了解，大部分疾病有著複雜的多重病因，由兩種或以上的因素造成。例如，如果你有氣喘，那可能是父母遺傳的先天基因、過去和現在接觸到的過敏原等因素組合的結果，發作的頻率還會受焦慮情緒影響（此處的因果關係更為複雜，因為氣喘的復發也可能反過來引發持續的焦慮）。然而，我們並不能說「焦慮就是氣喘的成因」。同樣，恐懼症通常都是由某件讓人焦慮或悲傷的事件激發（例如搬家、新工作、分離、親友死亡等），但它只會在有「合適環境」的人身上茁壯成長。

　　目前的研究已不再聚焦情緒是否為疾病的成因，而更傾向關注情緒對某些疾病的發作和演變有什麼影響。在美國公佈的精神疾病分類中，「心身疾病」這一項目已被「對身體疾病具有影響的心理因素[7]」所取代。

　　這是一個非常活躍的研究領域，每年都會有幾百個新的研究成果。其中大部分都非常複雜，需要仔細研讀，甚至會產生互相矛盾的情況。這些科學研究使情緒對身體健康產生的影響更為人所知，但情緒對身心的影響比我們原先的設想要更為複雜、更難推展開來。

情緒與癌症的關係

目前，心理因素、情緒表達和癌症發病機率之間的關係還在研究當中，尚未取得有說服力的成果。每當一項研究找到了一心理因素和癌症發病之間的關聯性，就會立刻就會引起媒體的熱烈迴響。但當更多的研究否定此關聯性時，基本上不會被醫學雜誌以外的媒體提及。例如，最初有項研究發現，某些看起來討喜、內心卻經常克制負面情緒的人格（即 C 類人格）具有較高的癌症罹病率[8]。但過了一段時間後，更新、更為嚴謹的研究卻無法證實這一關聯。

舉個例子，專家對超過一千位乳腺造影檢查結果可疑、前來複診的女性進行了心理測驗，結果發現，情緒壓抑和善於表達的女性之間並沒有顯著的罹癌率差異[9]。

此外，有五項研究都發現，在四十五歲以下的女性中，人生是否遇到重大事件（如親友過世、分離）與罹患乳癌的機率有一定關聯。不過，還有十五項同樣的研究並沒有發現這一關聯。

在乳癌這一疾病中，還有一些初步研究顯示，採取積極診治態度的患者比其他人的生存機率明顯高很多。然而，近日在方法上更為嚴謹的其他研究並沒有發現這種關聯性，僅僅發現絕望的態度會（程度很小地）減少存活機率。

如今，雖然數十項研究正在緊鑼密鼓地進行中，但是尚未有確切的科學依據可以證明心理因素對癌症發病的影響。這就說明：

◆ 即便這一影響存在，它也可能並非主因，更值得注意的應是真正具有關鍵影響的其他習慣，避免眾所周知的癌症誘因（如吸煙，酗酒，食用過於油膩、不含纖維的食品等）。若自己屬於高危險群，應當定期進行身體檢查。

◆ 若醫生譴責病人，稱其心理問題或拒絕解決心理問題導致「為癌症

製造了機會」，這樣的說法是值得譴責的。這種態度不僅有違倫理，而且會使情緒已經非常低落的患者感到內疚。同時，這一言論也毫無科學依據。

◆ 不過，在醫治癌症病人的同時，還要關懷他們的生活，因此患者的親友及醫生應當盡力通過情感支持、抗憂鬱藥物和心理治療避免患者進入憂鬱狀態。

情緒與心血管系統

此領域的研究結果有更高的確定性，大量研究成果都肯定了以下關聯：

◆ 憤怒（包括壓制的憤怒和表達出來的憤怒）與心血管疾病的關係。對心臟產生最大威脅的態度是敵意，會讓思想充滿針對他人的敵意，間歇性出現憤怒，性情極為易怒（A 類敵意）[10]。

◆ 同樣在心血管領域，心肌梗塞後若出現憂鬱情形，併發症發病率和猝死的概率將在梗塞之後的一年內成倍增加[11]，因此需要格外關注病人的精神狀況。

◆ 精神壓力[12]或對周圍環境的無力感都會讓動脈血壓增高[13]。此外，年輕男性若患有憂鬱症，也增加患高血壓的風險[14]。

情緒與免疫系統 [15]

「悲痛」的情緒（如悲傷）和焦慮會影響我們身體免疫系統的運作，且該影響可能是長期的。看完哀傷的電影之後，悲傷會持續數分鐘，失去親人後則可能會持續幾個月。剛喪夫或喪妻的人更容易患病，特別是傳染病[16]。此外，專家也發現，精神壓力大的期間，人的結疤能力會明顯衰退。

這樣的機能運作非常複雜，同時也是雙向的：當情緒發生時，神經遞質和荷爾蒙被釋放，對免疫細胞產生作用，由此便可解釋高壓事件對免疫系統疾病的發病和復發的重要影響。這些疾病包括：帶狀皰疹、類風濕性多發性關

節炎、氣喘、牛皮癬等。

反過來說，免疫細胞釋放的物質，如胞嘧啶，也會對我們的神經系統產生作用。（由此可以解釋發燒時的嗜睡現象 [17]。）

正面情緒對免疫系統的運作具有益處，有時是暫時的，有時則是長期的。其中，社會支援就會改善愛滋病患者的免疫系統 [18]。

結論：學會管理情緒與健康

一系列研究結果促使我們以更好的方式管理自己的情緒，尤其需要注意的是：

對於某些人來說，應該試著以不同的方式思考自己與他人的關係，從而控制憤怒的傾向。

對於另一些人來說，應當更及時、開放地表達自己的不快，以減少憤怒或怨恨。

找到抱有善意且具同理心的傾聽者，向他／她訴說自己的「苦惱情緒」，尋求他／她的支持。

主動激發、豐富、保護自己的正面情緒，如喜悅、快樂。不要白白錯失喜悅！它將幫助你的身體抵擋外部襲來的疾病。

情緒與他人

在這本書中，我們希望能夠清楚地闡明，我們的每一種情緒：

◆　都會影響我們的判斷力、記憶力，以及我們處理外部事件的態度。
◆　都在我們與他人的交流中起到至關重要的作用。

情緒的重要性得到普遍的認同，促成情緒商數（emotional quotient，我們

一般常稱的「EQ」，又名 emotional intelligence，字面直譯為「情緒智慧」）的概念。這一概念是由薩洛維（Peter Salovey）和邁耶[19]（John D. Mayer）提出，並由丹尼爾・戈爾曼（Daniel Goleman）借其暢銷書《EQ》（Emotional Intelligence）[20] 推廣。

我們更傾向於將此概念稱為「情緒能力」，因為從詞源學上來看，「智慧」一詞僅指代理解能力，而創造「情緒智慧」一詞的人希望能同時包含表達、行動的能力。我們總結了情緒能力的幾個重要元素：

- 能夠承認自己的情緒，將其一一識別、區分。
- 能夠透過表達情緒來改善和他人之間的交流，而非破壞關係。
- 能夠善用這些情緒來行動，而非因情緒被限制、脅迫。
- 能夠辨識他人的情緒，作出與其相應的恰當反應。

在面對每一種情緒的建議中，我們已經提到了這些能力，但我們仍然希望回顧兩個要點，以便讓你有更全面的思考。

承認並識別自己的情緒

在論述每一種情緒時，我們首先建議你承認那種情緒，以便更好地掌控或運用它。然而，有時要承認一些情緒狀況由不得自己，如下面的例子所示：

- 〈羨慕〉一章中，菲力浦並沒有意識到自己在看到朋友奢華的帆船時懷有敵對情緒。他的情緒一直到後來討論政治問題時才顯露出來，成為不合宜的挑釁言論。
- 〈憤怒〉一章中，我們提到了讓 - 馬克的例子。就算是被不懷好意的同事嘲笑或打擊，他也沒辦法生氣。如果我們在其他人冒犯時對讓 - 馬克進行心跳測量，一定會捕捉到心跳的變化。然而，這個情緒在他意識到之前就已經被封閉住了，被「孤立」；也就是說，

情緒確實出現了，而他雖然明白自己被人冒犯，也知道應該表現憤怒，卻完全感知不到憤怒的情緒，直到事後才因憤怒而痛苦。

◆ 〈嫉妒〉一章中的阿諾看到自己的女友與魅力十足的異性親切交談時確實感受到了嫉妒，但很快自行消除了這種情緒，也禁止自己再產生嫉妒。

◆ 〈嫉妒〉一章裡還提到了伊莎貝爾，她在看到自己富有魅力的丈夫被幾個競爭者霸佔的時候非常嫉妒，但她長久以來一直不允許自己表達出來。

由此，我們可以歸納出四個「情感封閉」的步驟：

◆ 對自己的情緒完全沒有意識。
（例如，當羨慕之情開始衝擊心靈時，菲力浦的思想和話語都是：「好漂亮的船！」）

◆ 部分意識到自己的情緒，但生理層面被封閉，所以讓 - 馬克才感受不到憤怒。
（認知部分：「這不值得我發怒。」）

◆ 意識到自己的情緒，但主觀上想要讓它消失。
（「我覺得很嫉妒，但我不能繼續，這是不對的。」）

◆ 意識到自己的情緒，但主觀上不想表達出來。
（「我確實很嫉妒，我也知道為什麼，但如果我表達出來的話會有不好的結果。」）

這些情景可能都有幾個共同點：這幾位述事者的教育背景或兒時的經歷，讓他們認為懷有某種情緒是不道德、或會產生嚴重後果。在所有的情緒中，羨慕情緒是當事人最難承認、埋藏最「深」的情緒，也常被看作最讓人難以啟齒、使人痛苦的情緒。但這些狀況也可能發生在喜悅和快樂上，也許，你

從小接受的教育不鼓勵你有這兩種正向的情緒，一旦喜悅就會被人指責。

　　承認自己的情緒意味著要關注自己內在的反應，尤其是要接受：我們有時可能反而被一些難以言說的情緒「俘虜」。我們的責任就是承認這些情緒，好好管理它們。

鮮少表達的個性──述情障礙（alexithymia）

　　工程師雅克的女友剛剛離開了他，但他完全沒有表現出任何特別的情緒。當擔心他的朋友們來問他時，他說自己「很累」。他無法專心工作，睡眠也越來越差，所以他決定去諮詢心理醫生。

　　他的醫生鼓勵他說出自己的感受，但雅克只知道不斷重複一句話：「這段時間不太順利。」反而對疲勞和睡眠障礙還能比較主動說明，說完以後就要求開藥。認識雅克的人一直覺得他少言寡語，業餘時間非常活躍（他為自己和朋友們經常修修補補，甚至還會造船），但始終像是只有一種心情。當他描述一部電影或一次旅行時，他很注重描繪細節，有時就會顯得很無趣，但他從來不描述自己的感受和情緒。如果有人問到，他只會很簡單地回答：「那挺有意思的。」有次在外旅行時，他的朋友們被他的作為嚇壞了：當一個暴躁的司機辱罵他開車的朋友，雅克瞬間就把那人打翻在地。

　　雅克身上有述情障礙[21]的幾大主要特徵（「述情障礙」（alexithymia）詞源解析：希臘語 a ＝無，lexos ＝詞語，thymos ＝情緒。）：

- ◆ 在表達和識別情緒上有巨大困難。
- ◆ 思想集中在具體的事情和細節上（操作型思路）。
- ◆ 更傾向於以行動而非話語表達情緒。

　　患有述情障礙的人能夠感受到情緒，但缺乏用語言翻譯情緒的能力。專家提到，這是因為大腦邊緣系統（即「原始」的大腦部分，負責產生情緒）和前額葉皮質（即「進化」後的大腦部分，使情緒被辨認、管理）的聯繫被斷開了。這些人同時也難以識別他人的情緒，加上沉默寡言，使得社交生活變得非常艱難。

　　我們觀察到，有些疾病的患者有較高的述情障礙比例，如：心身疾病、食物行為紊亂、慢性疾病……等等。

　　另外，創傷受害者也有述情障礙的現象，但這一現象在他們身上是次級病徵，也就是與某個具體事件有關。他們的述情障礙無疑是為了保護大腦意識不受過多痛苦情緒傷害，但同樣會帶來前述的不便。

　　這裡，我們提供一些方法來提高你對情緒的感知能力。

　　首先，當你接收到更多有關情緒的資訊時，你自然會更加注意自己的情緒。為了更認識這些情緒，閱讀介紹相關主題的書籍是還不錯的方法。但從我們的觀點來看，更好的辦法是閱讀小說、看電影——如果它們能讓你回憶起某些曾經經歷過、或曾自我禁止過的情緒，就能讓你對情緒有更好的感知力。

　　你也可以更加關注你的身體反應，因為生理的通報效果極佳，它會反應你當下經歷的情緒。一位患者告訴我們：「開會時，如果我感覺到心跳開始越來越快，通常是有人要陷害我的預感。」

　　最後，你可以諮詢心理醫生。目前的兩大治療流派：分析法和認知法，都有一特點：它們都幫助患者更認識自己的情緒，以更好的方式控制它們。我們在此處無暇細述[22]，但可以先說說他們是如何試圖達到上述的目標：

◆　分析法：使你重新經歷並闡釋幼年曾經歷過的情緒反應。整個過程由心理治療師帶領，他將臨時扮演再現場景中（至少在你的想像

裡）「父母」的角色。

◆ 認知法：使你探究當下伴隨情緒存在的內在想法和聲音；它們雖存
在，但你原先並沒有清楚意識到。這一治療法也有可能喚起你兒
時的記憶，想起當時如何形成了對他人和對自身情緒的「思考方
法」。

至於某些所謂的身體治療法，它會讓你更能察覺身體所揭露的情緒，進而
盡速修復情緒、使用這些資訊。

持續寫日記！

在一次實驗中，我們要求參加的學生在十五分鐘內寫下一個讓他們最
痛苦的經歷，然後接下來的四天也持續書寫。

大部分學生都寫了某位親友的逝去、兒時受到的虐待或羞辱，或父母
之間激烈的衝突。這時，我們要求另一組學生在同樣的時間內隨意寫下
一件經歷過的事。筆試結束後，寫下痛苦經歷的學生普遍心情都變得傷
心低落，他們的血壓也比別人高。這些都是意料之中的。但在四個月
後，這些寫下痛苦經歷的人竟比其他人的健康狀況更好，看心理醫生的
次數也更少。

這一研究[23]帶來了讓人驚訝的結果，隨後，有數十次同樣的實驗[24]都
肯定了書寫痛苦事件對心情、自尊、行為和健康帶來的正面影響。

專家們對這一改善進行了討論，嘗試解釋背後的機制。最主要的機制
（也是治療時的重點）便是讓人延長（十五分鐘）暴露於痛苦的回憶之
下，但同時以書寫的方式保有一定的控制力、更清晰的語句組織、對情
緒及回憶更清楚的理解，不再是「曇花一現」。許多參與者認為「對自
己更了解」，或「排解了一些負面的情緒」。

我們從這些研究中得出一條建議：若你想要同時改善你的情緒意識，

又不願意處理過多的負面情緒，那麼，請保持寫日記的習慣（不一定每天都要寫）。

你可以向實驗中得到最大幅度改善的學生們學習：他們不只記錄發生的事實，同時也寫下了事情引起的情緒、及情緒和事件之間的關係。那些用到「因為」、「由於」等邏輯關係詞的學生的改善情況最為正面、持久。

請注意，若你的狀況需要進行特別治療，單靠寫日記是不夠的。你可以將這一舉動作為健康的生活習慣，而不是治療精神問題的手段。

辨識他人的情緒：同理心的效應

想像一下，你現在在一間餐廳裡。你在菜單上發現了一道特別喜歡的菜，但在點菜時，餐館老闆粗魯地告訴你：「我們沒這道菜了！」另一天，你打算安排度假行程，找到了一家心儀的旅館，但就在要預訂時被不客氣地告知：「已經訂滿了！」對方說完就直接把電話掛了。

這樣的情景很有可能（除非你達到了我們都無法達到的超脫境界）會激怒你。不僅是因為對方沒能提供喜歡的餐點或心儀的住處，同時也因為對方對你的失望表示冷漠的態度。

在這個事例中的得失並不重要，但你的惱怒是真實的，會讓你在將來有意識地避開這間餐館和這家旅館。因此，對方若情緒能力更好，他／她可能會這樣回答：「啊，我真的很抱歉，我們今天沒有這道菜了」，或「真是太不巧了，我們剛好客滿了」。簡單地加入了「很抱歉」、「很不巧」這樣的詞語之後，你的失望顯然得到了理解（同理心），同時也表示對方在告知你事實的時候採用了照顧你感受的方式（同理心的表達）。

計程車與同理心

想像一下，你在某個熱得透不過氣的日子到計程車叫車處，想從市中心去

很遠的機場。在車隊的最前面，排著一輛窗門大開、沒有空調的車，而七月的陽光已經把人造皮的座位曬得發燙了。第二輛車是四門的四人小轎車，窗門緊閉，還貼有隔熱窗紙，一看就是有空調的。你想著，路途會比較長，而且法律也允許顧客在最前面的三輛車裡挑選自己最想要的一輛，於是你向有空調的那輛車走去。就在這時，從第一輛車裡走出一位滿身是汗的魁梧司機，他向你示意你必須坐他的車。

你回答他，你有權選擇你想要的車。

他滿臉憤怒地向你靠近。

你堅持強調自己作為客戶的合法權利，並堅決地要坐上有空調的計程車（但你發現這輛車的門鎖住了）。

這時會發生什麼事？

你繼續堅持自己的權利，司機則維護著他的立場，與此同時，酷暑已經讓你們兩個都變得非常易怒。周圍的人開始投來好奇的目光；同時兩人之間的氣氛也越來越僵，衝突一觸即發。

你也可能這時猛地想起，現在所做的這些，和平常給精神科門診患者們的建議截然相反。

回到現實：這時，滿頭大汗的司機平靜了下來，空調車的門打開了，這位精神科醫生駛上了一段涼爽的路程。怎麼會發生這樣的奇蹟？

很簡單，你做出了有優秀情緒能力的人會做的事，說道：「先生，請聽我說。我非常抱歉，我很理解這對你來說有多麼過分，你也在烈日下等候，但是，我真的不想一路上都頂著烈日……」在說這些話的時候，同時伴以友好且抱歉的手勢，不帶一點兒攻擊性的表情。

這裡所說的仍然是同理心（理解對方的情緒狀況）以及同理心的表達（告訴對方你理解他）。這麼做可以立刻減輕第一位司機的緊張感，讓他回到自己的車裡。雖然他在低聲抱怨，但他整個人明顯平靜了下來。

除此之外，從個人的、情緒的角度表達自己的願望（「我真的很希望……」），而非要維護某項規則（「這是我的權利」），也會讓對話回到

更平等的層面，而不是演變成一場支配權的爭奪戰。

這個事例並不適用於所有情況。一般來說，對方很可能一直表現得非常氣憤，並不會因你的同理心而平靜下來（比如說，「我能理解，我這樣追求你的太太／丈夫，你肯定會生氣，但我真的很喜歡她／他」）；在其他情形下，對方可能表現出完全不接納同理心的憤怒（詳見〈憤怒〉一章）。

同樣地，關於職場或家庭衝突的研究也均表示，同理心的表達會降低對方的敵意，而欠缺同理心的表達則會加深敵意。

以下便是一些範例，你可以從中看到這一區別：

情境	缺乏同理心的表達	善用同理心的表達
你的伴侶開車過快	慢點！你開得太快啦！	我知道你喜歡開快車，但這樣我身體不太舒服。
你的孩子不想和你一起去他爺爺家	你必須得去！不能不去看爺爺。	我知道你比較想待在家，但我希望你能和我一起去。
你的下屬沒有完成他答應要完成的工作	我告訴過你了，這個很趕著完成！很急，明白嗎？	我理解你有很多工作要做，但我很生氣。我真的急需這份東西。
（醫生）建議病人住院接受治療	我說的都是為了你好。我是醫生，我了解狀況。	當然，我明白你不想住院，我也能理解，但我向你保證，這是對你最好的辦法。
你的伴侶很疲勞，拒絕陪你一起去朋友家做客。	來吧，我們都說好了。你還是可以努力一下的。	我知道你不想去，但如果你能去的話我真的會很高興。

一些不喜表達同理心的人常會提出這樣的反對意見：

◆ 「表達同理心太浪費時間了，還要想那麼多說辭。」

經驗告訴我們事實恰好相反，同理心能夠節省時間。當我們缺乏同

理心時，時間會浪費在七嘴八舌、無止盡的爭吵中。

◆ 「表達同理心是在操縱別人。」

絕非如此。所謂操縱，是向他人隱瞞真實目的，或以不真誠的方式對待其他人的情緒。如果你非常清楚地表達了自己的要求，同時真誠地理解對方的觀點，那麼，同理心就不是一種操縱的表現。

◆ 「表達同理心不能保證對方會向你的觀點妥協。」

沒錯，但這仍然增加了達成共識的機會。並且無論如何，表達同理心都可以使你與對方保持一種有建設性的關係，保有未來繼續對話的可能。

對兒童的同理心

在某位醫生的候診室裡，一位母親因為上洗手間而離開了一會兒，託另一位母親照顧一下自己的女兒。但當女孩的母親離開後，女孩就開始哭泣。十歲的達米安認真地觀察著這個女孩，然後走過去，把自己的玩具放在她手裡。達米安所表達的就是同理心：他注意到了女孩的憂傷，並想要去安撫她。根據霍夫曼（M.L.Hoffman）[25] 的觀點，這樣的舉動意味著他至少跨過了成長過程中的兩個標誌性階段。

◆ 完全的同理心。一歲前的幼兒聽到另一個孩子哭聲便會跟著一起哭，這是一種反射性的同理心：幼兒無法區分自己與其他人的情緒，因而會被激起憂傷的情緒。

◆ 自我中心的同理心。幼兒開始區分自己和他人的情緒狀態（和他將自己視為獨立個體同時），並會向他人提議「他認為」有益的事物。例如，當一個孩子看到另一個孩子因為母親走遠而哭泣時，他會把自己的母親帶到對方面前，而非對方的母親。

◆ 對他人情緒的同理心。兒童開始意識到，即使在相同情境，他人

的情緒可能和自己的不同，提供的幫助也更符合對方需求。

到這一階段，兒童能在看見他人明顯表達的憂傷時表現同理心。

◆ **對他人處境的同理心。**在青春期開始之前不久，兒童就不只能同理他人表達出的情緒，同時也能同理與各種情境相連的感受（例如，理解一同學正因為父母的爭吵而處在痛苦之中）。他們也開始可以超越現實經驗，同理其他群體。

一個人同理心的發展對個人和社會都非常重要。研究表明，同理心會增加人們的互助行為，在兒童和成人中皆是如此。反之，缺乏同理心將導致更多的犯罪行為。

但，為了要表達同理心，我們必須先盡力理解對方的觀點。這對於簡單情境或關係親密的人來說並不難，但當情形更為複雜時就也相形困難。那麼，如何增加同理心和情緒能力呢？

我們有以下兩條簡單的建議：

仔細觀察對方的臉部變化

你也許記得，我們曾提過：人會不自覺地產生和情緒對應的臉部表情。有些人比其他人更善於控制自己的臉部反應，如法國主教塔列朗（Talleyrand，1754-1838）。他的傳奇之處在於，無論王朝如何更替──大革命、帝國變更、查理十世、路易‧菲利普，他一直都身居高位。人們傳說，他練就了無動於衷的功夫，當他與人交談時，即使有人從背後踢他一腳，你都不會察覺到任何異樣。

但大多數人無法做到完全掌握自己的臉部表情，尤其是在情緒來到後的最初幾秒。不要錯過這珍貴的片刻。

不過，當我們在交談時，尤其是當我們在維護自己的立場時，我們很可能

會專注於自己的說辭，而無暇注意對方的反應。但是，優秀的談判專家是不會犯這樣的錯誤的，在與人交談的時候，他們對對方轉瞬即逝的情緒非常警覺。

比較實用的例子，例如撲克牌高手們都會透過表情猜測對手的意圖，員警也會從嫌犯的臉部表情來初步判斷他是否在說謊。

但你也可以透過觀察他人的臉部表情，包括你所愛的人，進而更瞭解他們，避免傷害他們，以達到更好的交流。

練習主動傾聽和複述觀點

我們不會在這一練習上有過多著墨，但當今許多專業培訓中，這個技能的確屬於必授課程。要理解對方的觀點最好的方法之一，就是向對方確認你已經明白他所說的了：

「如果我理解得沒錯的話，你覺得讓你做晚餐很不公平，因為你工作已經很辛苦了，對嗎？」

「我覺得，你之所以不高興，是因為我沒有和你商量就做了這個決定。」

當兩人對話的火藥味越來越濃時，請用不同的方式複述一遍對方的觀點，讓對方確認你理解得沒錯。你會發現，對方會立刻變得不那麼緊張了。

將這兩個建議相結合後，你在與他人交談時可能會先停下來評估對方的情緒狀況：「我說的話是不是有點讓你困擾？」

通過一系列實例，我們已經看到，同理心可以減輕憤怒，也可以對其他負面情緒如悲傷、罪惡感等產生影響。知名心理治療學校的創辦者卡爾·羅傑斯（Carl Rogers）甚至將同理心列為心理醫生的三大品格之一（另兩大品格為真誠及無條件地接納患者）。之後的研究也確認，無論醫生採用的治療方式是哪一種，此一特質對於心理治療都有決定性的意義。

在練習你的同理心時，你會與他人建立更和諧的關係，同時也會減少造成負面情緒的因素；表達不同意見時，他人也會更容易接受你的表達。

學會與情緒共處

要	不要
在顧及事實背景的情況下表達情緒	事後才「發洩」情緒
與能夠理解你的人對話	沉浸於自己的負面情緒中
注意身體健康，選擇健康的生活方式，減少危機因子	認為一切都是心理問題
增加正面情緒表達，管理負面情緒	認為一切都是生理問題
承認你的情緒	重複犯同樣的錯誤
關注他人的情緒	只關注自己的觀點
複述他人的觀點	重複強調自己的觀點

謝辭
Remerciements

現在我們已經認識他們，

就可以比從前少懷疑一些。

因我們看到他們本質皆良善，

而我們只需避免過多或錯誤使用。

——笛卡爾，《論靈魂的情感》（Traité des passions de l'âme）

感謝凱瑟琳·梅爾（Catherine Mayer）及讓-路克·費德爾（Jean-Luc Fidel）在我們的創作期間提供建議、總是非常有建設性的批評及時間精力。也感謝 Odile Jacob 出版社團隊，在這本書成書不同階段都提供許多協助。最後感謝 Odile Jacob 本人，他的鼓勵和評語對我們來說十分珍貴。

本書向情緒心理學領域裡進行的長期系統性研究致敬。這些研究讓我們了解，情緒和我們的理智是不可分離的。

注釋及參考書目

第一章
情緒啊，情緒
Émotions, émotions

1. Aron E, *Ces gens qui ont peur d'avoir peur*, Montréal, Le Jour, 1999.

2. Damasio A., *L'Erreur de Descartes*, Paris, Poches Odile Jacob, 2001.

3. Furetière A. de, *Les Émotions*, Cadeilhan, Zulma, 1998.
   Philippe Brenot 的序言尤其值得一讀。

4. Ekman P, *Basic Emotion in Handbook of Cognition and Emotion*, Tim Dalgleish et Mick J Power éd., New York, John Wiley, 1999.

5. De Waal F., *De la reconciliation chez les primates*, Paris, Flammarion, 1992.
   其他推薦作品：
   De Waal F., *Le Bon singe*, Paris, Bayard Éditions 1997.
   Kummer H., *Vie de singe*, Paris, Éditions Odile Jacob, 1993.

6. Mayr E., *Darwin et la pensée modern de l'évolution*, Paris, Éditions Odile Jacob, 1993.

7. Diamond J., *Le Troisième Chimpanzé*, Paris, Gallimard, 2000.

8. Cité par Gould S.J., *Darwin et les grandes énigmes de la vie*, Paris, Le Seuil, 1997, p. 24.

9. *Totem et Tabou*, Paris, Payot, p. 189
   Cinq Essais de Psychanalyse, Paris, Payot.

10. *Ibid.*, p. 18.
    佛洛伊德在 p. 87 延伸說明：「人類到此為止的演化過程，對我來和動物界沒有不同。」

11. Cornelius R. « The facial feed-back hypothesis », *Science of Emotion*, Upper Saddle River, Prentice Hall, 1996, p. 100-107.

12. Cottraux J., Blackburn I., *Les Thérapies cognitives de la dépression*, Paris, Masson, 1995.

13. Averill J., *Studies in Anger and Agression: Implication for Theories and Emotion, American Psychologist*, 38, 1983, p. 1145-1180.

14. Mead M., *Moeurs et Sexualité en Océanie*, Paris, Plon, 1963.

15. Ekman P., *op. cit.*

第二章
憤怒
La colère

1. Ekman P., postface à Darwin C., *The Expression of the Emotions in Man and Animals*, New York, Oxford University Press, 1998.

2. *Ibid.*, p. 305.

3. *Ibid.*

4. Scherer, K. R. et Wallbot G. H., « Evidence for Universality and Cultural Variation of Different Emotion Response Patterning », *Journal of Personality and Social Psychology*, 66, 1994, p. 310-328.

5. De Waal F, *op. cit.*

6. Berkowitz L., *Anger, Handbook of Cognition and Emotion Tim Dalgleish*, Mick J Power éd., New York, John Wiley.

7. Fitness J., « Anger in the Workplace: An Emotion Script Approach to Anger Episodes between Workers and Their Superiors, Co-Workers and Subordinates », *Journal of Organisational Behavior*, 21, 2000, p. 147-162.

8. Lelord F., Audré C., *Comment gérer les personnalités difficiles*, Paris, Poches Odile Jacob, 2000.

9. Pietrini P., Guazelli M., Basso Jaffe K., Grafman J., « Neural Correlates of Imaginal Agressive Behavior Assessed by Positron Emission Tomography in Healthy Subject », *American Journal of Psychiatry*, 157, 11, 2000, p. 1772-1781.

10. Proust M., *Le côté de Guermantes*, Paris, Gallimard, 1954, La Pléiade, p. 180.

11. Joyce J., *Gens de Dublin*, Gallimard, 1974, Folio, p. 169.

12. Dantzer R., *L'Illusion Psychosomatique*, Paris, Éditions Odile Jacob, 1989, p. 139.

13. Freud S., *Le Moi et les mécanismes de défense*, Paris, PUF, 1996.

14. Vaillant G. E., *Ego Mechanism of Defense*, Washington, American Psychiatric Press, 1992.

15. Lewis K. M., « When Leaders Display Emotions: How Followers Respond to Negative Emotional Expression of Male and Female Leaders », *Journal of Organisational Behavior*, 21, 2000, 221-234.

16. Lepoutre D., *Coeur de Banlieue*, Paris, Éditions Odile Jacob, 1998, p. 171.

17. *Ibid.*

18. Proust M., *op. cit.*, p. 498.

19. Boyd W., *Les Nouvelles confessions*, Paris, Le Seuil, 1995, p. 498.

20. Briggs J., *Never in Anger*, Cambridge, Harvard University Press, 1970.

21. Ernaux A., *La Honte*, Paris, Gallimard, 1997.

22. Gottman, J. M, *What predicts divorce?*, New York, Lawrence Elbaum Associates, 1994.

23. Kennedy-Moore E., Watson J. C., « Men, Women and the Language of Love », *Expressing Emotion*, New York, the Guilford Press 1999.

24. Dufreigne J.-P., *Bref traité de la colère*, Paris, Plon, 2000.

25. DSM IV, *Critères diagnostique*, Paris, Masson.

26. Gray J.-J., « Techniques to Cool the Anger », *Cognitive and Behavioral Practice*, 1999, 6, p. 284-286.

27. Williams J. E., Paton C. C., Siegler I. C., Eigenbrodt M. L., Nieto F. J., Tyroler H. A., « Anger Proneness Predicts Coronary Heart Disease Risk: Prospective Analysis from the Atherosclerosis Risk in Communities (ARIC) Study », *Circulation* 101, 17, 2000, p. 2034-9.

28. Kop W. J., « Chronic and Acute Psychological Risk Factors for Clinical Manifestations of Coronary Artery Disease », *Psychosom.* Med., 61, 4, 1999, p. 476-87.

29. Kennedy-Moore E., Watson J. C., « The Myth of Emotional Venting », *Expressing*

Emotion, New York, The Guilford Press, 1999.

30. Berkowitz L., « Aversive Events as Anger Sources », *Handbook of Cognition and Emotion*, T. Dalgleish and M. Power éd., New York John Wiley, 1999.

31. Lorenz K., *L'Agression, une histoire naturelle du mal*, Champs, Flammarion, p. 61.

32. Lutz C. A., *Unnatural Emotions*, Chicago, The University of Chicago Press, 1988.

33. Van Rillaer J., *Les Colères*, Bernet Danilo, 1999.

34. Ellis A., *Reason and Emotion in Psychotherapy*, New York, Birch Lane, 1994.

35. Cowe M. et Ridley J., *Therapy with Couples*, Oxford, Blakwell, 1990.

36. De Waal F., *op. cit.*

第三章
羨慕
L'envie

1. Parrot W. G., Smith R. H., « Distinguishing Expression of Envy and Jealousy », *Journal of Personality and Social Psychology*, 64, 1993, p. 906-920.

2. Alberoni F., *Les Envieux*, Paris, Plon, 1995.

3. East H. P. et Watts F. N., « Jealousy and Envy », *Handbook of Cognition of Emotion*, Tim Dalgleish et Mick Power éd., New York, John Wiley, 1999.

4. Freud S., *Essais de psychanalyse*, Paris, Payot, 1981.

5. De Waal F., *Le Bon Singe*, Paris, Bayard Edition, 1997.

6. Wright R., *L'Animal moral*, Paris, Michalon, 1995.

7. Rawls J., *Théorie de la justice*, Paris, Le Seuil, 1997.

8. Orwell G., *La Ferme des animaux*, Paris, Gallimard, 1984.

9. Boyd W., *Un Anglais sous les tropiques*, Paris, Le Seuil, 1995

10. Girard R., *La Violence et le sacré*, Paris, Livre de Poche/biblio, 1982.

11. Alberoni F., *op. cit.*

12. Buss D. M., *Evolutionary Psychology: The New Science of Mind*, Needham Heights, Allyn and Bacon, 1999, p. 366-367.

13. Friedman H., S., Miller-Herringer T., « Nonverbal Display of Emotion in Public

and Private: Self-monitoring, Personality and Expressive Cues », *Journal of Personality and Social Psychology*, 61, 1991, p. 766-775.

第四章
喜悅、快樂、幸福
Joie, bonne humeur, bonheur, etc.

1. Diener E., Lucas R. E., « Subjective Emotional Well-Being », *Handbook of Emotions*, M. Lewis, J. M. Havilland Ed., New York, The Guilford Press, 2000.

2. Diamond J., *op. cit.*

3. *Duchenne de Boulogne, Catalogue de l'exposition*, Paris, École nationale supérieure des beaux-arts, 1999.

4. Ekman P., préface à Darwin C., *op. cit.*

5. Gottman, J. H., *ibid.* p. 203.

6. *Ibid.*

7. Kennedy-Moore E., Watson J. C., *op. cit.*

8. *Nozick R., Méditation sur la vie*, Paris, Éditions Odile Jacob, 1995.

9. *Le Monde*, 8 janvier 2000.

10. Isen A. M., « Positive Affect », *Handbook of Emotion and Cognition, op. cit.*

11. Isen A. M., « The Effect of Feeling Good on Helping: Cookies and Kindness », *Journal of Personality and Social Psychology*, 48, 1972, p. 1413-1426.

12. Isen A. M., Daubman K. A., Nowicki G. P., « Positive Affect Facilitates Creative Problem Solving », *Journal of Personality and Social Psychology*, 52, 1987, p. 1122-1131.

13. Estrada C. A., Young M. J., Isen A. M., « Positive Affects Influences Creative Problem Solving and Reported Sources of Practice Satisfaction in Physicians », *Motivation and Emotion*, 18, 1994, p. 285-299.

14. Isen A., *op. cit.*

15. *Ibid.*

16. Kraiger K., Billing R. S., Isen A. M., « The Influence of Positive Affect on Tasks

Perception and Satisfaction », *Organisational Behavior and Human Decisions Processes*, 44, 1989, p. 12-25.

17. Averill J. R., More T. A., « Happiness », *Handbook of Emotions, op. cit.*

18. Karasek R. A., « Lower Health Risk with Increased Job Control among White Collar Workers », *F. Organiza Behav.*, 11, 1990, p. 171-185.

19. Piedmont R. L., McCrae R. R. et Costa P. T., « Adjective Check List Scales and the Five-Factor Model », *Journal of Personality and Social Psychology*, 60, 1991, p. 630-637.

20. De Neve, Cooper H., « The Happy Personality: A Meta-analysis or 137 Personality Traits and Subjective Well-Being », *Psychological Bulletin*, 124, 1998, p. 197-229.

21. Cage N., *Onassis et la Callas*, Paris, Robert Laffont, 2000, p. 315.

22. Rolland J.-P., « Le bien-être subjectif: Revue de questions », *Pratique psychologique*, n° 1, 2000.

23. Michalos A. C., « Multiple Discrepancies Theory », *Social Indicator Research*, 16, 1986, p. 347-413.

24. Diener E., Suh M. E., Lucas R. E., Smith H., « Subjective Well-Being: Three Decades of Progress », *Psychological Bulletin*, 125, 1999, p. 276-302.

25. Diener E., Diener C., « Cross-Cultural Correlates of Life Satisfaction and Self-Esteem », *Journal of Personality and Social Psychology*, 68, 1995, p. 653-663.

26. Hagerty, M. R., « Social Comparisons of Income in One's Community: Evidence from National Surveys of Income and Happiness », *Journal of Personality and Social Psychology*, vol. 78 (4), avr. 2000, p. 764-771.

27. Diener E., Diener M., Diener C., « Factors Predicting the Subjective Well-Being of Nations », *Journal of Personality and Social Psychology*, 69, 1995, p. 851-864.

28. Watson D., Pennebaker J. W., « Health Complaints, Stress and Distress: Exploring the Central Role of Negative Affectivity », *Psychological Review*, 96, 1989, p. 234-254.

29. Rolland J.-P., *op. cit.*

30. Diener E., Lucas R. E., « Subjective Well-Being », *Handbook of Emotions, op. cit.*, p. 3.

31. Ibid.

32. Rascle N., « Le soutien social dans la relation stress-maladie », *Introduction à la psychologie de la santé*, Marilou Bruchon Schweitzer et Robert Dantzer éd., Paris, PUF, 1994.

33. Rolland J.-P., *op. cit.*

34. *Ibid.*

35. *Ibid.*

36. Myers, D. G., « The Funds, Friends, and Faith of Happy People », *American Psychologist*, vol. 55, 1, 2000, p. 56-57.

37. Soljenitsyne A. I., *Une journée d'Ivan Denissovitch*, Paris, Pocket, 1988, p. 119.

第五章
悲傷
La tristesse

1. *The Mystery of Fosef Mengele*, Greystone Communications Inc.

2. Post F., « Verbal Creativity, Depression and Alcoholism: An Investigation of One Hundred American and British Writers », *British Journal of Psychiatry*, 1996, vol. 168, 5, p. 545-555.
   在有關文學大師的心理研究裡，我們發現有極高比例的人患有憂鬱症及酗酒症狀。

3. Thomas-Maleville A., *Hector Malot, l'écrivain au grand coeur*, Paris, Éditions du Rocher, 2000.

4. Ekman P., commentaire à Darwin C., *op. cit.*

5. Kennedy-Moore E., Watson J. C., « Effect of Crying in Arousal », *Expressing Emotions, op. cit.*

6. Ekman P., *op. cit.*

7. Cunningham M. R. « What do you do when you are happy or blue? », *Motivation and Emotion*, 12, 1998, p. 309-331.

8. Freud S., *Deuil et Mélancolie*, Paris, Gallimard, 1968.

9. Dagerman S., *Notre besoin de consolation est impossible à rassasier*, Arles, Actes Sud.

值得注意的是，作者 Dagerman 在小時候曾被拋棄、後被領養。

10. Coynes *and al.*, « The Other Side of Support: Emotional Overinvolvement and Miscarried Helping », *Marshaling Social Support: Format, Processes and Effect*, 1988, p. 305-306, Newbury Park CA.

11. Lane R. C., Hbofal I. E., « How Loss Affects Anger and Alienates Potential Supporters », *Journal of Consulting and Clinical Psychology*, 60, 1992, p. 935-942.

12. Stevens A. B., Price J, S., *Evolutionary Psychiatry: A New Beginning*, London, Routledge.

13. Price J. S., Slaman L., « Depression as a Yielding Behavior: An Animal Model Based on the Schjelderup-Ebhes Pecking Order », *Ethology and Sociobiology*, 8, 1987, p. 85-89.

14. Smith R. K., Brain P., « Bullying in Schools Lessons from Two Decades of Research », *Aggressive Behavior*, vol. 26, 1, 2000, p. 1-9.

15. Boyd W., « Bons et mauvais en sport », *Visions fugitives*, Paris, Le Seuil, 2000.

16. Rob L., « Cooperation between Parents, Teachers, and School Boards to Prevent Bullying in Education: An Overview of Work Done in the Netherlands », *Aggressive Behavior*, vol. 26, 1, 2000, p. 125-134.

17. Hirogoyen M.-F., *Le Harcèlement moral*, Paris, Syros, 1997.

18. Pageat P., *L'Homme et le chien*, Paris, Editions Odile Jacob, 1999.

19. Lorenz K., *op. cit.*

20. Kennedy-Moore E., Watson J. C., « Empathy and Sympathy », *Expressing Emotions, op. cit.*

21. Briggs J., *op. cit.*

22. Barre- Zisowitz C., « Sadness— Is There Such a Thing? », *Handbook of Emotions, op. cit.*

23. Lutz C. A., *Unnatural Emotions*, Chicago, University of Chicago Press, 1988.

24. Abu-Lughod L., *Veiled Sentiments*, Berkeley, University of California Press, 1986,

cité in Barre-Zisowitz C., *op. cit.*

25. George M. S., Ketter T. A. Parekh P. I., Herscovitch P., Post R. M., « Gender Differences in Regional Cerebral Blood Flow during Transient Self-Induced Sadness or Happiness », *Biol. Psychiatry*, 40, 9, 1996, p. 859-871.

26. George M. S., Ketter T. A., Parekh P. I., Horwitz B., Herscovitch P., Post R. M., « Brain Activity During Transient Sadness and Happiness in Healthy Women », *Am. J. Psychiatry*, 152, 3, 1995, p. 341-351.

27. Vincent-Buffault A., *Histoire des larmes*, Paris, Rivages, 1993.

28. Durrell, L. *Mountolive, The Alexandria quartet*.

29. Gamino, L. A., Sewell K. W., Easterling L. W., « Scott & White Grief Study: An Empirical Test of Predictors of Intensified Mourning », *Death Studies*, 22, 1998, p. 333-355.

30. Bowlby J., *Attachement et perte*, Paris, PUF, 1984.

31. Prigerson H. G., Bierhals A. J., Kasl S. V., Reynolds C. F., Shear M. K., Day N., Beery L. C., Newsom J. T., « Traumatic Grief as a Risk Factor for Mental and Physical Morbidity », *Am. J. Psychiatry*, 154, 5, 1997, p. 616-623.

32. Kissane D. W., Bloch S., Onghena P., McKenzie D. P., Snyder R. D., Dowe D. L., « The Melbourne Family Grief Study », II: « Psychosocial Morbidity and Grief in Bereaved Family », *Am. J. Psychiatry*, 153, 1996, p. 659-666.

33. Cottraux J., Blackburn I., *op. cit.*

34. Freud S., *Deuil et Mélancolie*, Paris, Gallimard, 1968.

35. Fava M. J., *Clin. Psychiatry*, 1998, 59, suppl 18, p. 18-22.

36. Braconnier A., Jeanneau A., « Anxiété, Agressivité, Agitation et Dépression: Aspects Psychopathologiques », *Encéphale*, 1997, 3, p. 43-47.

37. Rozin P., Haidt J., Mc Cauley C. R., « Disgust, the Body and Soul Emotion », *Handbook of Cognition and Emotion, op. cit.*

38. Ekman P., « The Universality of Contempt Expression: A Replication », *Motivation and Emotion*, 12, 1988, p. 303-308.

39. Power M. J., « Sadness and Its Disorders », *Handbook of Cognition and Emotion, op. cit.*, p. 511.

40. *Ibid.*, p. 503.

41. Rosaldo M. Z., *Knowledge and Passion: Ilongot Notions of Self and Social Life*, New York, Cambridge University Press, 1980.

42. Kennedy-Moore E., Watson J. C. *op. cit.*

43. Bourgeois M.-L., *2000 Ans de mélancolie*, Paris, NHA, 2000.

44. Campion L. A., Power M. J., « Social and Cognitive Approach to Depression: A New Synthesis », *British Journal of Clinical Psychology*, 34, 1995, p. 485-503.

45. Joiner T. E. « Negative Attributional Style, Hopelessness Depression and Endogenous Depression », *Behaviour Research end Therapy*, 39, 2001, p. 139-150.

第六章
羞恥
La honte

1. Le *Robert*.

2. Kaufman G., *The Psychology of Shame*, New York, Springer, 1996.

3. Rimmé B., Mesquita H., Phillipot P., Boca S., « Beyond the Emotional Moments: Six Studies of the Social Sharing of Emotion », *Cognition and Emotion*, 5, 1991, p. 435-465.

4. Retzinger S. M., « Shame in the Therapeutic Relationship », *Shame*, Gilbert P. et Andrews B. ed., New York, Oxford University Press, 1998.

5. Lewis M., « Self-Concious Emotions », *Handbook of Emotions, op. cit.*

6. Goffman E., *Stigmate*, Paris, Minuit, 1974.

7. Darwin C., *The Expression of the Emotions in Man and Animals, op. cit.*

8. Keltner D., Harker L. A., « The Form and Function of the Nonverbal Signal of Shame », *Shame, op. cit.*

9. Conrad J., *Lord Jim*, Paris, Gallimard, 1988.

10. Kafka F., *La Métamorphose*, Paris, Gallimard, 1990.

11. Ernaux A., *op. cit.*

12. Aguéev M., *Roman avec cocaine*, Paris, 10/18, 1998.

13. Pujo B., *Vincent de Paul, le précurseur*, Paris, Albin Michel, 1998.

14. Schnitzler A., *Mademoiselle Else*, Paris, Âme d'oeil, 1999.

15. Keltner D., Harker L. A., *op. cit.*

16. Semin G. R., Manstead A. S. R., « The Social Implication of Emotional Display and Restitution Behavior », *European Journal of Social Psychology*, 66, 1982, p. 310-328.

17. *Le Cerveau en émoi*, réal, Anne Georget, La Sept/Arte, 1998.

18. Keltner D., Harker L. A., *op. cit.*

19. Buss D. M., *Self-Consciousness and Social Anxiety*, San Francisco, Freeman, 1980.

20. Tangney J. P., « Shame, Guilt, Embarrassment and Pride », *Handbook of Cognition and Emotions, op. cit.*

21. Lewis M., «The Emergence of Human Emotions », *Handbook of Emotions, op. cit.*

22. Ekman P., *Telling Lies: Clues to Deceit in the Marketplace, Politics, and Marriage*, New York, Norton, 1992.

23. Lepoutre D., *op. cit.*

24. Tangney J. P., Wagner P. E., Fletcher C., Gramzow R., « Shamed into Anger? The Relation of Shame and Guilt to Anger and Self-Reported Aggression », *Journal of Personality and Social Psychology*, 103, 1992, p. 469-478.

25. Gilbert P., «What Is Shame? », *Shame, op. cit.*

26. Kendall-Tacket K. A., Williams L. M., Fikelhor D., « Impact of Sexual Abuse in Children: A Review and A Synthesis of Recent Empirical Studies », *Psychological Bulletin*, 113, 1993, p. 164-180.

27. Lazare, A., « Shame and Humiliation in the Medical Encounter », *Arch. Intern, Med.*, 147, 1987, p. 1653-1658.

28. Tangney J. P., Wagner P. E., Hill-Barlow D. et al., « Relation of Shame and Guilt to Constructive Versus Destructive Responses to Anger across the Lifespan », *J. Pers. Soc. Psychol.*, 70, 4, 1996, p. 797-809.

29. Tangney J. P., *op. cit.*

30. André C., Légeron P., *La Peur des autres*, Paris, Éditions Odile Jacob, 2000.

31. Tangney J. P., *op. cit.*

32. Hemingway E., *Paris est une fête*, Paris, Gallimard, 1964, p. 213-215.

33. Kramer P. D., « How crazy was Zelda? », *New York Times*, 1er décembre 1996.

34. Kaufman G., *The Psychology of Shame*, New York, Springer, 1996, 2e éd.

第七章
嫉妒
La jalousie

1. 1998 年的家暴數據：www.msp.gouv.gc.ca.

2. Buss D. M., *The Dangerous Passion: Why Jealousy is as Necessary as Love and Sex*, New York, The Free Press, 2000, p. 117-130.

3. Mead M., *op. cit.*

4. Buss D. M., *op. cit.*

5. Mead M., *op. cit.*

6. Freeman D., *Margaret Mead and Samoa: the Making and Unmaking of an Anthropological Myth*, Cambridge, Harvard University Press, 1983.

7. Wright R., *op. cit.*, p. 79-81.

8. Dijsktra P., Buunk B., « Jealousy as a Function of Rival Characteristics: An Evolutionary Perspective », *Personality & Social Psychology Bulletin*, vol. 24, 11, 1998, p. 1158-1166.

9. Buss D. M., Dedden L. A., « Derogation of Competitors », *Journal of Personality*, 59, 1990, p. 179-216.

10. Proust M., *Du côté de chez Swann*, Paris, Gallimard, 1954, La Pléiade, p. 363.

11. Buss D. M., *Evolutionary Psychology, op. cit.*, p. 18-22.

12. Wright R., *op. cit.*, p. 13-24.

13. Diamond J., *op. cit.*

14. Wright R., *op. cit.*, p. 130.

15. Wright R., *op. cit.*, p. 93.

16. Buss D. M., Shakelford T. K., Kirckpatrick L. A., Choe J., Asegawa M., Asegawa T., Bennet K., « Jealousy and the Nature of Beliefs about Infidelity: Test of

Competing Differences about Sex Differences in the United States, Korea and Japan », *Personal Relationships*, 6, 1989, p. 125-150.

17. White G. L., Mullen P. E., *Jealousy: Theory, Research, and Clinical Strategies*, New York, The Guilford Press, 1989.

18. Kundera M., *op. cit.*, p. 73.

19. Buss D. M., (2000) *The Dangerous Passion, op. cit.*, p. 169-170.

20. East M. P., Watts F.N., « Jealousy and Envy », *Handbook of Cognition and Emotions, op. cit.*, p. 580.

21. Bringles R. G., «Psychosocial Aspect of Jealousy: A Transactional Model », *The Psychology of Jealousy and Envy*, Salovey éd., New York, The Guilford Press.

22. Ayoub M., *La Vérité*, Paris, Michel Lafon, 2000.

23. Misky J., *The Eskimos of Greenland*, Cooperation and Competition Among Primitive Peoples, Mead M. éd., New York, Mac Graw Hill, 1937. Cité par East M. P. et Watts F. N.

24. Wright R., *op. cit.*, p. 303.

第八章
恐懼
La peur

1. Crichton M., *Voyages*, Paris, Rockett, 1998, p. 357.

2. Curtiss G. C., Magee W. J., Eaton W. W. et coll., « Specific Fears and Phobias: Epidemiology and Classification », *British Journal of Psychiatry*, 1998, 173, p. 212-217.

3. *Ibid*.

4. Comte-Sponville A., *Petit Traité des grandes vertus*, Paris, PUF, 1995.

5. Delumeau J., *La Peur en Occident*, Paris, Fayard, 1978, p. 21.

6. Stengers I., Van Neck A., *Histoire d'une grande peur: la masturbation*, Paris, Les Empêcheurs de penser en rond, 1998.

7. Duché J. D., *Histoire de la masturbation*, Paris, PUF, 1994, Que sais-je ?

8. Hagakure, *Le Livre secret des Samouraïs*, Paris, Tredaniel, 1999.

9. Offenstadt N., *Les Fusillés de la Grande Guerre*, Paris, Éditions Odile Jacob, 1999.

10. Belmont N., *Comment on fait peur aux enfants*, Paris, Mercure de France, 1999.

11. Wells A. et coll., « Social Phobia: A Cognitive Approach », *Phobias*, Davey G. C. L. éd., Chichester, Wiley, 1997.

12. Öhman A. et coll., « Unconscious Anxiety: Phobic Response to Masked Stimuli », *Journal of Abnormal Psychology*, 1994, 103, p. 231-240.

13. Stopa L. et coll., « Social Phobia and Interpretation of Social Events », *Behaviour Research and Therapy*, 2000, 38, p. 273-283.

14. Lavy E. et coll., « Selective Attention Evidence by Pictorial and Linguistic Stroop Tasks », *Behavior Therapy*, 24, 1993, p. 645-657.

15. Bear M. F. et coll., *Neuroscience: Exploring the Brain*, New York, Willams and Wilkins, 1996.

16. Demazière A., « Encyclopédie des mots historiques », *Historama*, Paris, 1970.

17. Rachman S., « Fear and Courage among Military Bomb Disposal Operators », *Advances in Behaviour Resarch and Therapy*, 1983, 6, p. 275-285.

18. Mc Farland D., *Dictionnaire du comportement animal*, Paris, Robert Laffont, 1990.

19. Bertenthal B. I. et coll., « A Re-examination of Fear and Its Determinants on the Visual Cliff », *Psychophysiology*, 1984, 21, p. 413-417.

20. Garber S., *Les Peurs de votre enfant*, Paris, Éditions Odile Jacob, 1997.

21. Seligman M., « Phobias and Preparedness », *Behavior Therapy*, 1971, 2, p. 307-320.

22. Cook M. et coll., « Selective Associations in the Origins of Phobia Fears and Their Implications for Behavior Therapy », *Handbbok of Behavior Therapy and Psychological Science*, Martin P. éd., New York, Pergamon Press, 1991.

23. Kagan J., *La Part de l'inné*, Paris, Bayard Éditions, 1999.

24. Muris P. et coll., « How Serious Are Common Childhood Fears? », *Behaviour Research and Therapy*, 2000, 38, p. 217-228.

25. Brewin C. R. et coll., « Psychopathology and Early Experience: A Reappraisal of Retrospective Reports », *Psychological Bulletin*, 1993, 113, p. 82-98.

26. Muris P. et coll., « Children's Nighttime Fears: Parent-Child Ratings of Frequency, Contents, Origins, Coping Behaviors and Severity », *Behaviour Research and Therapy*, 2001, 39, p. 13-28.

27. Émery J.-L., *Surmontez vos peurs: Vaincre le trouble panique et l'agoraphobie*, Paris, Éditions Odile Jacob, 2000.

28. André A., Légeron P., *op. cit.*

29. Lopez G., Sabourand-Séguin A., *Psychothérapies des victimes*, Paris, Dunod, 1998.

30. Hare R. D., « Psychophysiological Studies of Psychopathy », *Clinical Applications of Psychophysiology*, New York, Columbia University Press, 1975.

31. André G., *Les Phobies*. Paris, Flammarion, 1999.

32. Hagakure, *op. cit.*

33. Mumby M., Johnson D. W, « Agoraphobia, the Long-Terme Follow up of Behavioral Treatment », *British Journal of Psychiatry*, 137, 1980, p. 418-427. 也可以在以下書籍找到更完整的內容：Lelord F., *Les Contes d'un psychiatre ordinaire*, Paris, Poche Odile Jacob, 2000.

第九章
愛？
Et l'amour?

1. Freud S., *Contribution à la psychologie de la vie amoureuse*, III, 1917, Paris, RFP, 1933, 6, n° 1.

2. Darwin C., *The Expression of the Emotions in Man and Animals, op. cit.* p. 363-398.

3. Bloch S., Orthous P., Santibaniez H. P., « Effector Patterns of Basic Emotions: A Psychological Method for Training Actors », *Journal of Social and Biological Structures*, 10, 1987, 1-19.

4. Bloch S., Lemeignan M., Aguilera N. T., « Specific Respiratory Patterns Distinguish among Human Basic Emotions », *International Journal of Psychophysiology*, 11, 141-154.

5. Izard C. E., « Basic Emotions, Relation among Emotions and Cognition-Emotion Relations », *Psychological Review*, 99, 1992, p. 561-565.

6. Robertson J., *A 2-Year-Old Goes to Hospital* (film), University Park PA, 1953, Penn State audiovisual Service.

7. Bowlby J., *op. cit.*

8. Karen R., *Becoming Attached*, Oxford, Oxford University Press, 1998.

9. *Ibid.*, p. 172.

10. *Ibid.*, p. 182.

11. Kagan J., *op. cit.*

12. Hazan C., Shaver P., « Romantic Love Concept as An Attachment Process », *Journal of Personality and Social Psychology*, 52, 1987, 511-324.

13. Kagan J., *Des idées reçues en psychologie*, Paris, Éditions Odile Jacob, 2000.

14. Zazzo R., *L'Attachement*, Neuchâtel, Paris, Delachaux et Niestlé, 1979.

15. Proust M., *Sodome et Gomorrhe*, Paris, Gallimard, La Pléiade, p. 707.

16. Wright, R., *op. cit.*, ch. 3.

17. Kundera M., *op. cit.*, p. 144.

18. Cohen A., *Belle du Seigneur*, Paris, Gallimard, 1968, Folio, p. 780.

19. *Ibid.*, p. 409.

20. Buss D. M., « Men's Long-Term Mating Strategies », *Evolutionary Psychology, op. cit.*

21. Buss D. M., Schmitt D. P., « Sexual Strategies Theory: An Evolutionary Perspective on Human Mating », *Psychological Review*, 100, 1993, p. 204-232.

22. Sternberg R. J., « A Triangular Theory of Love », *Psychological Review*, 93, 1986, p. 119-135.

23. Hatfield E., Schmitz E., Cornelius J., Rapson R. L., « Passionate Love: How Early It Begins ? », *Journal of Psychology and Human Sexuality*, 1, 1988, p. 32-35.

24. Hatfield E., Rapson R.L., « Love in Children », *Handbook of Emotions, op. cit.*, p. 655.

25. Capillano Bridge at Vancouver. Dutton D., Aron A., « Some Evidence of Heightened Sexual Attraction under Conditions of High Anxiety », *Journal of*

Personality and Social Psychology, 30, 1974, p. 510-517.

26. Ovide, *L'Art d'aimer*, Paris, Gallimard, 1974, Folio, p. 27.

27. Peele S., Brodsky A., *Love and Addiction*, New York, Taplinger, 1975.

28. Hatfield E., Rapson R. L., « The Costs of Passionate Love in Love and Attachment Processes », *Handbook of Emotions, op. cit.*

29. Bille-Brahe U., Scmidtke A., « Conduites suicidaires des adolescents: la situation en Europe », *Adolescence et suicide : Des aspects épidémiologiques aux perspectives thérapeutiques*, Paris, Masson, 1995, p. 18-38.

30. Abramovici P., « Les jeux dispendieux de la corruption mondiale », *Le Monde diplomatique*, novembre 2000.

31. Smith and Hoklund, 1988.

32. Rougemont D. de, *L'Amour et l'Occident*, Paris, 10/18, 1979.

33. Mead M., *op. cit.*, p. 492-510.

34. Ovide, *op. cit.*, p. 127.

35. Van Gulik R., *La Vie sexuelle dans la Chine ancienne*, Paris, Gallimard, 1971, Tel, p. 48.

36. Flandrin J.-L., *Le Sexe et l'Occident*, Paris, Le Seuil, 1981.

第十章
如何和情緒共處？
Comment vivre avec ses émotions

1. Kennedy-Moore E., Watson J. C., « The Myth of Emotional Venting », *Expressing Emotion, op. cit.*

2. Kennedy-Moore E., Watson J. C., « Effects on Crying on Arousal the Myth of Emotional Venting », *Expressing Emotion, op. cit.*

3. Baumeister R. F., Bushman B. J., Stack A. D., « Catharsis, Aggression, and Persuasive Influence », *Self-Fulfilling or Self-Defeating Prophecy*, vol. 76, n° 3, p. 367-376.

4. Anderson, Dill, « Video Games and Aggressive Thoughts, Feelings and Behavior

in the Laboratory and Life », *Journal of Personality and Social Psychology*, 2000, 78, p. 772-790.

5. Glantz S. A., Slade J., et al., *The Cigarette Papers*, Berkeley, Los Angeles, Londre University of California Press, 1996.

6. Gabbard G.O., *Psychiatry and the Cinema*, American Psychiatric Press, 1999.

7. DSM IV, *Critères diagnostiques*, Paris, Masson.

8. Goodal G., « Vers un modèle psychosocial de la maladie », *Introduction à la psychologie de la santé, op. cit.*

9. O'Donnell M. C, Fisher R., Irvine K., Rickard M., Mcconaghy N., « Emotional Suppression: Can It Predict Cancer Outcome in Women with Suspicious Screening Mammograms », *Psychological Medicine*, 30, 2000, p. 1079-1088.

10. Williams J. E., Paton C. C., Siegler I. C., Eigenbrodt M. L., Nieto F. J., Tyroler H. A., « Anger Proneness Predicts Coronary Heart Disease Risk: Prospective Analysis from the Atherosclerosis Risk in Communities (ARIC) Study », *Circulation*, 101, 17, 2000, p. 2034-9.

11. Glassman A., Shapiro P. A., « Depression and the Course of Coronary Artery Disease », *Am. J. Psychiatry*, 1998, 155, p. 4-11.

12. Schnall et coll., « The Relationship between "Job Strain" Workplace Diastolic Blood Pressure and Left Ventricular Mass Index », *Jama*, 263, 14, p. 1929-1935.

13. Everson S. A., Kaplan G. A., Goldberg D. E., Salonen J. T., « 30 Hypertension Incidence is Predicted by High Levels of Hopelessness in Finnish Men », *Hypertension*, 35, 2, 2000, p. 561-567.

14. Davidson K., Jonas B. S., Dixon K. E., Markovitz J. H., « Do Depression Symptoms Predict Early Hypertension Incidence in Young Adults in the CARDIA study? Coronary Artery Risk Development in Young Adults », *Arch. Intern. Med.*, 160, 10, 2000, p. 1495-500.

15. Booth R. J., Pennebaker J. W., « Emotions and Immunity », *Handbook of emotions*, New York, Guilford., op. cit.

16. Calabrese J. R., Kling M. A., Gold P. W, « Alterations in Immune-Competence during Stress, Bereavement, and Depression: Focus on Neuroendocrine Regulation »,

Am. J. Psychiatry, 144, 9, 1987, p. 1123-34.

17. Dantzer R., *op. cit.*, p. 139.

18. Theorell T., Blomkvist V., Jonsson H., et al., « Social Support and the Development of Immune Function in Human Immunodeficiency Virus Infection », *Psychosom. Med.* (United States), Jan.-Feb., 57, 1, p. 32-6.

19. Salovey P., Mayer J. D., « Emotional Intelligence », *Imagination, Cognition and personality*, 9, 1990, p. 185-211.

20. Goleman D., *L'Intelligence émotionnelle*, Paris, Robert Laffont, 1997.

21. Sifneos P. E., « Alexithymia: Past and Present », *American Journal of Psychiatry*, 153, 7, 1996.

22. 在我們另一本作品 *Comment gérer les personnalités difficiles* 裡針對這兩種方式提供了更多細節。

23. Pennebaker J. W., Kiecolt-Glaser J. K., Glaser R., « Disclosure of Trauma and Immune Function: Health Implication for Psychotherapy », *Journal of Consulting and Clinical Psychology*, 56, 2, 1988, p. 239-245.

24. Kennedy-Moore E., Watson J. C., *Expressing Emotion, op. cit.*, p. 50-58.

25. Hoffman M. L., « Development of Prosocial Motivation: Empathy and Guilt », *The Development of Prosocial Behavior*, Eisenberg ed., New York, Academic Press, 1982.

延伸閱讀

ALBERONI F., *Les Envieux*, Paris, Plon, 1995.

ARISTOTE, *Éthique à Nicomaque*, Paris, Vrin, 1997.

BRACONNIER A., *Le Sexe des émotions*, Paris, Poches Odile Jacob, 2000.

BUSS D. M., *The Dangerous Passion: Why Jealousy is as Necessary as Love and Sex*, New York, The Free Press, 2000.

COSNIER J., *Psychologie des émotions et des sentiments*, Paris, Retz, 1994.

CYRULNIK B., *Les Nourritures affectives*, Paris, Poches Odile Jacob, 2000.

DAMASIO A. R., *L'Erreur de Descartes*, Paris, Poches Odile Jacob, 2001.

DANTZER R., *Les Émotions*, Paris, PUF, 1988, Que-sais-je ?

DANTZER R., *L'Illusion psychosomatique*, Paris, Éditions Odile Jacob, 1989.

DARWIN C., *L'Expression des émotions chez l'homme et les animaux*, Paris, Éditions du CTHS (Comité des travaux historiques et scientifiques), 1998.

DESCARTES R., *Traité des passions de l'âme*, Paris, Garnier-Flammarion, 1996.

FILLIOZAT I., *Au coeur des émotions de l'enfant*, Paris, Lattès, 1999.

FREUD S., *Malaise dans la civilisation*, Paris, PUF, 1995.

FREUD S., *Totem et Tabou*, Paris, Payot, 1965.

GOLEMAN D., *L'Intelligence émotionnelle*, Paris, Robert Laffont, 1997.

GOLEMAN D., *L'Intelligence émotionnelle*, (tome 2: Cultiver ses émotions pour s'épanouir dans son travail), Paris, Robert Laffont, 1999.

LORENZ K., *L'Agression, une histoire naturelle du mal*, Paris, Flammarion, 1969.

LIEBERMAN A., *La Vie émotionnelle du tout-petit*, Paris, Éditions Odile Jacob, 1997.

OVIDE, *L'Art d'aimer*, Paris, Gallimard, 1974.

RIMÉ B., SCHERER K. éd., *Les Émotions*, Neuchâtel, Delachaux et Niestlé, 1993.

VAN RILLAER, *Les Colères*, Bernet-Danilo, 1999, coll. Essentialis.

VINCENT J. D., *Biologie des passions*, Paris, Éditions Odile Jacob, 1986.

有關演化心理學：

BRENOT Ph., *Homo sur-naturalis: l'hominisation dénaturante*, Topique, Paris, PUF, 2000, n° 7.3.

DE WAAL F., *De la réconciliation chez les primates*, Paris, Flammarion, 1992.

DE WAAL F., *Le Bon Singe*, Paris, Bayard Éditions, 1997.

DIAMOND J., *Le Troisième Chimpanzé*, Paris, Gallimard, 2000.

GOULD S. J., *Darwin et les grandes énigmes de la vie*, Paris, Le Seuil, 1997.

PEASE A. et B., *Pourquoi les hommes n'écoutent jamais rien et les femmes ne savent pas lire les cartes routières*, Paris, First Édition, 1999.

WRIGHT R., *L'Animal moral*, Paris, Michalon, 1995.

有關文化主義：

BRIGGS J., *Never in Anger*, Cambridge, Harvard University Press, 1970.

DESPRET V., *Ces émotions qui nous fabriquent*, Paris, Les Empêcheurs de penser en rond, 1999.

FLANDRIN J.-L., *Le Sexe et l'Occident*, Paris, Le Seuil, 1981.

LUTZ C. A., *Unnatural Emotions*, Chicago, The University of Chicago Press, 1988.

MEAD M., *Moeurs et sexualité en Océanie*, Paris, Plon, 1963, Terre humaine.

本書中提到的小說：

AGUÉEV M., *Roman avec cocaïne*, Paris, Belfond, 1983.

BOITO C., *Senso, carnet secret de la comtesse Livia*, Arles, Actes Sud, 1988.

BOYD W., *Un Anglais sous les tropiques*, Paris, Le Seuil, 1994.

BOYD W., *Visions fugitives*, Paris, Le Seuil, 2000.

BOYD W., *Les Nouvelles Confessions*, Paris, Le Seuil, 1988.

CHODERLOS DE LACLOS P., *Les Liaisons dangereuses*, Paris, Gallimard, 1972.

COHEN A., *Belle du Seigneur*, Paris, Gallimard, 1968.

CONRAD J., *Lord Jim*, Paris, Gallimard, 1982.

DURELL L., *Mountolive*, Paris, Buchet-Chastel, 1959.

ERNAUX A., *La Honte*, Paris, Gallimard, 1997.

HOUELLEBECQ M., *Les Particules élémentaires*, Paris, Flammarion, 1998.

HUXLEY A., *Le Meilleur des mondes*, Paris, Pocket, 1977.

KAFKA F., *La Métamorphose*, Paris, Gallimard, 1990.

KUNDERA M., *L'Insoutenable Légèreté de l'être*, Paris, Gallimard, 1984.

MORAVIA A., *Le Mépris*, Paris, Flammarion, 1955.

MORAVIA A., *L'Amour conjugal*, Paris, Denoël, 1948.

ORWELL G., *La Ferme des animaux*, Paris, Gallimard, 1994.

PROUST M., *À la recherche du temps perdu*, Paris, Gallimard, 1990.

SCHNITZLER A., *Mademoiselle Else*, Paris, Stock, 1999.

SOLJENITSYNE A. L., *Une journée d'Ivan Denissovitch*, Paris, Pocket, 1988.

TOLSTOÏ L., *Anna Karénine*, Paris, Gallimard, 1952.

給醫學院或人文科學的專家、學生：

BOWLBY J., *Attachement et perte*, Paris, PUF, 1984.

BRUCHON-SCHWEITZER M., DANTZER R., *Introduction à la psychologie de la santé,* Paris, PUF, 1994.

BUSS D. M., *Evolutionary Psychology: The New Science of Mind*, Needham Heights, Allyn and Bacon, 1999.

CORNELIUS R. R., *The Science of Emotion*, Upper Saddle River, Prentice Hall, 1996.

DALGLEISH T., POWER M. éd., *Handbook of Cognition and Emotion*, Chichester, Wiley, 1999.

DE BONIS M., *Connaître les émotions humaines*, Bruxelles, Mardage, 1996.

EKMAN P., DAVIDSON R. J., *The Nature of Emotion: Fundamental Questions*, Oxford, Oxford University Press, 1994.

EKMAN P., DARWIN C., *The Expression of the Emotions in Man and Animals*, New York, Oxford University Press, 1998.

ELLIS A., *Reason and Emotion in Psychotherapy*, New York, Birch Lane, 1994.

ELACK W. F., LAIRD J. D. éd., *Emotions in Psychopathology*, Oxford, Oxford University Press, 1998.

FREUD S., *Le Moi et les mécanismes de défense*, Paris, PUF, 1996.

GREENBERG L. S., PAIVIO S. C., *Working with Emotions in Psychotherapy*, New York, Guilford Press, 1997.

KAGAN J., *La Part de l'inné*, Paris, Bayard Éditions, 1999.

KAGAN J., *Des idées reçues en psychologie*, Paris, Éditions Odile Jacob, 2000.

KAREN R., *Becoming attached*, Oxford University Press, 1998.

KENNEDY-MOORE E., WATSON J. C., *Expressing Emotion*, New York, The Guilford Press, 1999.

LEWIS M., HAVILLAND J. M. éd., *Handbook of Emotions*, New York, Guilford Press, 1993.

VAILLANT G. E., *Ego Mechanism of Defense*, Washington, American Psychiatric Press, 1992.

ZAZZO R., *L'Attachement*, Neuchâtel, Paris, Delachaux et Niestlé, 1979.

二魚文化　SPIRIT 010

理性的情緒化：精神科醫師拆解七種支配生活的基本情緒

作　　者　佛朗索瓦‧勒洛爾 François Lelord
　　　　　克里斯托夫‧安德烈 Christophe André
譯　　者　王　資
責任編輯　溫若涵
封面設計　周晉夷
內文排版　龍虎排版
行銷企劃　郭正寧
讀者服務　詹淑真

出 版 者　二魚文化事業有限公司
發 行 人　葉　珊
　　　　　地址　116台北市文山區興隆路四段165巷61號6樓
　　　　　網址　www.2-fishes.com
　　　　　電話　(02)29373288
　　　　　傳真　(02)22341388
　　　　　郵政劃撥帳號　19625599
　　　　　劃撥戶名　二魚文化事業有限公司
法律顧問　林鈺雄律師事務所
總 經 銷　大和書報圖書股份有限公司
　　　　　電話　(02)89902588
　　　　　傳真　(02)22901658

製版印刷　彩達印刷有限公司
初版一刷　2016 年 11 月
初版四刷　2021 年 5 月
I S B N　978-986-5813-84-0
定　　價　四百五十元

LA FORCE DES EMOTIONS: amour, colère, joie
Copyright© 2001, François Lelord; Christophe André
All Rights Reserved

©ODILE JACOB, 2001
This Complex Characters Chinese edition is published by arrangement with Editions Odile Jacob, Paris, France, through Dakai Agency.
Complex Chinese Translation copyright © 2016 by Fish & Fish Publishing Co., Ltd
中文譯稿由生活書店出版有限公司授權

理性的情緒化：精神科醫師拆解七種支配生活的基本情
緒 / 佛朗索瓦.勒洛爾(Francois Lelord), 克里斯托夫.安德
烈(Christophe Andre)著；王資譯. -- 初版. -- 臺北市：二
魚文化, 2016.11　面；　公分
譯自：La force des émotions
ISBN 978-986-5813-84-0(平裝)

1.情緒管理 2.生活指導

176.52　　　　　　　　　　　　　　　　　1050187